LES

GUERRIÈRES DE FRANCE

1re SÉRIE GRAND IN-8°

OUVRAGES DU MÊME AUTEUR

CHEZ ALFRED MAME ET FILS

L'Enfant sans nom, ouvrage couronné par la Société nationale d'encouragement au bien.
La Sortie de pension.
Héros précoces.
Les Héroïnes de l'amour filial.
Sœurs de grands hommes.
Les Saintes bergères de France.
Les Idées de Simone.
Un Glorieux fils du Nord.
Un Enfant de Mayence.
Les Gros secrets de grand'maman.
Les Merveilles de l'oncle Ichthus.

CHEZ FIRMIN DIDOT ET Cie

Le Petit montagnard, ouvrage couronné par l'Académie française.
Belle-Boule, couronné par la Société nationale d'encouragement au bien.
Les Légendes des grands peintres.
Le Billet de loterie.
Une Lorraine.
Les Veillées normandes.
Le Secret de Micheline.
Les Fantaisies d'Huguette.
Marie-Anne.
Courage d'enfant.
La Dot de Claudine.
Jean le malin.
Luce et Lucette.
Histoire philosophique d'un cheveu.
Jacques et Mariette.

CHEZ BERNARDIN BÉCHET ET FILS

Le Savoir-Vivre.
Le Journal d'Yvonne.
Couronnés par la Société nationale d'encouragement au bien.
Les Soirées de ma tante Berthe.
Une Centaine d'albums en prose et en vers.

CHEZ TAFFIN LEFORT

La Fille du cheik, couronné par la Société d'instruction et d'éducation populaires.
Un Hiver amusant.
L'Héritage de Thérèse.
Les Surprises de l'oncle Maxime.

CHEZ CHARLES DELAGRAVE

Deux jeunes braves, couronné par la Société nationale d'encouragement au bien.
Vive la France, couronné par la Société nationale d'encouragement au bien.
Les Quatre saisons de Lina.

CHEZ ÉMILE GUÉRIN

Les Amis de Georgette.
Les Récits d'Hélène.
Couronnés par la Société d'instruction et d'éducation populaires.
Les Mémoires d'un pierrot sans plumes.
Les Plaisirs de Paquerette.
Une Bande joyeuse.
Une Soixantaine d'albums en prose et en vers.

CHEZ A. HATIER

Les Légendes de l'art (musiciens).

DIVERS

Les Métamorphoses d'une betterave.
Une Fille de cœur.
L'Année enfantine.
Une Semaine de surprises.
Vaillante Mère.
Folle Jeanne.
Les Exploits de Roger.
Etc.

Jeanne de Montfort au siège d'Hennebont.

LES

GUERRIÈRES

DE FRANCE

PAR

MARIE DE GRANDMAISON

OFFICIER DE L'INSTRUCTION PUBLIQUE, LAURÉATE DE L'ACADÉMIE FRANÇAISE

TOURS

MAISON ALFRED MAME ET FILS

LES

GUERRIÈRES DE FRANCE

I

AU TEMPS DES GAULES

Il semble, à première vue, que le rôle de la femme en ce monde doive s'exercer uniquement au foyer domestique, que toute sa gloire pourra consister à y faire régner les qualités précieuses de la bonté, de la douceur, de la modestie, de la tendresse et du dévouement, qui sont l'essence même de sa nature, et constituent les plus saintes vertus civiles et religieuses.

Pourtant, si l'on jette un coup d'œil en arrière, on verra qu'à côté de ces aïeules vénérées, qui fondèrent les familles et en firent la joie, il en fut d'autres qui devinrent leur orgueil.

C'étaient des créatures exceptionnelles, que Dieu avait marquées d'un sceau spécial, d'une énergie surhumaine, des âmes vibrantes douées de qualités viriles et possédant des vues plus larges, des conceptions plus étendues, des élans plus puissants pour embrasser les grandes causes.

Alors les vertus familiales de l'abnégation, du devoir, de l'esprit de sacrifice, l'amour maternel, filial, conjugal ou fraternel devinrent chez elles, en s'exaltant, de la bravoure guerrière, du courage militaire, du patriotique héroïsme : et l'on eut les femmes belliqueuses.

De même qu'il ne faut souvent qu'une étincelle pour allumer un incendie, de même on les vit surgir, s'élever, s'enflammer, sous l'impulsion de quelque événement qui avait réveillé leur ardeur de combat.

Sans hésiter, elles disaient adieu au simple bonheur entrevu, aux douces joies rêvées, aux affections les plus légitimes et les plus pures, pour offrir leurs bras, leur poitrine, leur vie au hasard des batailles, à l'attaque et aux coups d'un périlleux destin.

Ainsi, en tous les temps et dans tous les pays, il apparut, aux heures sombres de l'histoire, de ces hautes figures qui ne craignaient pas d'abandonner l'aiguille ou la quenouille pour saisir l'épée et défendre soit les intérêts d'êtres chers, soit la mère patrie, dont l'amour sacré faisait battre violemment leur cœur.

La France peut offrir une longue liste de ces femmes au-dessus de leur sexe, de ces amazones modernes dont la vaillance égala souvent celle des plus fières héroïnes de l'antiquité.

Nous voudrions rappeler aux jeunes mémoires leurs noms glorieux, qu'un sincère patriotisme invite à ne jamais laisser tomber dans l'oubli.

Du temps de nos ancêtres les Gaulois, les femmes étaient toutes belliqueuses. Comment eût-il pu en être autrement après la façon dont un historien sérieux nous fait connaître ce peuple ?

« Le génie de ces Galls ou Celtes, dit-il, n'est d'abord autre chose que mouvement, attaque et conquête; c'est par la guerre que se mêlent et se rapprochent les nations. Peuples de guerre et de bruit, ils courent le monde l'épée à la main, moins, ce semble, par avidité que par un vague et vain désir de voir, de savoir, d'agir; brisant, détruisant, faute de pouvoir produire encore... Le ciel lui-même ne les effrayait guère; ils lui lançaient des flèches quand il tonnait. Si l'Océan débordait et venait à eux, ils ne refusaient pas le combat, et marchaient à lui l'épée à la main. C'était leur point d'honneur de ne jamais reculer; ils s'obstinaient souvent à rester sous un toit embrasé.

« Aucune nation ne faisait meilleur marché de sa vie. On en voyait qui, pour quelque argent, pour un peu de vin, s'engageaient à mourir; ils montaient sur une estrade, distribuaient à leurs amis le vin ou l'argent, se couchaient sur leur bouclier et tendaient la gorge.

« Leurs banquets ne se terminaient guère sans bataille. Le cuissot de la bête appartenait au plus brave, et chacun voulait être le plus brave... »

Ces Celtes, autant que les Germains, avaient pour leurs femmes une vénération particulière. A plusieurs d'entre elles ils concédaient le don de prophétie; ils écoutaient leurs avis, et surtout ne supportaient pas que la plus légère injure faite à l'une d'elles restât sans réparation ou sans vengeance.

Le grand écrivain Plutarque, qui fit un traité sur les *Actions des femmes célèbres*, rapporte ainsi l'origine de cette condescendance des Barbares (comme on les appelait à Rome) envers leurs compagnes :

« Avant de traverser les Alpes pour s'établir en Italie, les Gaulois eurent entre eux une grande querelle; ils étaient sur le point d'en venir aux armes, quand les femmes éplorées, se jetant au milieu d'eux, parvinrent à calmer leur colère. Jugeant elles-mêmes le différend qui causait tant d'émoi, elles le terminèrent avec une sagesse et une équité si grande, que depuis cette époque les Gaulois employèrent toujours le même moyen. »

Ils poussèrent plus loin les choses en stipulant, dans leur traité avec Annibal, que si les Carthaginois émettaient quelque grief, les femmes de la Gaule seraient prises pour juges.

Un auteur moderne parle en ces termes de la surprise que de telles coutumes apportèrent aux Romains, qui se croyaient les plus civilisés du monde :

« Le respect religieux des hommes pour ces compagnes de leurs travaux et de leurs périls, dans la paix comme dans la guerre, les honneurs presque divins dont ils entouraient les prêtresses ou les prophétesses, qui tantôt présidaient à leurs rites religieux, tantôt les menaient au combat contre les violateurs du sol national; tout ce culte étrange et inusité frappe d'étonnement les descendants dégénérés des Scipions. »

Veut-on savoir quels cadeaux ces femmes recevaient de leurs proches au moment de leur mariage? (Ah! l'on ne songeait guère alors aux objets de toilette!) C'étaient des ustensiles, des meubles domestiques, et surtout des armes de guerre : un taureau, un cheval harnaché, une lance, un bouclier, une framée sanglante.

La fiancée, de son côté, offrait à son futur époux une pièce d'armure pour marquer la résolution avec laquelle elle voulait s'associer au sort incertain du guerrier.

Et cette promesse, les vaillantes femmes la tenaient toujours; elles savaient enflammer le courage de leurs maris pendant le combat, et plus d'une fois on leur dut la victoire.

Plusieurs héroïnes de cette époque sortirent du rang des druidesses, qui, toujours armées, cherchaient l'avenir dans les entrailles de leurs victimes.

L'une d'elles, à la fois bizarre et fameuse, est la prêtresse Velléda, qui vivait au Ier siècle de notre ère. Elle était parvenue à se faire vénérer comme une déesse, se disant douée de la prescience divine. Cachée dans une tour, elle n'admettait personne d'étranger en sa présence, afin de rendre plus profond le sentiment d'admiration qu'elle voulait inspirer. Un interprète communiquait ses réponses au peuple qui venait la consulter.

En l'an 70, lorsque la Gaule entière se souleva contre Rome à la voix de Civilis, Velléda prit part à ce grand mouvement. Civilis, d'abord vainqueur, envoyait à la prêtresse les prisonniers et les dépouilles des ennemis.

Par un puissant effort, Civilis a forcé le camp des Romains et détruit un grand nombre de villes que ceux-ci avaient construites sur les bords du Rhin. Velléda lui prédit le succès complet de son entreprise et la chute de la puissance romaine.

Cette prédiction fut vaine. Le chef vaincu dut conclure une paix peu avantageuse. Alors Velléda travailla à pacifier les révoltés.

Quinze ans plus tard, la déesse appela de nouveau ses concitoyens à la liberté. Elle fut prise par Rutilius Gallicus et menée en triomphe à Rome, sous Domitien.

On cite aussi comme exemple de courage Camma, femme gallo-grecque et prêtresse de Diane, qui préféra se donner la mort plutôt que de survivre au déshonneur d'épouser en secondes noces le meurtrier de son mari.

Le souvenir de ces druidesses était rempli de superstitions, qui se perpétuèrent pendant plusieurs siècles après l'établissement du christianisme. Les prédications des évêques eurent fort à faire pour lutter contre le culte rendu aux « bonnes déesses habitant les forêts, les sombres vallées, les lacs et les fontaines », et même contre les fées descendantes des druidesses, qui suivaient les armées pour recueillir les prisonniers et répandre leur sang au-dessus de la chaudière où s'élaboraient leurs philtres magiques.

Mais les saintes vertus chrétiennes, dont les apôtres répandaient la doctrine, devaient finir par triompher en grande partie de tous ces abus, grâce peut-être à l'aide qui leur était donnée par la femme, que la morale du Christ mettait à sa vraie place dans le monde.

Le rôle de ces vaillantes néophytes fut alors mémorable, et c'est par milliers qu'on put les compter au nombre des martyrs. Leur sang répandu allait faire germer la bonne semence et étendre de plus en plus le champ des divines conquêtes.

II

LA MARRAINE DE LA FRANCE

Malgré l'influence croissante du christianisme sur l'adoucissement des mœurs, les femmes de la France mérovingienne ne redoutaient ni la guerre ni ses travaux. Élevées au bruit des armes, ces filles, sœurs, épouses et mères de conquérants, voulaient souvent partager les périls de leurs pères, de leurs frères, de leurs maris ou de leurs fils.

Cet instinct sauvage et guerrier animait encore tout l'élément féminin au temps de Clovis. Il n'en faut d'autre preuve que le récit fait par le moine Aymoin au sujet du mariage de Clotilde.

Voici la teneur de cet écrit datant de l'an 1000 et complété par la *Chronique de Saint-Denis.*

A la fin du ve siècle, Gondebaud était devenu roi des Bourguignons, après avoir brûlé l'un de ses frères et noyé l'autre dans le Rhône avec sa femme et ses enfants.

Deux filles seules avaient survécu à ce désastre: l'une était Murcumma, qui se consacra à Dieu et voulut finir ses jours dans un cloître; l'autre se nommait Clotilde.

Cette dernière ayant été aperçue par les ambassadeurs du

puissant roi des Francs Clovis, ils admirèrent sa sagesse, sa bonne grâce, sa beauté, et firent part au roi de leur découverte. Aussitôt celui-ci envoya demander à Gondebaud sa nièce en mariage.

Le Gaulois Aurélien, d'une famille sénatoriale, de mœurs polies, fut chargé d'obtenir le double consentement de Clotilde et de Gondebaud.

Il s'adressa d'abord à Clotilde.

A l'heure où elle distribuait des aumônes à la porte intérieure du palais, elle remarqua un mendiant qui, s'étant approché d'elle, baisa le bas de sa robe et la tira légèrement[1].

Rentrée dans son palais, Clotilde pense à celui qui a osé se permettre cela ; qui peut-il être? Elle veut le connaître, ordonne qu'on le cherche, et, quand on l'introduit:

« Étranger, interroge-t-elle, comment êtes-vous venu, et pourquoi vous êtes-vous ainsi approché de moi? »

Aurélien, se jetant à ses pieds, lui dit:

« O très noble dame, je viens de la part du roi Clovis, qui désire vous épouser, et m'envoie ici pour obtenir votre consentement. En témoignage de la vérité de ma mission, voici l'anneau du roi.

— Donne, répondit Clotilde; dis à ton maître qu'il me fasse promptement demander à Gondebaud, et je serai sa femme. »

En retour de la bague, Clotilde remit à l'ambassadeur une pièce de monnaie avec son propre anneau.

Aurélien part, dit Frédégaire dans la *Chronique,* pour venir rapporter la réponse à Clovis; mais il s'endort en che-

[1] La chronique dit qu'il prit sa main et la baisa.

min, et un voleur lui dérobe la besace dans laquelle était le précieux gage de la jeune fille.

Toutefois l'homme est pris, battu de verges, et le bijou retrouvé.

Clovis dépêche sans retard son émissaire à Gondebaud. Il le trouve à Genève très surpris et mécontent.

Cependant, comme il n'ose encourir l'irritation de Clovis par un refus, il demanda à Aurélien :

« Ma nièce consentira-t-elle à ce projet?

— Elle est prévenue et l'agrée, répondit l'ambassadeur; si tu acceptes aussi, je la conduirai au roi.

— Conduis-la, » répondit Gondebaud avec un visible désappointement.

Aussitôt Aurélien s'en retourna vers Clotilde, et lui présenta, selon la coutume des fiançailles, un sou et un denier.

Des chariots pleins de trésors composant la dot royale furent aussi amenés, et la jeune princesse prit place dans une basterne ou char gaulois traîné par des bœufs, afin d'aller vers Clovis.

A peine la fiancée était-elle en route qu'elle fut avertie que son oncle, le sanguinaire Gondebaud, la faisait poursuivre par son ennemi Arédius.

Celui-ci, revenu de Marseille, avait suscité à Gondebaud l'idée que Clotilde, une fois reine, ne manquerait pas de revenir vers lui, secondée par toute la puissance des Francs, pour venger les cruautés qu'il avait exercées envers tous les siens.

Le Bourguigon, effrayé, voulait changer de résolution. Clotilde, sentant ce qui allait arriver, quitta son lourd véhicule, sauta sur un cheval et partit à toute vitesse; mais auparavant elle avait ordonné aux guerriers commis à sa garde d'incendier et de ravager le territoire qu'ils traversaient pendant au moins douze lieues derrière elle, « afin de me donner quelque joie, » ajoutait-elle.

Rapidement elle franchit les limites du pays qui la mettaient à l'abri des poursuites ennemies; et à peine se vit-elle sauvée qu'elle s'écria :

« Je te rends grâces, Dieu tout-puissant, de voir le commencement de la vengeance que je devais à mes parents et à mes frères. »

« Véritables mœurs barbares, remarque M. de Chateaubriand, qui n'excluent pas la mansuétude des mœurs chrétiennes, mêlées dans Clotilde aux passions de sa nature sauvage. »

La nièce de Gondebaud, bien accueillie par Clovis, l'épousa à Soissons, qui était alors la capitale des Francs.

Les vertus et l'intelligence de Clotilde devaient exercer un grand ascendant sur l'esprit de son mari. Pourtant, malgré ses prières et ses supplications, elle n'arrivait pas à le convertir à sa foi. Il fallut la bataille, d'abord désastreuse, de Tolbiac pour que le chef des Francs invoquât le « Dieu de Clotilde » et promît de se faire chrétien.

Le baptême de Clovis combla la reine de joie, surtout quand elle vit les sœurs du monarque et plus de trois mille soldats francs suivre son exemple.

Grâce à Clotilde, la France allait mériter son titre de fille aînée de l'Église, et lui valoir à elle-même le surnom de « Marraine de la France ».

Clovis inaugura sa nouvelle vie par un acte de clémence : il avait, au sortir du baptistère, détaché les chaînes des prisonniers de Tolbiac, et les bardes de l'époque chantaient en chœur :

« O Clovis, nulle puissance terrestre n'égale ta puissance, car l'auréole du chrétien rayonne sur ton front ; l'une de tes mains tient le glaive, et ton autre main s'appuie sur la croix. »

En effet, sous l'inspiration de Clotilde, Clovis renversait les temples des idoles, construisait des églises au vrai Dieu, et sans cesse combattait les ennemis de la vraie foi. Toujours favorisé par la victoire, le guerrier voyait Paris lui ouvrir ses portes et reconnaître son autorité.

Il la conserva pendant vingt ans, qui furent vingt années d'une union heureuse entre Clovis et Clotilde. Puis la reine eut la douleur de perdre son époux.

« Caractère fortement trempé, dit un de ses biographes, Clotilde envisagea sans défaillance les nouveaux devoirs que lui créait son veuvage.

« — Seigneur, dit-elle, vous me l'avez donné païen ; par votre miséricorde, je vous le rends chrétien. Que votre volonté soit faite ! »

Clotilde, après avoir vu ses quatre fils se partager l'héritage de leur père, quitta Paris pour aller établir sa résidence à Tours, en face du tombeau de saint Martin.

« Là, rapporte saint Grégoire de Tours, on vit la fille d'un roi, la nièce d'un roi, la femme d'un roi, la mère de plusieurs rois, passer les nuits en oraison, servir les pauvres, consoler les affligés, assister les nécessiteux de ses biens, protéger les veuves et les orphelins. »

Et pourtant, malgré cette grande piété, Clotilde n'avait point encore appris à pratiquer la belle parole du Christ : *Rendez le bien pour le mal.* Elle restait imbue de certains principes provenant des mœurs barbares du temps, qui ne permettaient pas l'oubli de la vengeance.

Aussitôt la mort de son oncle Gondebaud, Clotilde poussa ses fils à entreprendre une guerre contre Sigismond, fils et successeur de ce roi des Burgondes.

« Mes enfants, leur dit-elle, que je n'aie point à me repentir de vous avoir élevés avec tendresse : partagez le ressentiment de mon injure, et mettez tout votre zèle à venger la mort de mon père et de ma mère. »

La reine devait être cruellement punie de cet esprit de vindication.

Les quatre frères attaquèrent les Bourguignons, les mirent en pièces, et Sigismond vaincu fut fait prisonnier et livré à Clodomir, le fils bien-aimé de Clotilde, avec sa femme et ses enfants.

La loi du talion était alors celle de la guerre; et, bien que Clodomir n'eût à reprocher à Sigismond d'autre crime que d'être le descendant de Gondebaud, il n'hésita pas à le faire périr. Lui et sa famille furent, par l'ordre du vainqueur, précipités dans un puits du village de Coulmiers.

D'après Grégoire de Tours, un saint ermite s'était alors efforcé de dissuader Clodomir de ce cruel projet et lui avait dit :

« Si, dans la crainte de Dieu, tu te ranges à de meilleurs conseils, et si tu ne souffres pas qu'on tue ces gens-là, Dieu sera avec toi, et là où tu voudras, tu obtiendras la victoire. Mais, si tu les fais mourir, tu périras de même. Livré entre les mains des ennemis, il en sera fait de toi comme de la femme et des fils de Sigismond. »

La prédiction s'accomplit.

Un jour, au milieu de la victoire, Clodomir poursuivait avec ardeur une troupe de fuyards quand il fut reconnu à sa longue chevelure blonde, symbole de la royauté chez les Francs.

Baptême de Clovis. (Composition de O. Guillonnet.)

Aussitôt les hommes feignent de se rendre pour l'attirer dans un guet-apens. Le monarque, sans défiance, a fait à peine quelques pas vers eux, qu'il tombe percé de coups. Sa tête, tranchée et mise au bout d'une pique, est promenée dans le camp, où elle répand la terreur et l'effroi.

Les soldats de Clodomir se débandent à leur tour, et bientôt la victoire se change en défaite.

Clotilde pleura amèrement ce fils chéri. Elle recueillit ses trois enfants et s'appliqua à les élever dans la crainte de Dieu. Leur mère, Gandioque, n'était point pour eux une protectrice; car son deuil n'avait pas pris fin qu'elle épousait son beau-frère Clotaire.

Une autre épreuve attendait la pauvre Clotilde dans son amour maternel.

Sa fille, qui portait son nom, ayant épousé Amalaric, roi des Visigoths, n'en recevait que de mauvais traitements : ce prince voulait la contraindre à renoncer à sa foi, pour embrasser l'arianisme, qui était sa religion d'État. Il allait jusqu'à lui faire jeter de la boue quand elle se rendait à l'église.

La jeune Clotilde résistait malgré tout ; mais un jour elle envoya à sa mère un voile teint de sang, pour lui faire comprendre son martyre. A cette vue, le cœur guerrier et chrétien de Clotilde s'émut de nouveau : elle arma le bras de Childebert, roi de Paris, contre le féroce Amalaric, après avoir essayé en vain de le faire revenir à de meilleurs sentiments.

L'expédition fut d'abord heureuse ; l'armée de Childebert vainquit celle d'Amalaric, le roi des Visigoths fut tué en combattant.

La jeune femme, ainsi délivrée de son barbare époux,

revenait avec empressement vers sa terre natale quand la mort la surprit; elle n'avait même pas pu embrasser sa mère.

Cependant le mariage de Gandioque et de Clotaire, qui établissait un nouveau lien de parenté entre le roi de Soissons et ses neveux, aurait pu du moins être favorable à ces derniers. Il n'en fut rien. Ce prince, avide et cruel autant que Childebert, conçut bientôt avec celui-ci l'abominable plan de se débarrasser des enfants de Clodomir et de se partager leur héritage.

C'est, il est vrai, à Childebert que revenait la première idée de cette horrible machination. Il avait envoyé un message secret à Clotaire, qui était accouru aussi vite de Soissons à Paris pour en délibérer.

Traîtreusement Childebert répandit dans le peuple la nouvelle que l'entrevue des deux rois avait pour but d'assurer aux jeunes princes le trône de leur père.

Voici comment Grégoire de Tours raconte cet événement.

« Or, en ce moment, la reine Clotilde et les trois jeunes princes étaient à Paris ; la pieuse reine habitait avec ses petits-fils l'enclos de la basilique Saint-Pierre-et-Saint-Paul. Elle s'applaudit de la résolution annoncée. C'est donc avec une grande joie qu'elle reçoit de Childebert et de Clotaire une épître conçue en ces termes :

« Envoyez-nous les enfants pour qu'ils soient élevés sur le « pavois. »

« Clotilde, sans défiance, prépare ses petits-fils en vue de la cérémonie, les fait manger et boire de meilleure heure et les revêt de leurs plus beaux ornements. Les princes sortent accompagnés de leurs précepteurs et d'une escorte de jeunes Francs, leurs compagnons, que la bonne aïeule élevait avec eux. En les quittant, elle les embrasse et leur dit :

« — Allez! je ne croirai pas avoir perdu mon fils Clodomir si je vous vois rétablis dans son héritage. »

« A peine le cortège arrive-t-il au palais, que les trois petits princes sont séparés de leurs précepteurs, et ceux-ci gardés à vue dans un appartement éloigné de la chambre où sont séquestrés les trois orphelins.

« En même temps, Childebert et Clotaire envoient le sénateur arverne Arcadius près de Clotilde, avec ordre de présenter à la reine des ciseaux et une épée nue.

« — Très glorieuse reine, dit Arcadius, nos maîtres demandent ce que vous souhaitez qu'on fasse de vos petits-enfants. Voulez-vous qu'on leur coupe la chevelure avec ces ciseaux ou qu'on les égorge avec ce fer? »

« Épouvantée de cette parole et emportée par toute l'indignation de son âme, la reine s'écria :

« — Plutôt morts que tondus! »

« Sans laisser à Clotilde le temps de réfléchir une minute, Arcadius revient en hâte vers les deux rois en disant :

« — Achevez votre œuvre, la reine y consent et approuve vos projets. »

« Aussitôt Clotaire saisit l'aîné des enfants par le bras, le jette à terre et lui plonge un coutelas sous l'aisselle.

« Aux cris de l'aîné, Gonthier, le second, se prosterne, fondant en larmes, aux pieds de Childebert, et de sa voix enfantine :

« — Secourez-moi, mon bon père! implore-t-il, que je ne meure point comme Théodebald! »

« Childebert se laisse attendrir; la face toute baignée de pleurs, il dit à Clotaire :

« — Je t'en supplie, très doux frère, accorde-moi la vie

de celui-ci, je te donnerai tout ce que tu voudras en échange; mais qu'il ne soit pas tué !

« — Lâche ! s'écrie Clotaire écumant de rage, c'est toi qui trames le complot, et tu recules ! »

« A ces mots Childebert repoussa l'enfant. Clotaire le saisit et lui enfonça dans le flanc le couteau déjà rougi par le sang fraternel. »

Gonthier avait dix ans, Théodebald n'en comptait que sept. Le troisième échappa comme par miracle à cet épouvantable massacre ; caché dans un cloître par de fidèles serviteurs, il y grandit. Se coupant lui-même les cheveux, il prit l'habit religieux et fonda plus tard, sur les bords de la Seine, un monastère qui prit de lui le nom de Saint-Clodoald, aujourd'hui Saint-Cloud.

Clotilde, en apprenant ce double meurtre, versa des larmes d'autant plus cuisantes qu'elle éprouvait une sorte de remords de la vivacité de ses paroles. Aussi voulut-elle se retirer entièrement du monde, où plus rien ne lui tenait au cœur que le souvenir des chers disparus et l'espoir de les rejoindre bientôt.

Dans ce but, elle s'appliqua à atteindre de plus en plus la perfection chrétienne et à marcher vers la sainteté.

Elle déploya tant et de si grandes vertus, qu'elle se fit honorer de tous. « Aidant la religion catholique à se répandre dans les Gaules, elle ne trouva plus d'autre ennemi à combattre que l'hérésie sous toutes ses formes. » On la vit, « assidue à l'aumône, couper les nuits de ses veilles et demeurer pure par sa fidélité à toutes les choses honnêtes. Elle ornait les temples, comblait d'abondantes largesses les monastères et les églises, et se faisait révérer moins comme une reine que comme une servante de Dieu. »

En récompense de tant de piété, le ciel sembla montrer à Clotilde une protection spéciale, et bien des faveurs furent

Mort de sainte Clotilde. (Bas-relief d'Eug. Guillaume, dans l'église Sainte-Clotilde, à Paris.)

attribuées à sa précieuse intercession auprès du Très-Haut.

On cite tout spécialement celle qu'obtint la sainte reine à

l'époque où ses fils, non contents de s'être partagé le royaume de Clodomir, cherchaient des prétextes à de nouvelles anticipations et se livraient entre eux des combats fratricides.

« Il advint, dit l'historien déjà cité, que Childebert et Théodebert (un de ses petits-neveux), à la tête d'une armée, se mirent en marche contre Clotaire. Celui-ci, désespérant de résister à leur attaque, s'enfuit avec les siens dans la forêt d'Arelounum, où il chercha à se couvrir par de grands abatis d'arbres. Mais cet expédient était d'un faible appui.

« Le prince fugitif ne comptait plus que sur la miséricorde de Dieu.

« A cette nouvelle, Clotilde courut au tombeau de saint Martin. Nuit et jour prosternée, elle demandait à Dieu de mettre fin à la guerre impie que se livraient ses enfants. Les deux rois alliés eurent bientôt découvert les traces de Clotaire; ils cernèrent la forêt, se préparant à livrer le combat le lendemain à l'aube du jour.

« Au moment où les soldats allaient se ranger en bataille, un épouvantable ouragan se déchaîna soudain, enlevant les tentes, les armures, les casques et bouleversant tout le camp. Aux éclats de la foudre se mêla bientôt une grêle de pierres qui tombaient des nues. Rois, chefs, soldats, tous se jetèrent la face contre terre, se couvrant de leurs boucliers. Les chevaux épouvantés s'enfuirent dans toutes les directions. Quelques-uns se retrouvèrent le lendemain à vingt stades de distance.

« Cependant Childebert et Thierry, accablés sous le coup de la vengeance divine, se repentaient de leur entreprise.

« — Le Seigneur nous punit, disaient-ils, d'avoir médité la mort de notre frère. »

Il est remarquable, en effet, que l'ouragan ne fit aucun mal au camp de Clotaire. La paix intervint entre les trois princes, et le peuple, d'une voix unanime, attribua cet heureux événement aux prières de Clotilde et à la protection du bienheureux Martin.

Ce miracle d'amour maternel fut le dernier acte remarquable de Clotilde sur la terre; elle rendit son âme à Dieu l'an 547, « pleine de jours et de bonnes œuvres. »

Elle était morte à Tours, et ses fils accompagnèrent sa dépouille jusqu'à Paris, où elle avait demandé à être enterrée.

Son corps fut déposé dans l'église Saint-Pierre-et-Saint-Paul, qu'elle avait fondée, à côté de celui de Clovis et au pied du tombeau de sainte Geneviève.

Beaucoup pleurée par les malheureux, Clotilde laissait un nom béni, et sa tombe devint l'objet d'un culte fervent.

Le pape Pélage, élevé à la dignité pontificale quelques années après la mort de la pieuse reine, inscrivit son nom parmi les saints, et plusieurs églises réclamèrent des parcelles de ses précieuses reliques.

Une gracieuse légende raconte qu'un ange avait un jour apporté à Clotilde un bouclier d'or semé de fleurs de lis, et que ce fut là l'origine des fleurs royales de la France.

III

FRÉDÉGONDE ET BRUNEHAUT

Les noms les plus frappants du VIe siècle sont, à coup sûr, ceux de ces deux reines, de si sanguinaire renommée. Pour les juger avec impartialité, on est forcé de reconnaître qu'elles joignirent à une cruauté sans exemple un courage vraiment remarquable et un génie gouvernemental bien supérieur à celui de tous les rois francs qui furent leurs contemporains.

Brunehaut, ou Brunehild, était fille du roi des Visigoths ou Goths d'Espagne. « C'était, dit Grégoire de Tours, qui vivait alors, une jeune *brune* de manières élégantes, belle de figure, honnête et décente dans ses mœurs, de bon conseil et d'agréable conversation. »

Elle était, de plus, instruite et tout imprégnée de la civilisation romaine qu'elle aimait, et dont elle eût voulu introduire la pompe à la cour des Francs.

Toutefois ce fut, dit-on, « le cœur pur et heureux qu'elle reçut la couronne des mains de Sigebert, le plus brave et le plus loyal des enfants de Clotaire. »

« Je veux, avait dit celui-ci, par une alliance avec la fille d'un roi, donner mon nom à une épouse digne de moi. »

Le mariage fut célébré avec magnificence, et les grâces de la nouvelle reine fournirent des chants aux poètes de l'époque, principalement à Fortunat, qui disait en vers :

Sa dot est l'empire de la beauté.

Les *Récits des temps mérovingiens*[1] rapportent qu'à la table royale, « à côté de la belle épousée, parée d'or et de pierreries, se trouvaient les invités du roi :

« Seigneurs de race gauloise, vêtus de pourpre et de fine laine, aux manières polies, au salut courtois; comtes francs, leudes de Sigebert, gens illettrés et se faisant une gloire de ne savoir manier que leur épée, mais richement vêtus, et portant les dépouilles des vaincus; puis, chefs des vieilles tribus franques, des Allemands, des Baïvares, des Thuringes; de vrais sauvages, tout habillés de fourrures, aussi rudes de manières que d'aspect. »

Brunehaut fut heureuse jusqu'au jour où Frédégonde apparut funestement dans sa vie.

Celle-ci, née d'une famille ordinaire de la Picardie, avait été prise comme attachée au service de la reine Audovère, femme de Chilpéric Ier, roi de Neustrie ou de Soissons.

Esprit puissant mais ambitieux, fougueux, barbare et sauvage, elle résolut bientôt de profiter de sa beauté, qui était remarquable, pour s'attirer les bonnes grâces du roi et s'élever du rang de servante à celui de favorite.

Quand elle crut avoir pris assez d'ascendant sur le faible Chilpéric, elle usa d'un stratagème pour lui faire répudier la reine Audovère. Mais elle ne recueillit pas tout d'abord le

[1] Augustin Thierry.

fruit de son intrigue : le roi de Neustrie, voulant épouser comme son frère une princesse de sang royal, renvoya toutes ses favorites et même Frédégonde pour demander la main de Galeswinthe, sœur de Brunehaut.

Cette princesse n'avait consenti qu'avec peine à une union avec ce roi, dont l'esprit léger et inconstant ne lui apportait que de noirs pressentiments.

Le monarque qui devait mériter plus tard le titre de Néron de la France se lassa bien vite de cette femme simple et vertueuse : il revint à Frédégonde. Cette dernière ne trouva rien de mieux que de faire étrangler dans son lit l'innocente Galeswinthe, pour devenir reine à son tour.

Un meurtre si infâme excita au plus haut point la colère de Brunehaut. Voulant à tout prix venger sa sœur, elle poussa Sigebert à entreprendre la guerre contre son frère.

Alors commença réellement la rivalité de ces deux femmes. L'une, policée et douce par nature, mais aveuglée par l'esprit de représailles au point de perdre tout sentiment de prudence et de pitié, et d'oublier cette mansuétude qu'eût dû lui inspirer le christianisme, auquel elle s'était convertie pour épouser le roi d'Austrasie : c'était Brunehaut.

L'autre, dévorée d'un orgueil féroce et disposée à briser tout ce qui pouvait lui faire obstacle : c'était Frédégonde. « Belle et homicide, dit Michelet, tout entourée de superstitions païennes, elle nous apparaît comme une Walkyrie scandinave. » Et ailleurs on la dépeint : « le poison d'une main, le poignard de l'autre, pâle, froide et ferme, prête à frapper qui s'opposerait à son passage. »

Déjà des divisions avaient éclaté entre les Neustriens et les Austrasiens, au sujet de l'héritage de Caribert que s'étaient partagé les deux frères, et qui attribuait Paris à Chilpéric.

Une paix, assez mal établie d'ailleurs, fut donc rompue par l'influence de Brunehaut, et la lutte éclata avec fureur dans l'Aquitaine.

Les Francs des deux nations ravagèrent à l'envi cette belle province, où tous les habitants et même le clergé eut tant à souffrir, que saint Grégoire de Tours dit « qu'il y eut alors dans l'Église de plus grands gémissements que dans la persécution de Dioclétien ».

Et plus loin il s'écrie :

« Qu'il est pénible pour moi d'avoir à raconter cette multitude de guerres civiles qui ont si longtemps déchiré la nation des Francs! Ne dirait-on pas que nous sommes arrivés au temps prédit par le Seigneur : *Le père se lève contre le fils, le fils contre le frère, le frère contre le frère, le parent contre son parent?*

« ...Quand Clovis, votre aïeul, a fait la conquête de l'empire qu'il vous a laissé, il n'attaquait que des nations ennemies.

« ... Mais vous, ô rois, que vous manque-t-il à présent? Que voulez-vous?... Vos celliers, vos greniers regorgent de blé, de vin et d'huile... Prenez garde! en vous déchirant les uns les autres, vous vous préparez la ruine à tous. »

Ces paroles ne devaient que trop s'accomplir.

Les avantages remportés à diverses reprises par le roi d'Austrasie sur celui de Neustrie amenaient parfois des trêves que le traître Chilpéric, lâche autant que tyran, violait dès qu'il croyait le moment favorable pour s'emparer des États de Sigebert.

Irrité de ces hostilités constantes, celui-ci résolut d'en finir par une bataille sanglante, et poursuivit son frère jusque sous les murs de Tournai, où Chilpéric vaincu s'était réfugié avec Frédégonde.

Sigebert, aidé par les Germains qu'il avait déchaînés sur la Gaule, voyait déjà les Neustriens se soumettre à lui et lui offrir le royaume de Chilpéric, quand la femme de ce prince jura qu'elle en sortirait par l'audace et le crime.

Cette créature terrible avait toujours à sa disposition un certain nombre de soldats jeunes et farouches, « qu'elle fascinait de son génie guerrier, » et dont elle entretenait l'exaltation sauvage par tous les moyens en son pouvoir, « troublant leur raison par d'enivrants breuvages. »

« Les dévoués antiques de l'Aquitaine et de la Germanie, remarque Michelet, les sectateurs des Hassassins, qui, sur un signe de leur chef, allaient en aveugles tuer ou mourir, se retrouvent dans les serviteurs de Frédégonde. »

Elle fit venir de la ville de Thérouanne deux pages, qu'elle enivra jusqu'à la fureur. Quand elle les vit disposés à tout, elle leur dit :

« Vous pouvez, si vous avez du courage, sauver votre roi, sa femme et ses enfants, et faire seuls ce que le conseil et l'armée ne peuvent tenter. »

Voyant l'enthousiasme qu'éveillait ce discours, elle remit à chacun de ces hommes un long couteau, dit *skramasax* des Francs, et continua :

« Sigebert veut notre ruine et la mort de son frère ; prévenez-le, rendez-vous à l'armée, saluez-le comme votre roi et tuez-le dans sa tente. Si vous parvenez à vous échapper, je vous comblerai, vous et vos descendants, de tant de richesses et d'honneurs, que personne avant vous n'en aura eu de semblables. Si vous succombez, je ferai dire tant de messes et de prières et distribuer tant d'aumônes, que saint Pierre sera forcé de vous ouvrir les portes du paradis. »

Préparés et armés, les deux fanatiques partirent pour le camp des Austrasiens.

Ils trouvèrent les leudes promenant Sigebert debout sur un bouclier et lui conférant de la sorte la dignité de Neustrie au détriment de Chilpéric. Ils se firent annoncer comme deux Francs neustriens venant lui apporter leur hommage.

Le roi ordonna qu'on les introduisît; et, pendant qu'il se penchait gracieusement vers eux pour les saluer, il reçut dans les flancs deux coups de skramasax.

Sigebert poussa un grand cri et tomba de son bouclier sur le sol : il était mort.

Une lutte sanglante s'engagea autour de ce cadavre. Les serviteurs firent justice des deux assassins en les massacrant. Les assistants tournèrent aussi leurs armes les uns contre les autres et transformèrent cette fête de couronnement en une scène de carnage. Les Neustriens s'enfuirent pour aller porter à nouveau leurs hommages au tremblant Chilpéric, qu'ils trahissaient un instant auparavant.

Frédégonde rétablissait son époux sur son trône, et forçait à son tour Brunehaut à trembler devant elle.

La reine d'Austrasie était venue à Paris pour féliciter Sigebert de ses victoires. Sa farouche ennemie se saisit d'elle et la retint captive au palais des Thermes avec son fils Childebert, âgé de cinq ans.

Pendant ce temps Chilpéric faisait hypocritement à son frère de splendides funérailles, le conduisant lui-même à Lambres, près Douai. Puis il revenait à Paris s'emparer du trésor de la veuve, lequel « surpassait en richesses tout ce que sa cupidité eût pu imaginer ».

Brunehaut, qui, grâce au dévouement du leude Gondebaud, était parvenue à faire évader son jeune enfant, descendu par la fenêtre dans une corbeille d'osier, Brunehaut se voyait elle-même emmenée prisonnière à Rouen.

Là, tandis que, reine trahie, la fille du roi des Goths

Chilpéric devant le cadavre de son fils Mérovée.

cherchait à sortir de cette triste situation, elle vit paraître Mérovée, fils de Chilpéric et de la malheureuse Audovère. Il avait tout bravé pour réunir un trésor et venir le lui offrir en la demandant en mariage.

La même inimitié, bien justifiée d'ailleurs, unissait contre

Frédégonde ce Mérovée à la veuve de Sigebert. Elle lui promit sa main, et le jeune prince alla trouver l'évêque Prétextat, qui était son parrain, pour le prier de consacrer cette union.

Pour Mérovée, c'était « épouser la mort ».

Frédégonde se réjouit intérieurement d'une imprudence qui devait lui permettre de perdre à la fois les deux plus grands objets de sa haine. Elle alluma la colère de Chilpéric en lui faisant croire que Mérovée ne cherchait qu'à le détrôner, pour régner sur toute la Gaule avec Brunehaut.

« Chilpéric, dit la *Chronique de Saint-Denis,* accourut en toute hâte à Rouen; mais, comme il n'osait violer l'asile que l'Église avait ouvert aux deux époux, il chercha à les attirer par la ruse, jurant qu'il ne les séparerait pas. Il les trompa par des caresses, leur offrit des festins et des fêtes; puis trois jours après, au mépris de sa parole, il emmena son fils et laissa Brunehaut seule à Rouen. »

Toutefois, comme il craignait l'influence exercée par cette reine sur ceux qui l'entouraient, il lui rendit bientôt sa liberté, que réclamaient d'ailleurs les seigneurs austrasiens, désireux de voir Brunehaut surveiller l'éducation de son fils.

Pendant ce temps, l'infortuné Mérovée, poursuivi à outrance par sa belle-mère, recevait l'arrêt fatal du cloître et de la coupe des cheveux, équivalant, pour tout prince franc, à la perte des droits royaux et des prérogatives du trône.

Le prince déchu chercha un asile à Saint-Martin de Tours; puis s'en échappa plus tard pour gagner l'Austrasie, où il espérait retrouver l'appui de son épouse.

Mais, pour Brunehaut, regagner son royaume n'avait pas été reconquérir l'existence libre et fière qu'elle menait autrefois près du vaillant Sigebert. Les leudes austrasiens, ayant goûté de l'indépendance, ne voulaient plus de maîtres, et la régence de l'ancienne reine ne fut plus qu'une lutte orageuse, dans laquelle elle dut déployer la plus superbe énergie.

Un jour ces grands, qui redoutaient avant tout l'influence gothique et romaine, étaient sur le point de tuer le Romain Lupus, duc de Champagne, le seul qui fût dévoué à la reine.

Se jetant courageusement au-devant des cavaliers armés qui poursuivaient le duc, elle leur cria :

« Arrêtez, arrêtez! pourquoi attaquer un homme innocent?

— Retire-toi, femme, lui dit-on sans consentir à l'entendre; c'est assez pour toi d'avoir gouverné du vivant de ton mari sans chercher à nous commander encore après sa mort. »

Brunehaut insista vaillamment pour donner à Lupus le temps de s'échapper; mais elle-même recevait alors la nouvelle injonction de se retirer, si elle ne voulait pas « être foulée sous les pieds des chevaux ».

La régente ne fut pas plus puissante en faveur de son époux.

Les leudes redoutaient cette influence étrangère; ils opposèrent un refus opiniâtre aux prières et même aux larmes de leur reine.

Le pauvre Mérovée, maudit et dégradé, se sentait de plus traqué de ville en ville par les sicaires de Frédégonde, sans même espérer de l'Austrasie un refuge isolé, car on craignait d'irriter le farouche roi de Neustrie.

Un jour, se voyant assiégé dans une maison où il s'était retiré, l'image des tortures auxquelles il ne pouvait échapper apparaissant à ses yeux, il dit à son frère d'armes, le fidèle Gaïlen :

« Mon frère, jusqu'à présent nous n'avons eu qu'une âme et qu'une pensée; ne me laisse pas, je t'en conjure, à la merci de mes ennemis. Prends une épée, Gaïlen, et tue-moi. »

Lorsque Chilpéric entra pour s'emparer de son fils, que lui-même poursuivait comme une bête fauve, il n'aperçut plus qu'un cadavre.

« Alors, dit la *Chronique de Saint-Denis,* sans respect pour cette mémoire, le roi fit saisir les amis de la malheureuse victime et inventa pour eux les plus cruels supplices : Gaïlen eut les mains, les pieds et les oreilles coupés; un de ses compagnons expira sur une roue; à un autre on trancha la tête. »

Frédégonde n'était pas encore satisfaite, il lui fallait perdre l'évêque Prétextat pour avoir béni le mariage de Mérovée. Elle parvint à obtenir son emprisonnement, et attaqua de même l'évêque Grégoire de Tours, qui, par une conduite admirable, avait essayé de défendre Prétextat; mais comme, malgré la fourberie de la reine de Neustrie, on ne put rencontrer une seule voix qui voulût s'élever contre Grégoire, le saint évêque, convaincu d'avoir refusé dignement les présents corrupteurs de la reine, sortit de l'épreuve plus respecté que jamais.

Frédégonde se tourna d'un autre côté pour frapper encore. Il restait un fils d'Audovère, Clovis, qui avait les mêmes droits que les siens à la succession de Chilpéric; sa perte fut résolue.

Toutefois, une affreuse contagion, qui se répandit en Gaule, fit trembler un moment la main criminelle devant ses forfaits. Sentant la main de Dieu s'appesantir sur elle, il lui vint comme un éclair de sentiments humains, réveillés par l'amour maternel. Amour sauvage et exclusif que l'on a pu, chez elle, comparer à la terrible tendresse qu'éprouve une tigresse pour ses petits.

Mais écoutons le saint témoin de ces faits, Grégoire de Tours :

Assassinat de Chilpéric Ier dans la forêt de Chelles.

« En ces jours-là le roi Chilpéric tomba grièvement malade, et, lorsqu'il commençait à entrer en convalescence, le plus jeune de ses fils, qui n'était pas encore régénéré par l'eau ni le Saint-Esprit, devint malade à son tour. Le voyant à l'extrémité, on le lava dans les eaux du baptême. Peu de temps après il se trouva mieux; mais son frère aîné Chlodebert fut pris de maladie.

« Sa mère Frédégonde, le voyant en danger, fut saisie de contrition et dit au roi :

« — Voilà longtemps que la miséricorde divine supporte nos mauvaises actions; elle nous a frappés de fièvre et autres maux, et nous ne nous sommes pas amendés. Voilà que nous avons déjà perdu des fils; les larmes des pauvres, les gémissements des veuves, les soupirs des orphelins vont causer la mort de ceux-ci. A quoi bon accumuler des trésors qui resteront après nous sans possesseurs? Brûlons ces registres odieux et injustes, et qu'il nous suffise pour notre fisc de ce qui suffisait à ton père Clotaire. »

« En achevant ces mots, elle jeta au feu les rôles des impôts nouvellement établis dans les villes qui lui appartenaient, après s'être frappé la poitrine de ses poings.

« Puis, se tournant vers le roi, elle s'écria :

« — Qui te retient? Fais ce que tu me vois faire, afin que, si nous perdons nos enfants, nous échappions au moins aux peines éternelles. »

« Le roi, entraîné par cet exemple, brûla à son tour les registres d'impôt et défendit qu'on en établît de semblables à l'avenir.

« Cet acte d'équité tardive ne fléchit point le courroux céleste : les jeunes princes furent enlevés par l'épidémie et Frédégonde retrouva toute sa férocité. Elle entrait dans des transports de rage à la pensée que son sacrifice était demeuré sans récompense, et qu'elle avait au contraire ainsi préparé de ses mains la grandeur de Clovis, l'être haï par excellence.

« L'horrible mégère commença par envoyer ce jeune prince au milieu de la contagion qui lui avait ravi ses fils, dans l'espoir qu'il en serait atteint; mais, comme il résista, elle l'accusa d'avoir causé la mort de ses frères, le fit emprisonner sous ce prétexte au château de Noisy, et enfin poignarder secrètement. On persuada Chilpéric que Clovis s'était suicidé pour échapper au châtiment de son crime. »

Ce ne fut pas tout : la mère et la sœur de Clovis et de Mérovée se trouvèrent impliquées dans la même accusation de maléfices et de forfaits; Audovère fut étranglée au fond de son couvent, et sa fille Hildeswinde jetée dans un cloître, après avoir été abreuvée d'outrages par les serviteurs de Frédégonde.

Brunehaut faillit être empoisonnée à son tour, parce qu'elle partageait le gouvernement de l'Austrasie avec son fils Childebert, dont elle savait faire prévaloir l'autorité. Grâce à sa mère, ce jeune roi était devenu « un prince de sagesse tel que depuis longues années on n'en eût pas cité de si courageux et aussi prudent[1] ».

La reine d'Austrasie avait eu de plus l'intelligence de s'allier avec Gontran, roi de Bourgogne, celui qu'on n'appelait jamais que le *bon roi Gontran*, et qui était en effet le meilleur de tous les Mérovingiens.

Il avait adopté le jeune Childebert comme héritier de son royaume; mais de perpétuelles discordes éclataient entre ces princes et Chilpéric, sans cesse entretenues par la méchanceté de Frédégonde.

Le pauvre époux de cette odieuse femme allait se désigner lui-même à son ressentiment: il avait découvert la mauvaise conduite de Frédégonde avec Landry, l'un des chefs de guerre les plus puissants du royaume de Neustrie; n'était-ce pas suffisant pour devenir une victime?

Un soir, à Chelles, dans une maison de plaisance où Chil-

[1] Grégoire de Tours.

péric chassait, il fut accosté par un inconnu qui le frappa de deux coups de poignard au moment où il descendait de cheval. Il tomba, « sans que la mort, dit-on, lui accordât un seul moment. »

Frédégonde, loin de rendre à son mari les derniers devoirs, ne songea qu'à faire nommer Landry maire du palais de Neustrie. Elle laissa le corps de Chilpéric sans sépulture, et quitta Chelles pour venir se réfugier avec son fils Clotaire, âgé de quelques mois, et tout le trésor royal dans la cathédrale de Paris.

De cet asile inviolable elle surveillait l'orage qu'elle sentait amassé sur elle; et, quand elle se vit menacée par une nuée d'ennemis, elle eut l'habileté d'envoyer dire au roi de Bourgogne :

« Que mon seigneur vienne prendre sous sa protection le royaume de son frère. J'ai un petit enfant que je désire mettre entre ses bras, et je me soumets moi-même à son pouvoir. »

Le bon Gontran se laissa séduire; il entra dans Paris, dont les portes lui furent ouvertes. Forte de cet appui, Frédégonde parvint à faire reconnaître son fils de quatre mois comme successeur de son père, sous le nom de Clotaire II.

Gontran, en sa qualité d'oncle et de protecteur des jeunes rois d'Austrasie et de Neustrie, se trouvait ainsi chargé du gouvernement de toute la Gaule.

Sa décision avait empêché Childebert et Brunehaut d'entrer en vainqueurs dans Paris, réclamé par eux comme une part de l'héritage de Caribert. Ils firent par deux fois demander à Gontran de vouloir bien leur livrer la reine meurtrière pour qu'elle fût punie de ses crimes. Le bon roi refusa.

« Je ne remettrai point, dit-il, au pouvoir de mon neveu

la veuve de mon frère, parce qu'elle a un fils qui est roi, et parce que je ne la crois pas coupable des actions criminelles qui lui sont imputées. »

Ébranlé toutefois par la rumeur publique, qui accusait Frédégonde de faire sans cesse de nouvelles victimes dans le but même de prouver son innocence, il sépara la reine de Neustrie de son fils et la relégua à Rueil, près de Rouen.

Furieuse de cet exil, dont elle attribuait la cause à Brunehaut, Frédégonde ne cherchait que des occasions de se venger.

De nouveau elle tenta de faire assassiner la reine d'Austrasie. Brunehaut surprit le funeste émissaire, et se contenta de le renvoyer dédaigneusement après l'aveu de sa mission. Mais Frédégonde, pour le punir de sa non réussite, lui fit couper les pieds et les mains.

L'évêque Prétextat était rentré en grâce par l'entremise de Gontran; il reçut un coup mortel pendant l'office du jour de Pâques. Le prélat expira en reprochant à Frédégonde tous ses crimes, ajoutant :

« Tu seras maudite dans tous les siècles, et tu payeras à Dieu le prix de mon sang. »

Gontran exigea qu'on punît ce meurtre : il fit avouer à un serviteur de Frédégonde qu'il avait été payé par elle pour le commettre. L'ignoble reine rêva alors de laver cet affront dans le propre sang de son protecteur.

Un des sicaires armés dans ce but fut trouvé caché dans l'oratoire où Gontran faisait ses prières.

D'autres, chargés de couteaux empoisonnés, avaient été envoyés contre Childebert et sa mère. Elle en dépêcha jusqu'à douze, et les fit encore périr pour avoir manqué leur crime et pour l'avoir divulgué.

Enfin l'esprit recule épouvanté devant la multitude de forfaits dont Grégoire de Tours a rempli des volumes de son intéressante histoire, et qui se trouvent dépassés en noirceur par la tentative que cette mère sans entrailles exerça contre sa propre fille Rigonthe, en essayant de l'étouffer elle-même dans un coffre.

Quittons toutes ces horreurs pour voir comment la femme immonde fut en partie relevée aux yeux de la postérité par le génie et l'habileté de la guerrière.

Le roi Gontran venait de mourir, léguant à Childebert le riche héritage d'Orléans et du Soissonnais, où ce dernier avait placé comme roi son second fils Théodebert. Frédégonde, se sentant débarrassée d'une tutelle qui lui pesait, rallia à son parti tous les cantons de la Neustrie septentrionale, et envahit brusquement Soissons avec une armée commandée par Landry, demeuré son favori.

Le petit roi, trahi par son entourage, fut obligé de fuir, et cette ville de Soissons, ancienne capitale du royaume de Chilpéric, rentra sous la domination de son fils Clotaire II.

Une armée composée d'Austrasiens, de Bourguignons et de Francs-Germains entra, par la Champagne, dans le Soissonnais, qu'elle voulait reprendre : les ducs Wintria et Gondebald la commandaient.

A cette nouvelle, Frédégonde rassembla ses chefs de guerre, et, au conseil de Braine, il fut décidé qu'on accepterait le défi des Austrasiens.

Des députés spéciaux convinrent du jour et du lieu de la bataille, qui fut désigné à Droissy, entre Soissons et Château-Thierry.

Un écrivain de notre siècle raconte ainsi ce combat :

« De part et d'autre on se mit en marche.

« Les Neustriens, conduits par Frédégonde à cheval et tenant son fils Clotaire entre ses bras, marchèrent en silence pendant toute la nuit, et arrivèrent au point du jour, sans avoir été découverts, en présence du camp ennemi.

« Les Austrasiens furent en même temps éveillés par les trompettes et assaillis par les troupes de Frédégonde ; ils prirent la fuite au premier choc. Les plus braves s'étant ralliés et mis en défense, les fuyards se retournèrent et la bataille s'engagea.

« Elle fut acharnée et meurtrière.

« La victoire resta aux Neustriens ; les patrices Wintria et Gondebald, vivement poursuivis par Landry et les leudes de Clotaire, ne durent qu'à la vitesse de leurs chevaux de ne pas être tués ou faits prisonniers.

« Frédégonde, après avoir poussé jusqu'aux portes de Reims et mis au pillage les campagnes environnantes, ramena dans Soissons ses troupes victorieuses et chargées de butin. »

Une telle lutte entre des individus de même race et dans laquelle il était resté, dit-on, trente mille cadavres sur le champ de carnage, produisit une si pénible impression parmi les populations franques, que les deux rivales furent forcées par les leudes de conclure une paix presque immédiate.

Cette victoire fut le dernier acte politique de Frédégonde. Elle mourut quatre ans après, laissant à son fils Clotaire un royaume puissant ; mais à la postérité, un nom exécré et maudit.

Childebert n'avait pas survécu longtemps à la défaite de Droissy, et Brunehaut était restée avec Théodebert maîtresse de l'Austrasie. A la mort de Frédégonde, elle appliqua son génie à ressaisir au profit de ce royaume toute la puissance que l'habileté de sa rivale était parvenue à conquérir.

Elle y réussit d'abord, mais ce fut, dit un de ses biographes, en marchant sur les traces de cette implacable ennemie, en multipliant les supplices, qui n'étaient pour elle que de terribles représailles. La famille de Frédégonde principalement devint l'objet de sa haine, et elle en frappa sans pitié tous les membres qui tombèrent en son pouvoir.

Trop de rigueurs devaient faire éclater l'orage grondant sur sa tête; les grands d'Austrasie, auxquels elle avait toujours opposé son impérieuse fermeté, se soulevèrent contre elle, à la suite de l'assassinat d'un duc de Champagne, et ils la menèrent sans escorte à la frontière du royaume, l'abandonnant seule et sans ressource au milieu de la campagne.

Là, elle rencontra un mendiant; il consentit à la conduire en Bourgogne, où régnait son petit-fils Thierry, le second des enfants de Childebert.

Bien accueillie, Brunehaut s'applique, en récompense, à allumer la guerre entre les deux frères.

Thierry, vainqueur à Toul et à Tolbiac, s'empara de toute l'Austrasie et fit mettre à mort son frère Théodebert ainsi que ses enfants ; l'un d'eux fut égorgé, et l'autre, encore à la mamelle, eut la tête écrasée contre un rocher, « par ordre de Brunehaut, » disent certains chroniqueurs.

Le triomphateur s'apprêtait à attaquer Clotaire quand il mourut à Metz presque subitement.

La fortune de la vieille reine allait être définitivement changée par cet événement inattendu.

Les grands d'Austrasie, ne voulant pas voir Brunehaut ressaisir encore une fois le pouvoir pendant la minorité des fils de Thierry, tramèrent contre elle un complot pour son extermination et celle de toute sa race.

Unis aux leudes de Bourgogne et à l'un de leurs officiers, Varnachaire, à qui Brunehaut était particulièrement odieuse, ils appelèrent à leur aide les grands de Neustrie avec la promesse de reconnaître la domination de leur roi.

Il fut unanimement résolu qu'on ne laisserait échapper

Mort de Brunehaut.

aucun des fils de Théodoric (Thierry), qu'on les tuerait tous avec Brunehaut, et qu'on donnerait à Clotaire la totalité de l'empire franc partagé en trois mairies[1].

Les coalisés marchèrent à la rencontre de Brunehaut sous

[1] Frédégaire.

les ordres de Varnachaire et de Pépin, seigneur austrasien d'où devait descendre la seconde dynastie franque.

Ils arrivèrent sur les bords de l'Aisne.

Clotaire avait promis à Varnachaire qu'il le nommerait maire du palais de Bourgogne s'il lui amenait la reine pieds et poings liés.

Quand Brunehaut donna le signal du combat, ses troupes achetées par les conspirateurs tournèrent le dos, et la malheureuse tomba avec ses petits-fils aux mains du fils de Frédégonde.

Clotaire II assembla un plaid de ses leudes pour la recevoir et la juger.

« Elle apparut, dit un historien, devant son neveu et l'assemblée réunie comme une reine qui n'a point abdiqué tout pouvoir. Elle était revêtue de ses habits royaux, pour bien montrer qu'elle avait droit au respect des vaincus et que sa défaite n'impliquait point la perte de sa dignité royale. »

Clotaire l'accabla d'injures, et, lui imputant tous les crimes commis depuis trente ans, lui reprocha d'avoir ordonné ou causé la mort de dix rois ou fils de rois, ajoutant :

« Tu n'as pas épargné tes propres enfants, qui sont morts à cause de toi; que peux-tu dire pour ta justification ? »

Sans lui donner le temps de répondre, il la fit dépouiller de tout vêtement et promener pendant trois jours sur un chameau, en butte à la risée des soldats et aux moqueries de la populace, qui lui jetait de la boue. Enfin, on la lia par un bras et une jambe à la queue d'un cheval indompté qu'on lança à travers les ronces des buissons.

Il ne resta bientôt de ce corps qu'une masse informe, qui fut brûlée, et dont on déposa plus tard les cendres à l'abbaye de Saint-Martin d'Autun, qu'elle avait fondée.

Ainsi périt l'an 614, à l'âge de quatre-vingts ans, cette princesse, fille, femme, sœur, mère et grand'mère de rois, qui avait gouverné l'Austrasie pendant près d'un demi-siècle.

« Ainsi, dit-on d'autre part, les Francs se vengeaient de la femme énergique qui avait prétendu les plier au joug de la loi et de la volonté royale. »

C'était la fin d'une lutte entre deux femmes, également habiles et courageuses, dont les instincts et les passions sauvages devaient amener la chute de la famille mérovingienne.

Toutefois, un historien autorisé n'a pas craint d'appeler Brunehaut une des plus grandes reines de l'histoire.

« En face du fils de sa cruelle ennemie, dit un autre, Brunehaut nous apparaît pleine de majesté; sa vieillesse, ses malheurs, les services qu'elle a rendus adoucissent la sévérité qu'on lui doit. »

« Elle avait, écrit Victor Duruy, des vues plus hautes que les princes de son temps ; elle goûtait les arts et les lettres et pensait, ce que ne pensaient guère les Mérovingiens, que les rois n'ont pas seulement à jouir des tributs payés par les peuples ; mais qu'ils leur doivent, en échange, de l'ordre et des travaux d'utilité publique. »

Aucune mémoire célèbre n'a été d'ailleurs plus diversement jugée par les historiens que celle de Brunehaut. Quelques chroniqueurs ont voué son nom à l'opprobre, alors que d'autres lui adressaient des éloges peut-être exagérés. Pour l'apprécier avec justice, il faut la considérer dans le milieu barbare où elle a vécu, et dont elle a forcément subi l'influence, tout en cherchant à en apporter une plus favorable. C'est l'opinion de plusieurs de ses contemporains, parmi lesquels on relève les noms illustres du pape saint Grégoire et de Grégoire de Tours.

Il ressort des écrits qu'ils ont inspirés que cette reine, richement douée par la nature, avait conçu de vastes desseins que l'ignorance et les mœurs grossières des Francs ne lui permirent pas de réaliser, et que c'est l'application prématurée qu'elle en voulut faire qui causa la plupart de ses malheurs.

La Flandre, la Picardie et la Bourgogne attribuèrent à Brunehaut la construction de chaussées et d'importants monuments dont on y rencontre encore les vestiges.

« Tant fonda, disent les *Grandes Chroniques de France*, d'églises et d'autres édifices, que l'on ne trouverait pas une seule femme qui en eût tant édifié de son temps. »

Aussi quelque chose de grand demeure-t-il attaché au nom de Brunehaut dans les traditions populaires.

IV

A LA COUR DE CHARLEMAGNE

Après la chute de la dynastie mérovingienne, une ère nouvelle s'était élevée pour les femmes. Charlemagne, alors le conquérant de l'Europe, avait fait de sa cour un foyer chrétien ; mais, en sa qualité d'héritier des traditions des peuples barbares, il rendait ce foyer cosmopolite, et promenait sa famille à travers tous les champs de bataille.

« Les épouses de l'empereur furent ses compagnes dans le sens chrétien du mot, dit un historien de ce règne. Associées, avec trop peu de ménagements il est vrai, aux fatigues militaires du héros, elles présidaient également avec lui toutes les fêtes où il célébrait ses triomphes et les plus solennelles cérémonies politiques. Les chroniqueurs signalent leur présence partout, dans les revues militaires, dans les assemblées nationales, dans les réceptions d'ambassadeurs étrangers. On voit souvent leur nom figurer au bas des actes de chancellerie, et un capitulaire place sous les ordres de la reine les intendants du domaine royal. »

Les filles et sœurs du monarque avec leur suite accompagnaient aussi les reines dans les grandes chasses en la forêt des Ardennes ou autres, à cheval et tout entourées de brillants cavaliers.

Ce contact perpétuel des femmes devait contribuer peu à peu à adoucir les mœurs de ces Francs, « mal dégrossis, » grâce à l'influence croissante du christianisme, dont les Carlovingiens étaient devenus les apôtres.

Ce n'était plus, comme sous la première race, par une sauvagerie hors nature que ces filles de conquérants cherchaient à se défendre contre la brutalité des mœurs des guerriers qui les entouraient; c'était en les civilisant.

Les invasions des Normands, sous les successeurs de Charlemagne, créant un danger permanent pour la France, Charles le Chauve, le fils régnant du grand empereur, dans le but d'assurer la défense de la patrie, crut bon d'établir l'hérédité des fiefs des ducs, marquis, comtes et barons, créés par son père. Ces hommes devinrent des *seigneurs,* ayant des *serfs* sous leurs ordres.

Chaque seigneur se chargea de protéger son domaine et se fit bâtir un château fortifié au pied duquel les paysans établirent leurs chaumières.

C'était la création de la féodalité, d'où l'Église allait bientôt faire sortir la belle institution de la chevalerie.

Les principes de celle-ci, combinés avec les grandes vertus du christianisme, devaient triompher de la barbarie des conquérants. Le jeune homme armé chevalier promettait de défendre les faibles contre les forts, de protéger les femmes, les enfants, les vieillards. Quiconque y manquait était déshonoré.

Tout chevalier s'avouait hautement le serviteur d'une dame, portait ses couleurs et venait déposer à ses pieds les trophées de ses victoires ou le prix de ses travaux.

Les jeux guerriers devinrent, sous le nom de *tournois*, de grandes solennités, où les femmes occupaient le premier rang.

Les jeux guerriers, que les Francs avaient apportés du fond des forêts de la Germanie, devinrent sous le nom de *tournois*, de *pas d'armes*, de *castilles*, des grandes solennités, où les femmes occupaient le premier rang. Elles donnaient le prix au chevalier qui avait combattu sous leurs yeux avec le plus d'adresse et de vaillance.

Elles-mêmes sentirent alors le besoin de mettre leur courage à la hauteur de leur rôle grandissant. Admises à partager les honneurs de leur père, leurs frères ou leur mari, les nouvelles duchesses, comtesses, marquises voulurent faire respecter ces dignités, et montrèrent une valeur et une habileté remarquables. En même temps, elles usaient de leur pouvoir et de leur rang dans la société politique pour faire triompher l'esprit, le savoir et la politesse sur la force ignorante et brutale.

Retiré dans sa sévère demeure féodale, le châtelain passait les jours d'hiver avec sa femme et ses enfants, « ses seuls égaux, sa seule compagnie intime et permanente. »

« Quand, dit l'*Histoire de la civilisation en France*, le possesseur de fief sortait de son château pour aller chercher la guerre et les aventures, sa femme y restait, et dans une situation toute différente de celle que, jusque-là, les femmes avaient presque toujours. Elle y restait maîtresse, châtelaine représentant son mari, chargée en son absence de la défense et de l'honneur du fief.

« Cette situation élevée et presque souveraine au sein même de la vie domestique a souvent donné aux femmes de l'époque féodale une dignité, un courage, des vertus, un éclat qu'elles n'avaient point déployés ailleurs, et elle a, sans nul doute, puissamment contribué à leur développement moral et au progrès général de leur condition.

« Ajoutez à cela l'empire des idées chrétiennes et vous comprendrez comment cette vie de château, cette situation solitaire, sombre, dure, a pourtant été favorable au développement de la vie domestique et à cette élévation de la condition des femmes qui tient tant de place dans l'histoire de notre civilisation. »

Ce tableau du mouvement et des tendances d'une époque explique avec quelle facilité les châtelaines d'alors, habituées à la vue et au maniement des armes, devenaient des héroïnes guerrières.

V

EMMA DE FRANCE ET LA COMTESSE DE VERMANDOIS

Au temps de Charles III le Simple, on peut dire que tous les grands étaient rois sauf le roi.

Parmi les plus puissants vassaux apparaissait Herbert, comte de Vermandois, dont l'apanage comprenait la partie de la France située entre la Haute-Picardie et la Thiérache, dans le cercle formé par Saint-Quentin, Laon et Soissons.

Le manoir de Coucy et la citadelle de Laon composaient ses principaux points de défense; et, outre le titre attaché à ce fief, il portait celui de comte de Troyes et même de Champagne.

Avec lui étaient Raoul, duc de Bourgogne, et Robert, duc de France et comte de Paris, fils de Robert le Fort.

C'était tour à tour entre ces seigneurs des luttes, des rivalités, des alliances et des haines, changeantes comme leurs intérêts particuliers, et où les femmes prenaient une part active.

Toutefois, après le traité de Saint-Clair-sur-Epte qui permettait l'établissement définitif des Normands en France, les seigneurs mécontents résolurent de s'unir pour déposer Charles.

Herbert se mit secrètement à la tête de cette ligue, qui proclama roi Robert de France.

Le malheureux Charles le Simple, entouré d'ennemis, et dans l'impossibilité de se défendre seul, réussit pourtant à battre et à tuer Robert. Mais bientôt, poursuivi à son tour par Hugues le Blanc, fils de Robert, traqué, vaincu, Charles se vit contraint de demander asile à Herbert.

C'était se mettre dans la gueule du loup.

Le comte de Vermandois parut accueillir le roi de France dans son château de Péronne : il l'y retint prisonnier !

Le trône se trouvait donc à la merci des alliés. Herbert voulait s'en emparer. Hugues s'y opposa, jugeant que ce droit lui appartenait, comme fils et héritier du duc de France.

Cet Hugues, surnommé *le Blanc* à cause de son teint pâle, *le Grand* pour sa haute taille et ses vastes domaines, et aussi *l'Abbé* parce qu'il possédait trois abbayes, avait pour sœur Emma, « femme aussi remarquable par son grand sens que par sa beauté. »

On l'avait fait épouser à Raoul, duc de Bourgogne, pour mettre fin à une dissension entre les maisons de France et de Bourgogne.

Elle allait valoir la couronne à son mari.

Le nouveau duc de France envoya demander à sa sœur qui elle préférait voir couronner, de lui ou de Raoul.

La princesse répondit en baissant son voile :

« J'aimerais mieux embrasser le genou de mon époux que celui de mon frère.

— Qu'il soit fait selon ton désir, » répondit Hugues.

Et il fit sacrer Emma et Raoul, dans l'église Saint-Médard de Soissons, par Gauthier, archevêque de Sens.

De ce fait, Raoul devenait l'ennemi d'Herbert.

Le nouveau roi, homme actif et énergique, prétendait faire respecter cette souveraineté plus nominale que réelle. Mais comme elle s'exerçait sur le domaine usurpé de Charles III, retenu captif à Péronne, cela mettait Raoul à la merci d'Herbert.

Celui-ci en profita plusieurs fois. Une des plus mémorables fut en 926, alors que Raoul, surpris et blessé par les Normands auprès d'Arras, avait dû acheter la paix par un tribut levé sur la France et la Bourgogne.

C'est ce moment particulièrement critique que le détenteur du roi dépossédé choisit pour réclamer plus impérieusement le comté de Laon ; et il vint mettre le siège devant la ville.

La reine Emma, qui s'y trouvait enfermée, accepta le défi en l'absence de son époux, et se défendit « avec une habileté au-dessus de son sexe », disent les chroniqueurs.

Descendante de la famille de Charles-Martel, elle prouva que ce sang vigoureux n'était pas mort en elle ; car rien ne pouvait ébranler son courage. Emma combattait toujours en attendant le secours que lui préparait son mari.

Enfin Raoul accourut sur les bords de l'Oise, avec une armée qui devait seconder les efforts de la vaillante reine.

Pendant ce temps, Herbert prenait Charles le Simple dans sa tour, le traitait en roi, lui faisait rendre hommage par le nouveau duc de Normandie, Guillaume Longue-Épée, et enfin le conduisait à Reims pour donner à Raoul la crainte de le voir couronné de nouveau, se disant soutenu par le pape Jean X, qui défendait les droits du souverain légitime.

Raoul sentit que les événements devenaient graves, et

qu'un grand choc était imminent. D'autre part, son beau-frère Hugues l'engageait à la conciliation. Il se posa comme un médiateur entre Raoul et Herbert, et obtint pour ce dernier la cession de la forteresse.

Emma, le cœur déchiré, remit aux mains du comte de Vermandois cette place qu'elle avait si vaillamment gardée, et où elle s'était couverte de tant de gloire.

Grâce à ce sacrifice, Herbert renouvela à Raoul son serment de fidélité. Il ramena à Péronne ou mieux à Ham le pauvre Charles, qui devait y mourir trois ans plus tard, « abusé à la fois par Raoul et par Herbert. »

De ce moment, Raoul se sentit plus fort.

Enhardi par des succès dans le Midi, il revint vers le Nord, souhaitant par-dessus tout se venger d'Herbert et abattre sa puissance.

Le moment était favorable : Hugues de France, ayant des démêlés avec Herbert, se trouvait du même coup l'allié de Raoul.

Guillaume, duc de Normandie, se déclara aussi l'adversaire d'Herbert.

Contre ces forces réunies, le comte de Vermandois ne pouvait lutter bien longtemps. Déjà Saint-Quentin, Amiens, Ham étaient tombés au pouvoir du roi de France ; il vint mettre le siège devant la citadelle de Laon.

On se battit avec acharnement.

Herbert, se voyant assailli par une fortune contraire et craignant d'être fait prisonnier, prévint sa femme qu'il allait s'éloigner pour implorer le secours du roi de Germanie, Henri l'Oiseleur.

« Je te laisse mes plus fidèles guerriers, dit-il, fais-en bon usage.

— Nous nous défendrons ! répondit la dame de Vermandois ; puisse Dieu nous permettre de voir ton retour. »

Herbert pouvait partir à demi rassuré, il laissait à Laon un vaillant chef.

La lutte se poursuivit en effet avec une vigueur non interrompue. La comtesse relevait l'ardeur des assiégés, allant et venant sur la brèche, entraînant les moins résolus par son exemple.

Les fidèles vassaux redoublaient de valeur pour protéger la châtelaine qui se montrait si brave.

« Courage ! répétait la dame de Vermandois, il faut tenir bon. Or çà, que dirait messire Herbert si nous faiblissions ? J'ai promis de l'attendre ici, me ferez-vous manquer à ma parole ? »

Malgré tant d'efforts, il fallut plier, et la forteresse dut capituler. L'intrépide guerrière fit dire à Raoul qu'elle ne se rendrait vivante que s'il lui promettait sa liberté. Le roi dédaigna de retenir une femme, et lui permit de s'éloigner avec les siens.

Cette sorte de mépris envers une glorieuse vaincue blessa Herbert. Il résolut de revenir à la charge.

Aidé d'Henri de Germanie, du duc de Lorraine et du comte de Flandre, le seigneur de Vermandois chassa à son tour les troupes du roi et du duc de France.

Un traité de paix, conclu à Soissons en 935, rendit à Herbert la citadelle de Laon, qu'il conserva presque jusqu'à sa mort.

VI

OGIVE D'OUTRE-MER

Charles III le Simple avait épousé, en Angleterre, Ethgive ou Ogive, fille du roi Édouard. L'histoire ne dit rien de cette reine pendant la durée du règne faible et malheureux de son époux.

Charles ayant été déposé en 920, Ogive le vit réduit à errer de château en château, jusqu'au jour où, trahi par Herbert de Vermandois, il fut emprisonné par ses ordres.

La reine Ogive réunit alors toutes ses ressources pour essayer de rendre Charles à la liberté. Ce fut en vain : Raoul régnait malgré l'hostilité secrète d'Herbert qui faisait de son prisonnier un danger toujours en suspens.

Par son habileté, Ogive avait cru tirer parti de cette situation, et son initiative provoquait une ligue dans laquelle Herbert et Hugues s'étaient déclarés les adversaires de Raoul en faveur du roi détenu.

Pour obtenir l'appui de ce puissant comte de Paris, « qui faisait et défaisait les rois, » Ogive lui donna sa sœur Édith en mariage.

Au moment où la reine Emma défendait si vaillamment les

remparts de Laon, elle avait Ogive pour adversaire. Tandis que l'une prolongeait le combat, pour donner aux secours le temps de lui arriver, l'autre pressait les négociations, pour obliger l'assiégée à se rendre.

L'épouse de Charles eut un moment de suprême espoir lorsque Herbert, pour décider Raoul à céder la ville, avait amené le captif à Reims.

Ce ne fut qu'une courte illusion : la soumission de Raoul, lui conservant son trône, renvoyait Charles languir dans sa prison.

Comprenant que tous ses efforts seraient désormais infructueux, la malheureuse Ogive tourna ses regards d'un autre côté.

Son frère Athelstan, fils d'Édouard, régnait alors en Angleterre ; elle résolut d'aller lui demander asile, et se mit à la recherche d'un navire qui voulût bien la transporter.

Ogive emmenait avec elle son jeune fils Louis, qui, pour cette raison, devait être plus tard surnommé d'Outre-mer.

Athelstan accueillit la reine détrônée comme une sœur chérie et infortunée.

Cette expatriation dura treize années. Ogive les employa tout entières à l'éducation de son fils, auquel elle sut donner, dit-on, « une âme de roi ».

Le décès de Charles ne modifia en rien la position des exilés. La confiance naïve que ce prince avait eue dans Herbert allait lui mériter de la postérité le nom de *simple* ou de *sot*, mais devait aussi apporter des remords au comte de Vermandois. Il ne survécut que peu d'années à sa royale victime, et, sur le point de descendre lui-même dans le tombeau, il s'écriait avec des larmes :

« Nous étions douze qui trahissions le roi. »

Seule la mort de Raoul pouvait changer la situation de Louis et d'Ogive. Elle laissait encore une fois la couronne vacante.

« Hugues le Blanc, dit M. Henri Martin, n'avait qu'à étendre le bras pour la saisir, mais il préférait de plus solides avantages; pour la seconde fois, il aima mieux faire un roi que de l'être lui-même, et vendre la couronne que de l'acheter. Ce froid et prudent calculateur passa sa vie à agrandir, à fortifier, à enraciner sa maison dans le sol, et réserva à ses enfants l'occupation définitive de la royauté, comme s'il eût été sûr qu'elle ne pouvait leur échapper. »

Hugues jugea bon de se donner un roi qui lui devrait tout. D'accord avec Guillaume Longue-Épée, deuxième duc de Normandie, il détermina les seigneurs à envoyer en Angleterre une députation de comtes et de prélats, sous l'égide de Guillaume, archevêque de Sens.

Cette ambassade solennelle se présenta devant Ogive, et lui demanda son fils au nom de toute la France.

Athelstan, croyant à une trahison, refusa tout d'abord de livrer son neveu. Ogive, plus perspicace, répondit :

« Nous n'avons pas le droit de suspecter une parole aussi autorisée que celle de Monseigneur Guillaume, et c'est avec une joie extrême que je remettrai dans ses mains le sort de mon cher enfant. »

Louis IV avait alors dix-sept ans. Cédant aux impulsions maternelles, il accepta bravement cette couronne qui avait donné tant de déboires et de déceptions à son pauvre père.

Le duc de France reçut le jeune prince à Boulogne-sur-Mer, lui rendit l'hommage dû à un suzerain sur la grève même où il avait débarqué, et le conduisit aussitôt à Reims, pour le faire sacrer.

Dès lors, il ne restait plus à Hugues qu'à attendre sa récompense. Il la trouva dans l'investiture du duché de Bourgogne, qu'il avait aussitôt sollicitée.

Toutefois, Louis d'Outre-mer, malgré son jeune âge, montra bientôt qu'il n'était pas disposé à se laisser tenir en tutelle. Il refusa de vivre à Paris, comme le voulait Hugues, et alla s'établir à Laon, dont le comté était la seule possession appartenant réellement au domaine royal. Partout ailleurs, dans les Gaules, les ducs et les comtes étaient plus souverains que le roi.

Ce règne allait être une lutte constante et orageuse; mais Ogive se montrait pour son fils aussi bonne conseillère qu'elle avait été gardienne prudente et dévouée.

Une redoutable invasion des Hongrois marqua le début de ce pouvoir dignement partagé. Louis remit dans les mains fermes de sa mère le commandement de la capitale.

En 937, Ogive commença donc, comme assiégée, cette lutte sur les murailles de Laon, à laquelle elle avait pris part jadis comme assiégeante. Elle y déploya un égal courage et un non moins admirable sang-froid.

Son énergie sut triompher de l'envahissement, qui était devenu un véritable fléau; et, grâce à ses exploits, l'indépendance de ce vestige du domaine royal fut conservée.

Une guerre de cette importance avait retardé la rupture, déjà prête à éclater depuis quelque temps, entre Louis IV et son puissant et insatiable vassal, Hugues le Blanc.

La politique de la reine mère eût été, comme toujours, de ménager cet homme, qu'il valait mieux, selon elle, avoir pour allié que pour adversaire.

Ses avis ne furent point écoutés.

Louis, lassé des conseils de sa mère et se croyant d'ailleurs assez fort pour agir par lui-même, la mit peu à peu en dehors de ses affaires. Le plus souvent, alors qu'il courait les aventures, il la retenait à Laon, où elle devint bientôt à peu près prisonnière.

Cette conduite, vraiment blâmable, ne devait pas profiter à Louis d'Outre-mer. Elle eut pour premier résultat d'inspirer à Ogive une décision qui allait jeter une ombre fâcheuse sur sa renommée, jusqu'alors si honorable.

Un jour la reine, désespérée, s'enfuit de Laon pour aller épouser, à quarante-cinq ans, le fils du comte de Vermandois, de cet Herbert qui, en tenant Charles prisonnier, s'était fait le pire ennemi de sa famille.

Ogive ne vécut que peu de temps après cet acte inqualifiable.

Elle n'avait point eu d'autre enfant que Louis IV.

VII

GERBERGE DE SAXE ET EMMA D'ITALIE
(REINES DE FRANCE)

La première discorde survenue entre Louis d'Outre-mer et Hugues le Grand avait été amenée par la Lorraine.

Les habitants de ce pays, ayant pour suzerain l'empereur de Germanie, Othon le Grand, s'étaient insurgés contre lui pour transférer leur hommage à Louis d'Outre-mer, qui l'accepta.

Une guerre éclata entre les deux rois, en 939. Hugues le Grand, Guillaume de Normandie, Arnolphe de Flandre et Herbert de Vermandois, vassaux de Louis, s'allièrent contre lui au roi de Germanie, qu'ils voulaient proclamer roi des Gaules.

Déjà le fameux comte de Paris, pour se fortifier par une grande alliance contre une ambition qu'il n'avait pas prévue, avait épousé en secondes noces Hedwige, sœur d'Othon, ce qui rendait plus naturel l'appui procuré par lui à cet empereur.

Une sœur d'Hedwige était alors aussi mariée à Gilbert ou Gislebert duc de Lorraine; c'était Gerberge, femme d'un rare mérite et d'un grand caractère, qui se montrait en tous points la digne fille d'Henri l'Oiseleur, le civilisateur de l'Allemagne.

Gerberge avait pris part à plusieurs combats livrés par son incapable époux.

En 940, celui-ci, vaincu par le roi de France, fuyait après la bataille, lorsqu'il se noya en traversant le Rhin.

Gerberge était alors à Chièvremont, place forte du pays de Liège, qu'elle préparait à une vigoureuse résistance. Louis d'Outre-mer accourut à la hâte devant cette forteresse.

Il savait combien la duchesse de Lorraine était aimée de ses sujets et quel soutien elle pouvait rencontrer dans ses deux frères, Othon d'une part, et Bruno, archevêque de Cologne, de l'autre. De plus, Chièvremont, par son importance, saurait tenir longtemps sous l'habile commandement de Gerberge.

Si j'essayais d'un système moins hasardeux que celui de la guerre? se dit Louis.

Il fit demander à Gerberge de lui accorder sa main.

La duchesse accepta et devint ainsi reine de France.

Ce mariage décida de la paix avec Othon, et l'heureuse influence de Gerberge devait par la suite maintenir la bonne intelligence entre son frère et son époux.

Mais la lutte de Louis contre les seigneurs rebelles n'était pas terminée. Cette époque était, selon l'expression de Henri Martin, « l'ère de la fraude et du mensonge » ; aussi les rapports du roi et de ses vassaux ne présentent-ils qu'une suite de guerres, d'intrigues et de trahisons.

Le roi de France, battu par les Normands, s'apprêtait à traiter de la paix lorsque, à l'instigation secrète du comte de Paris, il fut surpris en pleine conférence par l'émissaire chargé de l'entente, et remis captif aux mains de ses adversaires.

L'infortuné Louis, enfermé dans la tour de Rouen, eût pu, comme son père, achever sa vie en une étroite prison, sans l'habileté et l'énergie de sa valeureuse compagne.

Nul pas, nulle démarche ne coûtèrent à l'infatigable Gerberge. Sans prêter l'oreille aux insinuations de traîtrise dont on chargeait le prétendu allié de Louis, elle alla le trouver pour le prier de demander aux Normands l'élargissement de son mari.

« J'essayerai, » promit Hugues.

Et, paraissant intervenir en faveur du roi, il demanda qu'il lui fût livré.

Richard de Normandie répondit :

« Je ne céderai mon ennemi que si ses deux fils me sont remis en otage. »

Le duc de France transmit la réplique à Gerberge, qui s'écria :

« Céder les fils à ceux qui ont ravi le père serait vouloir exposer la race de Charlemagne à son entière destruction. »

Hugues insista avec force promesses.

« J'enverrai mon plus jeune, dit alors Gerberge, avec un évêque; je ne puis rien de plus. »

Le prince normand consentit à cet échange, et rendit le roi à son puissant vassal. Hugues le retint prisonnier à son tour.

Aussitôt Gerberge implore le secours de son frère Othon et du roi d'Angleterre Edmond. Chacun de son côté enjoignit au traître d'avoir à remettre Louis IV en liberté.

L'impérieux duc reçut avec fureur les envoyés anglais; et

après les avoir menacés de châtier par les armes l'insolence de leur maître, il les chassa eux-mêmes honteusement.

Meilleur accueil avait été réservé aux émissaires de son beau-frère. Toutefois, comme il n'avait pu obtenir de lui l'entrevue qu'il sollicitait, Hugues était venu trouver Louis à Compiègne, en présence de la reine Gerberge, de plusieurs évêques et de quelques grands restés fidèles à la royauté et à son représentant. Là il commença par reprocher à Louis d'Outre-mer son ingratitude.

« C'est moi qui t'ai rappelé d'exil, et replacé sur le trône. En récompense, tu as évité mes conseils et suivi ceux de mes adversaires. Bien que je t'aie créé roi, tu ne m'as encore rien donné; accorde-moi la ville de Laon, et je vais te servir avec fidélité. »

Le captif céda, tout en disant à ce vassal intraitable :

« Hugues, Hugues! que de biens tu m'as enlevés! Que de maux tu m'as faits! Que de chagrins tu me causes encore! Tu t'es emparé de la ville de Reims, tu me surprends celle de Laon. Dans ces deux villes je trouvais accueil, elles étaient mes seuls remparts. Mon père captif fut délivré par la mort de malheurs semblables à ceux qui m'accablent, et moi, réduit aux mêmes extrémités, je ne rappelle de la royauté de mes aïeux que l'apparence. J'ai le regret de vivre, et il ne m'est pas permis de mourir! »

Toutefois, soutenu dans sa détresse par sa noble femme et par tous les siens, Louis redevenu libre reprit courage. Il voulait secouer la convention onéreuse qui lui avait été imposée et se venger de la violence du comte de Paris à son égard. Gerberge lui conseilla d'implorer le secours de son frère. Elle-même se rendit à Aix-la-Chapelle pour la solliciter.

Othon promit son appui, et joignant ses forces à celles de Conrad, roi de Bourgogne, il vint trouver Louis d'Outre-mer. Ils conduisaient, disent les historiens du temps, trente-deux légions qui inondèrent l'Ile-de-France.

Les trois rois mirent le siège devant Reims, et cette ville ne tarda pas à rentrer en leur pouvoir.

Louis s'empressa de confier à Gerberge la garde de la place nouvellement conquise. La vaillante femme s'y enferma avec quelques chefs courageux et des troupes fidèles, et s'y tint bravement sur la défensive.

La reprise de Laon suivit celle de Reims. Mais, comme Hugues ne cessait d'attaquer le roi, Othon fit réunir à Ingelheim un concile d'évêques, faisant au duc de France la défense de marcher à l'avenir contre son suzerain.

Peu soucieux de l'anathème lancé contre lui par ce synode, Hugues n'en devint que plus insolent. Il ravagea les terres du roi, incendia ses châteaux et apporta partout le pillage et le meurtre. Il avait manqué de s'emparer de Soissons, et menaçait de reprendre Reims.

Louis, secondé par sa valeureuse femme, soutenait la lutte avec un courage qui fit dire de lui que, tant qu'il vécut, « s'il n'y avait plus de royaume en France, il y eut toujours un roi. »

Enfin, en 950, Hugues, fatigué lui-même d'une guerre sans résultat et menacé d'excommunication par le pape, consentit à signer une trêve, dans laquelle le duc de France s'engageait à rentrer dans le devoir et jurait de nouveau à Louis IV obéissance et fidélité.

Quatre ans après mourait, d'une chute de cheval, le roi malheureux, en la personne duquel la race de Charlemagne avait brillé, dit-on, de son dernier éclat.

Louis IV ne laissait de ses sept enfants que deux fils, dont l'aîné, Lothaire, n'avait que treize ans.

Gerberge n'eut alors qu'un but, celui d'assurer à ce jeune enfant la couronne de son père.

Aussitôt que la cérémonie des funérailles fut terminée, elle envoya des députés à ses frères : Othon de Germanie, Henri de Bavière et Bruno duc de Lorraine, les priant de se joindre aux principaux seigneurs et aux évêques de Belgique, de Germanie, d'Aquitaine et de Bourgogne, pour obtenir l'appui d'Hugues le Grand, et faire reconnaître Lothaire comme successeur de Louis IV au trône de France.

Le puissant duc accorda la protection demandée, à la condition qu'il recevrait l'Aquitaine des mains du comte de Poitiers, à qui elle appartenait. En échange, il promettait de se constituer le défenseur des droits de son neveu, et de ne pas chercher à s'emparer de la couronne pour lui-même, malgré la facilité qu'il en avait.

Lothaire fut donc proclamé roi, et la reine Gerberge ainsi que Bruno, son oncle, se trouvèrent chargés du gouvernement.

La veuve de Louis d'Outre-mer s'acquitta de sa tâche avec autant d'habileté que de zèle, veillant aux intérêts du jeune prince sans faiblesse ni défaillance.

Quand il s'agit de s'emparer de Poitiers, promis à Hugues, la courageuse régente prit hardiment la tête de l'armée, et se rendit en Aquitaine pour mettre le siège devant Poitiers.

La tentative ne réussit pas complètement, et la mort du puissant Hugues, qui eut lieu l'année suivante, ne permit pas de la renouveler. Malgré un siège de deux mois vaillamment conduit, le duc Guillaume avait conservé son domaine tout en étant forcé à la soumission.

Cinq ans plus tard, la ville et la forteresse de Dijon ayant été surprises par Robert de Trèves, fils du fameux Herbert de Vermandois, Gerberge dirigea elle-même contre cette ville des forces considérables.

Le siège fut si bien fait, l'attaque si habilement menée, que Robert se vit contraint de demander la capitulation.

« Je ne l'accorderai, dit Gerberge, que si l'auteur de la trahison m'est livré pieds et poings liés. »

Robert dut céder.

« Comme je ne veux pas de traîtres parmi mes sujets, proclama la reine, je dois faire un exemple. »

Et, par son ordre, celui qui avait manqué si perfidement à ses devoirs de patriote fut décapité en présence de toute l'armée.

Le rêve de Gerberge eût été d'étendre la domination de son fils par la conquête du duché de Normandie. La vaine tentative qu'elle fit, en 965, eut au moins pour résultat d'amener une paix durable entre le roi de France et le duc normand.

L'année suivante, la reine douairière accompagna son fils à Aix-la-Chapelle, pour aller rendre visite à Othon depuis peu couronné empereur. Elle y retrouva sa sœur Hedwige, régente elle-même du jeune duc de France, Hugues Capet, qui devait commencer la troisième race des rois francs; ce qui fit faire plus tard la remarque que de ces deux sœurs d'Othon étaient sorties la race impériale de Germanie et les races royales de France et d'Angleterre.

Toutes deux s'étaient mises sous la protection de Bruno, archevêque de Cologne, qui chercha toujours à maintenir la paix entre ses neveux.

Les chroniques du temps parlent de cette entrevue d'Aix

comme d'un heureux événement de famille, et dit : « Jamais ils ne ressentirent pareille joie. »

Gerberge en profita pour conclure le mariage de Lothaire avec la princesse Emma, fille du roi d'Italie, Lothaire II, mort depuis quinze ans, et dont l'empereur Othon avait épousé la veuve, Adélaïde de Bourgogne, mieux nommée sainte Adélaïde.

A partir de cette époque, la reine Gerberge se retira de la scène politique, qu'elle avait si brillamment occupée pendant douze années, depuis la mort de son mari.

Trois ans plus tard, la noble sexagénaire mourait à son tour, laissant parmi le peuple, aussi bien que dans le cœur de ses enfants, une mémoire vénérable et vénérée.

Elle fut inhumée à Reims, dans le chœur de l'abbaye de Saint-Remi.

La femme de Lothaire est loin d'avoir laissé dans l'histoire un nom aussi pur et aussi honoré que celui de sa belle-mère et de sa sainte mère.

Pourtant la chronique dit que la reine Emma, ou Émine, « prit une grande influence sur l'esprit du roi » ; et elle se trouva mêlée aux dernières luttes carlovingiennes.

Son mari lui confia la garde de la ville de Verdun qu'il venait de conquérir.

En l'absence de Lothaire, la célèbre place lorraine fut un jour assaillie par une armée nombreuse. Emma en repoussa les premières attaques, et donna à son époux le temps de la secourir.

Verdun fut délivrée et tous les chefs faits prisonniers.

On s'était servi pour la première fois, dans ce combat, d'une immense machine de guerre dont il fut beaucoup parlé.

Deux ans après cette conquête, Lothaire mourait de violentes douleurs d'entrailles, et la rumeur publique accusait Emma de l'avoir empoisonné.

Il comptait vingt ans de règne. Le seul fils qu'il laissât était alors un adolescent, que l'archevêque Gerbert désigne du nom de « Louis qui ne fit rien ».

Cependant la reine Emma, sans s'alarmer des bruits sinistres courant sur son compte, appela les seigneurs autour de son fils, qu'on proclama roi sous le nom de Louis V. Elle-même se faisait nommer régente et recevait à Reims, en cette qualité, le serment des chefs francs.

Emma ne jouit pas longtemps de ce pouvoir. Ces principaux seigneurs, excités par Hugues Capet, se liguèrent. Après être parvenus à circonvenir le jeune roi, ils accusèrent la régente d'inconduite et la réduisirent à implorer le secours de sa mère.

L'archevêque Gerbert défendit Emma; il dicta une lettre adressée par la reine à l'impératrice Adélaïde, où il est dit :

« J'ai tout perdu en perdant le roi; je n'avais d'espérance qu'en mon fils, il est devenu mon ennemi. Tous ceux à qui je témoignais le plus d'amitié se sont éloignés de moi. On invente d'horribles choses contre l'évêque de Laon; on veut même lui ôter sa dignité pour me couvrir d'une éternelle confusion. O ma mère, secourez promptement une fille accablée de douleur; mettez-vous en état de vous joindre à nous, et faites une puissante ligue contre les seigneurs qui entourent mon fils, afin de les forcer à nous laisser en repos! »

Le résultat que la reine attendait de cette lettre n'eut pas le temps de se manifester. Charles de Lorraine, frère de Lothaire, à l'instigation d'Hugues Capet, fit enlever Emma pour la confiner en prison.

Elle parvint à s'en échapper, mais ce fut pour traîner une vie méprisée et misérable. Emma mourut dans l'humiliation, quoique ses crimes n'aient jamais été prouvés. Louis V mourut après un an de règne, victime aussi, a-t-on prétendu, du poison de sa femme.

Quoi qu'il en soit, Hugues Capet se faisait proclamer roi par une assemblée du Champ de mai, et l'on voyait ainsi se terminer la dynastie carlovingienne. Elle faisait place à celle des capétiens, qui, selon la légende populaire, devait durer « à perpétuité », grâce à une prédiction faite par saint Valéri à Hugues Capet, alors comte de Paris.

VIII

GAETE OU ALBÉRADE DE NORMANDIE

Le règne des deux premiers successeurs d'Hugues Capet est le temps des prodiges de la féodalité, le moment où s'accumulent, grâce à la chevalerie, les grands hommes et les grandes choses, sous l'impulsion du sublime sentiment de la foi.

« Alors, dit Chateaubriand, le moyen âge apparaît dans toute l'énergie de la jeunesse, l'âme toute religieuse, le corps tout barbare et l'esprit aussi vigoureux que le bras. »

Voici un exposé, fait alors, de l'influence normande :

« La première moitié du XIe siècle, temps triste et sombre, avait été tout occupée à achever l'établissement du régime féodal. On bâtissait des châteaux, on se cantonnait dans son fief, on usait sa vie à des querelles obscures, à des combats porte à porte, à des pillages de grands chemins. Ce théâtre étroit et ces aventures mesquines ne suffisaient plus à l'activité féodale, surtout depuis que la chevalerie avait élargi les idées : on rêvait un plus vaste champ à la bravoure, de plus nobles exploits, de grandes conquêtes.

« Entre tous les hommes de France, les derniers venus,

les Normands, se distinguaient par leur turbulence guerrière et cet amour des aventures, qu'ils tenaient tout fraîchement de leurs pères. Ce furent eux qui donnèrent le branle à l'Europe et lui apprirent à sortir de chez elle, non pas comme les Barbares primitifs, pour envahir et détruire, mais pour fonder et civiliser.

« L'Italie méridionale, qui avait appartenu, sous les successeurs de Charlemagne, aux ducs lombards de Bénévent, s'était divisée en plusieurs petits États indépendants, que se disputaient des seigneurs de race lombarde, les empereurs et les bandes sarrasines. Quarante aventuriers normands, revenant d'un pèlerinage à la terre sainte, abordèrent à Salerne au moment où cette ville se rachetait d'une incursion de pirates sarrasins ; ils se firent ouvrir les portes, tombèrent sur les infidèles et les mirent en pleine déroute (1016).

« Cette prouesse donna aux Normands, dans la basse Italie, une renommée de valeur fabuleuse, et les seigneurs de tous les partis les appelèrent à leur solde. Pendant vingt ans, les fils des compagnons de Roll, semblables à leurs pères, s'en allèrent par petites bandes, tantôt pillant, tantôt mendiant sur les chemins, les uns pèlerins, les autres guerriers, chercher fortune dans la presqu'île, qu'ils effrayèrent par leur rapacité et leur astucieuse barbarie[1]. »

L'un d'eux, Tancrède de Hauteville, pauvre gentilhomme du Cotentin, qui avait douze enfants, y vint, en 1033, établir une colonie nombreuse.

Le sixième de ces douze fils, qui devait être le plus célèbre, était Robert, qu'on ne tarda pas à surnommer *Guiscard,* c'est-à-dire *l'avisé,* à cause de son habileté et de sa vaillance.

[1] Théophile Lavallée.

Ce conquérant avait épousé une Normande, appelée par les uns Gaëte, par les autres Albérade, mais reconnue par tous comme une valeureuse guerrière.

Les frères de Hauteville, partis sans argent vers 1037 et n'ayant de ressources que de se défrayer sur les routes avec leur épée, firent pourtant bientôt la conquête de la Pouille. Les Grecs essayèrent vainement de se défendre ; ils réunirent jusqu'à soixante mille Italiens, qu'ils lancèrent contre les Normands. Ceux-ci n'avaient, dit-on, que quelques centaines d'hommes, bien équipés et bien armés.

Robert Guiscard livra, avec cette poignée de soldats, la bataille de Dyrrachium (1041). Gaëte suivait son mari à la guerre, et on la vit, dit la princesse Anne Comnène, « combattre comme une Pallas. »

Un moment, les troupes normandes, dispersées par les Grecs, allaient se débander, lorsque Gaëte, saisissant une lance, marcha vers elles, les ramena, les obligea à reprendre le combat et décida ainsi de la victoire.

Les Byzantins vaincus appelèrent à leur secours les Allemands, qui avaient été jusque-là leurs ennemis. De ce jour, les deux empires d'Orient et d'Occident furent unis contre les fils du gentilhomme de Coutances.

Alors se livra la fameuse bataille de Civitella, qui donna aux conquérants normands le pouvoir de devenir fondateurs de royaumes et chefs de dynasties.

Robert, toujours accompagné de sa fidèle épouse, acheva la conquête de l'Italie méridionale et se fit lui-même duc de Pouille et de Calabre, malgré ses neveux, qui réclamaient ce titre comme un héritage du droit d'aînesse de leur père.

On raconte à ce sujet une anecdote qui prouve la ruse de l'époux de Gaëte et comme son nom fut bien mérité :

« Guiscard fit dire à son neveu Abailard qu'il venait de s'emparer de son jeune frère, mais que si la place de San-Severino était remise à ses troupes, il rendrait le captif à la liberté aussitôt que lui, Guiscard, serait arrivé au mont Gargano.

« Abailard n'hésita pas : les portes de San-Severino furent ouvertes par ses ordres, et il alla trouver en toute hâte son oncle, pour le prier d'exécuter sa promesse en se rendant à Gargano.

« — Mon neveu, lui dit Guiscard, je n'y compte pas arriver avant sept ans. »

Robert n'eut pas, hélas! plus de ménagements envers sa vaillante compagne.

Les Grecs tenaient encore la plus grande partie des côtes à l'extrémité méridionale de la péninsule, et Robert se dit qu'il fallait appuyer la force de ses armes sur une puissance morale. Pour cela, il devait cesser d'être un étranger sur la terre d'Italie et faire légitimer sa seigneurie de fortune par une alliance plus aristocratique. Il résolut donc de sacrifier Gaëte à son ambition, et chercha des prétextes pour la répudier.

Il les trouva, et prit à sa place la fille du prince de Salerne, Gaimar IV, héritier légitime de ceux à qui les frères d'Hauteville avaient enlevé la suzeraineté de la Pouille.

Par ce mariage, Robert acquérait l'entière obéissance de la Calabre, et son titre de duc de cette province, de Pouille et de Sicile lui était conféré par le pape Nicolas II, dont il devenait le vassal.

Alors, tandis que la malheureuse Gaëte gémissait en exil, son orgueilleux époux continuait ses conquêtes et complétait sa prodigieuse fortune, qui alla jusqu'à faire la loi aux souverains de l'Europe.

Guiscard tenait si bien à la puissance de son rang, que, sur le point de mourir et alors qu'il laissait deux fils, Bohémond et Roger, il préféra désigner pour lui succéder dans son duché le second, né de son mariage princier, à Bohémond, pourtant l'aîné, le plus beau et le plus brave, mais qui était fils de Gaëte et lui rappelait son origine de simple gentilhomme normand.

IX

FLORINE DE BOURGOGNE ET LES FEMMES DES CROISADES

L'entreprise de la première croisade fut, à coup sûr, l'événement le plus mémorable du XIe siècle.

Depuis que l'an 1000, regardé comme devant être la fin du monde, avait été franchi, l'humanité, reconnaissante de retrouver sa chance de vivre, était portée à aller faire le dangereux et pénible voyage de la terre sainte. Une foule de pèlerins se rendaient ainsi à Jérusalem pour saluer le tombeau du Sauveur, se proclamant heureux d'en revenir et plus heureux encore d'y mourir et de pouvoir s'écrier, selon l'expression de Pierre d'Auvergne :

« Seigneur, vous êtes mort pour moi, je suis mort pour vous! »

Les Arabes, qui avaient d'abord bien accueilli les chrétiens, dont la présence favorisait leur commerce, se mirent à les maltraiter cruellement, en haine du Christ et pour la plus grande gloire de Mahomet. Ils cherchaient à répandre leur doctrine ou Coran par toute l'Europe, après en avoir infesté l'Afrique et l'Asie.

Pierre l'Ermite se met à parcourir alors une grande partie

de la chrétienté, pour faire connaître les misères des fidèles de la Palestine et invoquer pour eux la pitié de leurs frères d'Occident. Il va dans les châteaux, dans les chaumières, exalter les imaginations par le tableau pathétique des persécutions et des outrages que prodiguent les musulmans à ceux qui habitent près des saints Lieux ou qui les visitent.

Monté sur une mule, il a les pieds nus et porte en main le signe de la rédemption. Tout le peuple se presse autour de lui, répète ses cris de vengeance et offre ses armes et ses biens pour la délivrance du saint tombeau.

Les esprits étant ainsi préparés, le pape Urbain II vint en France, chez ce peuple qui, dit un historien moderne, « était le plus chrétien et le plus guerrier, dans ce pays qui est le cœur de l'Europe et où lui-même était né. »

Il convoqua le concile de Clermont, en Auvergne, au mois de novembre 1095.

Treize archevêques, plus de deux cents évêques et un nombre presque égal d'abbés mîtrés, plusieurs milliers de comtes ou barons, tous chevaliers, et une multitude innombrable d'hommes, de femmes de toutes les conditions, accourent à ce concile, sans se laisser arrêter par la rigueur du climat, au cœur de l'hiver, sous le ciel d'Auvergne.

On comprend quel prodigieux retentissement put avoir alors la voix du pontife, racontant avec des sanglots les souffrances des fidèles d'Orient.

« C'est du sang chrétien, disait-il, racheté par le sang du Christ, qui se verse en Asie ; c'est de la chair chrétienne, de même nature que la chair du Christ, qui est livrée aux bourreaux. »

Un frisson d'enthousiasme parcourt cette foule ardente, qui pousse le cri unanime : *Dieu le veut ! Dieu le veut !*

S'adressant aux chevaliers et aux prélats, le saint prédicateur dit encore :

« Nation d'au delà des monts, aimée et choisie de Dieu, que vos âmes s'émeuvent au souvenir de vos ancêtres! la terre que vous habitez a été jadis envahie par les Sarrasins, et l'Europe aurait reçu la loi de Mahomet sans la valeur de vos pères. Rappelez à vos esprits leurs dangers et leur gloire. Ils ont sauvé l'Occident de la servitude; vous aussi, vous délivrerez l'Europe et l'Asie, vous délivrerez la cité du Christ, cette Jérusalem que s'était choisie le Seigneur et d'où la loi nous est venue. »

Puis, encourageant l'esprit chevaleresque et la soif de conquêtes, en même temps que le désir d'en faire pénitence qui hantait la plupart de ces farouches seigneurs, il ajouta, s'adressant à eux :

« Puisque vous avez tant d'ardeur pour la guerre, en voici une qui expiera toutes vos violences; puisqu'il vous faut du sang, versez le sang infidèle. Soldats de l'enfer, devenez les soldats du Dieu vivant. Le Christ est mort pour vous, à votre tour mourez pour lui. »

Pleurs de pitié, cris de vengeance, acclamations guerrières répondirent à ces véhémentes objurgations; et prêtres, seigneurs, humbles vassaux, femmes, enfants ou vieillards se jetèrent aux pieds du saint-père et donnèrent leur nom à la milice sacrée qui faisait vœu de délivrer Jérusalem et son précieux sépulcre. Tous marquèrent leurs épaules d'une croix et prirent le nom de *croisés.*

Cette guerre apparaissait comme un pèlerinage. Qu'importait alors l'âge ou le sexe de l'adhérent! on allait, armé de la foi, vers les régions de la lumière, à la conquête de la vie éternelle. Les nobles vendaient leurs domaines ou les remettaient aux mains de l'Église. Réalisant leur fortune, ils emportaient en Orient tout ce qu'ils possédaient, emmenaient ceux qu'ils aimaient, comme s'ils n'eussent jamais dû revenir.

« Il y avait, dit un témoin oculaire, des gens qui n'avaient d'abord nulle envie de partir, qui se moquaient de ceux qui se défaisaient de leurs biens, leur prédisant un triste voyage et un plus triste retour.

« Et le lendemain, les moqueurs eux-mêmes, par un mouvement soudain, donnaient tout leur avoir pour quelque argent et partaient avec ceux dont ils s'étaient d'abord raillés. Qui pourrait dire les enfants, les vieilles femmes qui se préparaient à la guerre? Qui pourrait compter les vierges, les vieillards tremblant sous le poids de l'âge?... Vous auriez ri de voir les pauvres ferrer leurs bœufs comme des chevaux, traînant dans des chariots leurs minces provisions et leurs petits enfants; et ces petits, à chaque ville ou château qu'ils apercevaient, demandaient dans leur simplicité :

« — N'est-ce pas là cette Jérusalem où nous allons? »

« Pierre l'Ermite était en tête du peuple, les pieds nus et ceint d'une corde. Quelques-uns suivaient un pauvre chevalier qu'ils appelaient *Gauthier Sans-Avoir*.

« Dans tant de milliers d'hommes, ils n'avaient pas huit chevaux. Des Allemands imitèrent les Français. Tous ensemble descendirent la vallée du Danube, la route d'Attila, la grande route du genre humain. »

L'auteur de l'admirable *Histoire des Croisades*[1] trace à son tour un curieux tableau de la marche des premiers croisés.

« Des familles, dit-il, des villages entiers partaient pour la Palestine. Ils étaient suivis de leurs humbles pénates; ils

[1] Michaud.

Urbain II prêchant la croisade.

emportaient leurs provisions, leurs ustensiles, leurs meubles. Les plus pauvres marchaient sans prévoyance et ne pouvaient croire que Celui qui nourrit les petits oiseaux laissât périr de misère des pèlerins revêtus de sa croix. Leur ignorance ajoutait à leur illusion et prêtait à tout ce qu'ils voyaient un air d'enchantement et de prodige ; ils croyaient sans cesse toucher au terme de leur pèlerinage.

« Beaucoup de grands seigneurs, qui avaient passé leur vie dans leurs châteaux rustiques, n'en savaient guère plus que leurs vassaux ; ils conduisaient avec eux leurs équipages de pêche et de chasse, et marchaient précédés d'une meute, portant leur faucon sur le poing. Ils espéraient atteindre Jérusalem en faisant bonne chère, et montrer à l'Asie le luxe grossier de leurs châteaux. »

La première armée, commandée par Pierre l'Ermite et Gauthier Sans-Avoir, était une sorte de cohue barbare et frénétique, qui tant pilla et tua sur son passage, qu'elle fut à moitié détruite par suite même de ses excès.

« Leurs crimes, dit Guillaume de Tyr[1], avaient provoqué la colère de Dieu. »

Pierre dut les abandonner comme des brigands jugés par le Seigneur indignes d'adorer son tombeau. Ils marchèrent en désordre sur Nicée et furent complètement détruits par les Turcs.

Mais l'armée régulière, celle qui s'était formée à l'aide des chefs les plus illustres de cette époque, et qui venait des diverses parties de l'Europe prendre pour chef Godefroy de Bouillon, duc de basse Lorraine, déjà renommé pour ses vertus et ses exploits, cette armée, disons-nous, arriva par

[1] *Histoire des Croisades.*

trois côtés différents, pour ne pas épuiser les pays qu'elle traversait, et se trouva en bon état au rendez-vous général, devant Constantinople.

Là, ces hommes farouches et superbes, que l'on a dit « couverts de foi et de fer », se comptèrent.

« Les princes firent alors un recensement général de leurs légions et trouvèrent qu'ils avaient six cent mille fantassins *des deux sexes* et cent mille cavaliers cuirassés. »

On le voit, d'après cela, les femmes ne s'étaient pas contentées d'encourager leurs fils ou leurs maris à s'embarquer pour la terre sainte; beaucoup avaient été partager, sinon leur gloire, au moins leur danger.

L'une des plus souvent citées est Florine, fille du duc de Bourgogne, qui était fiancée à un fils de Suénon, roi de Danemark, lorsque éclata la première croisade.

Suénon, devant y prendre part, différa le mariage jusqu'après la conquête de Jérusalem. Florine déclara qu'elle accompagnerait son futur époux, le ramènerait triomphant ou périrait avec lui s'il ne devait pas rentrer vivant.

Aucun obstacle ne put arrêter l'héroïque jeune fille : avec Suénon, elle traversa le Bosphore et se trouva dans les plaines de Nicée, « blanches encore des ossements des premiers croisés. » Avec lui, elle prit part au siège de cette ville, où le sultan avait rassemblé une armée de cent mille hommes et établi des fortifications.

Deux batailles qu'on y livra furent deux victoires : Nicée se rendit.

Les croisés continuèrent alors leur marche à travers la petite Phrygie, partie que les anciens appelaient la Phrygie brûlée.

« Lorsque leur armée, rapporte Michaud, arriva dans le pays de Sauria, elle éprouva toutes les horreurs de la soif;

les plus robustes soldats ne pouvaient résister à ce terrible fléau. On lit, dans Guillaume de Tyr, que cinq cents personnes

Bataille de Dorylée.

périrent en un seul jour. On vit alors, dit Albert d'Aix, des femmes se désespérer auprès de leurs enfants, qu'elles ne pouvaient plus nourrir, implorer la mort par leurs cris, et, dans l'excès de leur désespoir, se rouler par terre à la vue de l'armée. »

La bataille qui se livra dans la vallée de Dorylée, sous la conduite du Normand Bohémond (fils de Guiscard et de Gaëte), Tancrède et de divers chefs illustres, fut des plus sanglantes. Elle devait voir s'accomplir la funeste destinée de Florine et de son fiancé.

Ils succombèrent dans la mêlée.

Devant eux avaient péri tous leurs fidèles chevaliers, « sans qu'un seul restât debout pour leur donner la sépulture des chrétiens. »

Terrible triomphe acheté par tant de victimes !

Dans sa *Jérusalem délivrée,* le Tasse a réservé au courage de Suénon et des siens un tribut d'éloges bien mérité.

Hélas ! au milieu de cette audacieuse entreprise, on pouvait parfois envier le sort de ceux qui tombaient sur le champ de bataille : ils étaient au moins préservés de la famine et du découragement qu'amenaient d'intolérables souffrances.

Écoutons encore M. Michaud, après la défaite des chrétiens à Stanconet pendant leur fuite à travers l'Asie Mineure, en 1103 :

« Le duc de Bavière, Guillaume de Poitiers et le comte de Vermandois, qui s'était réuni à leur armée, partirent vers le temps de la moisson et traversèrent la province de Nicomédie. Arrivés dans la Lycaonie, ils trouvèrent le pays ravagé. Les Turcs avaient comblé les puits et les citernes, brûlé les récoltes. La fatigue des combats, les maladies, tout se réunit pour épuiser les forces des croisés.

« Leur désespoir les fit d'abord redouter des Turcs, ils s'emparèrent même d'une ville fortifiée ; mais quelle victoire pouvait les délivrer de la misère, de la faim, de la chaleur dévorante? Errants dans des lieux inconnus et pressés par la soif, ils s'approchèrent du fleuve Halis et s'y précipitèrent en désordre... Cent mille pèlerins furent moissonnés par le glaive musulman ou périrent misérablement dans les montagnes voisines du Halis. Le comte de Poitiers, fuyant parmi les déserts, arriva presque nu à Antioche; le comte de Vermandois, percé de deux flèches, parvint, avec une faible escorte, jusqu'à la ville de Tarse, où il mourut de ses blessures.

« *La margrave Ida d'Autriche, avec plusieurs nobles dames,* disparut dans le tumulte du combat et de la fuite. »

Ainsi, au milieu de toutes ces horreurs, l'élément féminin subsistait.

La sœur d'un moine de Beauvais, racontant le siège de Jérusalem par Saladin, en 1187, écrit d'elle-même :

« Je remplis autant que possible les fonctions de soldat. Je portais un casque comme un homme, c'est-à-dire que j'allais et venais sur les remparts, la tête coiffée d'un vase de cuivre en guise de heaume.

« Quoique femme, j'avais l'air d'un guerrier; je lançais des pierres avec la fronde, et, remplie de crainte, j'apprenais à dissimuler ma faiblesse. Il faisait chaud; les combattants n'avaient point de repos. Je donnais à boire, sur les murs, aux soldats fatigués; enfin une grande pierre semblable à une meule de moulin vint tomber près de moi, et je fus frappée d'un de ses éclats. »

Un auteur arabe dit, à propos du siège de Saint-Jean-d'Acre, survenu deux ans plus tard, que, parmi les captifs tombés entre les mains des infidèles, il se trouva trois femmes, qui avaient combattu à cheval et qui furent reconnues après qu'on les eût dépouillées de leur armure.

Un autre cite une dame qui se mit en mer avec un vaisseau équipé à ses frais et portant cinq cents hommes. Il ajoute que, si les femmes chrétiennes n'étaient plus en état de souffrir le poids des armes, on les chargeait d'exciter ou de calmer l'ardeur des guerriers, de les pousser ou de les arrêter. »

Disons, à leur honneur, qu'elles furent rarement en dessous de cette haute et patriotique mission.

Un savant religieux du XIIe siècle, Orderic Vital, qui écrivit une *Histoire ecclésiastique* destinée à servir de base à l'histoire de son temps, parle aussi en ces termes d'une fille de Simon, comte de Montfort, Isabelle, femme de Raoul de Conches :

« Elle était généreuse, entreprenante, gaie, aimable et gracieuse pour ceux qui l'approchaient. A la guerre, elle montait à cheval et, semblable à la jeune Camille, l'honneur de l'Italie dans les troupes de Turnus, elle ne le cédait point en intrépidité aux hommes couverts de cuirasses et aux soldats armés de javelots. »

Le maniement des armes faisait partie de l'éducation des femmes de la haute noblesse. Un troubadour de cette époque ne raconte-t-il pas comment il surprit un jour Béatrix, sœur du marquis de Montferrat, jouant avec une épée que son frère, au retour de la chasse, avait laissée dans sa chambre?

« Quand elle se vit seule, Béatrix ôta sa longue robe, ceignit l'épée, la tira du fourreau, la jeta en l'air, la reprit, en espadonna de droite et de gauche. »

Le troubadour, qui avait regardé cet exercice sans se laisser voir, prit aussitôt Béatrix pour dame de ses pensées et lui donna comme surnom, dans ses chants, celui de *Bel-Cavalier*. Preuve que les tendances guerrières étaient admirées alors, même par les plus pacifiques.

X

BLANCHE DE CASTILLE

Le plus grand nom féminin d'Europe pendant le XIIIe siècle fut sans contredit Blanche de Castille, fille d'Alphonse IX, dit le Noble, et d'Éléonore d'Angleterre, femme de Louis VIII, roi de France, appelée à devenir la mère de saint Louis.

L'union de cette remarquable princesse avec le fils de Philippe-Auguste était le début d'une influence heureuse pour la France, puisqu'elle cimentait la paix entre deux nations que des luttes séculaires n'avaient cessé de diviser.

C'était le dernier acte politique de la fameuse Éléonore de Guyenne, aïeule de la jeune princesse. Elle n'avait point hésité, malgré son âge de quatre-vingts ans et la température rigoureuse du mois de février 1200, à quitter le monastère de Fontevrault, où elle s'était retirée, pour aller en Espagne chercher sa petite-fille et la remettre aux mains des ambassadeurs français chargés de la conduire en Normandie.

Le mariage, célébré à Pont-Audemer, fut accompagné des fêtes les plus magnifiques.

Les deux époux, âgés d'environ quinze ans, tous deux

d'une taille élégante et d'une beauté régulière, étaient « le plus bel ornement des bals et des tournois ».

« A une blancheur de teint remarquable, surtout chez une Espagnole, Blanche joignait une chevelure noire très longue, qu'elle portait *en grève,* c'est-à-dire partagée sur le milieu du front et tombant en boucles sur les épaules. Une longue tunique, fixée par une ceinture, marquait sa taille élégante; ses épaules, ses bras, sa poitrine étaient couverts d'une gaze légère attachée aux poignets. Par-dessus ce vêtement, un manteau à collet renversé, doublé d'hermine, était fixé par une riche agrafe au milieu de sa poitrine.

« Aux avantages extérieurs, Blanche unissait une remarquable élévation dans les sentiments et une grande fermeté de caractère. De plus, l'agrément des manières était relevé par une noblesse de tenue, une dignité de langage, rappelant parfois, — ce qui ne messeyait point dans un rang aussi élevé, — la fierté proverbiale de la nation castillane.

« Par un rapprochement fort heureux, le fils et l'héritier de Philippe-Auguste avait les mêmes qualités et montrait les mêmes goûts que la princesse sa femme[1]. »

Blanche avait hérité d'Éléonore de Guyenne non seulement la beauté, mais encore la vivacité d'esprit et l'activité des âmes supérieures qui les poussent aux grandes entreprises. Elle possédait de plus que son aïeule une foi vive et ardente, la conduisant à l'accomplissement rigoureux de tous ses devoirs religieux et à la pratique de toutes les vertus.

Comment n'eût-elle pas exercé un salutaire empire sur l'esprit de son jeune époux?

[1] Leroux de Lincy et Alphonse Dantier.

On dit que cette influence s'étendit jusqu'à Philippe-Auguste, qui avait pour Blanche une amitié admirative. Reconnaissant la justesse de son jugement, il se plaisait à la consulter, et elle sut parfois changer en lui des résolutions qui semblaient irrévocables.

Il en est un exemple tout à fait digne de remarque, qui a été cité par plusieurs chroniqueurs.

Quand le futur Louis VIII se trouvait à Londres, à la tête du parti anglo-français qui l'avait nommé roi, et que la mort de Jean sans Terre le mettait dans une position critique, le jeune prince avait besoin d'hommes et d'argent. Il fit demander des secours à son père.

Philippe-Auguste, insensible à ces instances, avait juré « par la lance de saint Jacques » qu'il n'enverrait rien.

Blanche de Castille se rendit auprès de son beau-père et lui dit :

« Comment! sire, vous laisseriez votre fils mourir sur une terre ennemie, lui, votre héritier? Ne le privez pas au moins du revenu de son apanage.

— Je ne puis rien faire, Blanche, répondit le monarque.

— Alors c'est bien, je sais ce que je ferai, moi!

— Quoi donc? demanda le roi.

— Par la benoîte Mère de Dieu, s'écria la dame de Castille, j'ai biaux enfants de monseigneur, je les mettrai en gage et je trouverai bien quelque haut seigneur qui me baillera hommes et argent sur eux. »

Et elle sortit vivement, furieuse et désespérée.

Philippe, surpris de cette énergie et craignant de voir mettre la menace à exécution, manda la princesse et lui dit :

« Calmez-vous, Blanche, je vous donnerai sur mon trésor

autant d'argent que vous le croirez nécessaire, vous en ferez ce que bon vous semblera.

— Voilà qui est bien, sire, » répondit la femme de Louis le Lion avec reconnaissance.

Puis elle se hâta d'envoyer à son époux tout l'argent qu'elle reçut du roi.

En outre de l'affection que Blanche de Castille portait à son mari, elle ne voyait rien au-dessus de ses devoirs de mère. Elle se plaisait à partager sa tendresse entre ses nombreux enfants, à les nourrir elle-même et à les instruire.

Certains historiens ont fait des récits touchants de cette vigilance maternelle.

« Chaque soir, dit l'un d'eux, avant de faire retirer ses enfants, la bonne mère les prenait sur ses genoux, les comblait de caresses; puis, les rendant attentifs par mille petits moyens ingénieux, elle leur racontait quelque trait de vertu, leur demandant ensuite leur impression. Ou bien, mettant en parallèle deux héros dont elle citait les caractères divers, elle ne terminait qu'en leur demandant :

« Auquel voudriez-vous ressembler? »

Elle veillait encore avec plus de prudence et d'amour sur celui qui devait un jour porter la couronne et devenir « un saint en même temps qu'un héros ».

Tout le monde connaît la sublime parole que Louis IX enfant entendit sortir si souvent des lèvres de sa mère :

« Mon fils, je vous aime bien tendrement; mais j'aimerais mieux vous voir mourir que commettre un péché mortel. »

La nécessité de succéder à Philippe-Auguste, en 1223, porta sur le trône Blanche de Castille en même temps que Louis VIII. Tous deux furent sacrés à Reims, et Blanche commença alors à prendre part au gouvernement du royaume.

Blanche de Castille instruisant ses enfants saint Louis et sainte Isabelle.

Louis ne devait régner que trois ans. Voulant marcher contre les Albigeois, qui refusaient de lui abandonner le pays cédé à la couronne de France par Amaury de Montfort, le nouveau roi avait déposé l'autorité souveraine entre les mains de sa femme et du cardinal de Saint-Ange.

Louis VIII ne put la reprendre. Après cette guerre, ou plutôt cette croisade, destinée à repousser l'hérésie du sol français, le roi, vainqueur à Avignon, revint mourir devant Montpensier, dont il faisait le siège.

Sur les onze enfants qui étaient le fruit de son union avec Blanche, il en laissait cinq, dont l'aîné, Louis IX, n'avait que douze ans.

Celui-ci était, de par sa volonté, désigné pour lui succéder sous la tutelle ou régence de sa mère.

Les principaux vassaux de la couronne, jaloux de reprendre la puissance que leur avait un peu enlevée Philippe-Auguste, se révoltèrent et refusèrent de reconnaître le testament de Louis VIII. Mais Blanche de Castille, qui possède « un courage d'homme dans un cœur de femme », prend vite une décision : elle conduit son fils à Reims et le fait sacrer roi, au milieu d'un grand appareil, où figurent les milices des communes, et trois cents chevaliers armés de toutes pièces et montés sur leurs chevaux de combat.

Aussitôt le sacre, tous les assistants fléchissent le genou devant le roi, lui prêtent fidélité et rendent hommage à sa mère, pour toute la durée de sa régence.

Tous les seigneurs n'étaient pas venus au couronnement et voulaient dès le lendemain lever l'étendard de la révolte. Il y avait parmi eux Philippe Hurepel, fils d'Agnès de Méranie, ayant des prétentions à la régence, Thibaud, comte de Champagne, prince troubadour, qui devait plus tard chanter la reine Blanche dans ses vers, Pierre Mauclerc, duc de Bretagne, homme dur et rusé, et surtout l'orgueilleux sire de Coucy, qui portait sur sa devise : « Ne suis ne comte ne duc, ne prince aussi, je suis le sire de Coucy, » mais qui eût voulu être roi.

Blanche ne se laissa ni effrayer ni surprendre par cette coalition : elle déploya une habileté, une prudence et une bravoure qui, a-t-on dit, en sauvant l'État, ont assuré sa gloire.

Elle vainquit Thibaud par sa douceur, et, après avoir vainement sommé les autres de se rendre à son autorité, elle se mit avec son fils à la tête d'une armée que commandait le connétable de Montmorency et marcha résolument contre les rebelles.

Malgré les rigueurs de l'hiver, la régente s'avança jusqu'à Loudun : elle allait visiter les camps, et veillait au bien-être des soldats. La promptitude de ses mouvements militaires la sauva plusieurs fois, ainsi que son fils, d'un péril imminent.

Il suffit de rappeler le fait rapporté par les chroniqueurs de l'époque, quand la reine se trouvait avec son fils aux environs d'Orléans.

Le comte de Champagne avait fait sa soumission en s'écriant :

« Par ma foi, madame, mon cœur et ma terre sont à votre commandement; il n'est rien qui pût vous plaire que je ne fisse volontiers, et jamais, s'il plaît à Dieu, contre vous et les vôtres ne m'unirai. »

Comme preuve de ce dévouement, il avertit un jour la reine mère qu'un grand danger menace son fils, que les révoltés sont sur le point de l'enlever par surprise.

Aussitôt Blanche se jette dans la forteresse de Montlhéry, y cache le jeune Louis et écrit aux bourgeois de Paris de venir les délivrer.

Ceux-ci s'arment immédiatement et arrivent en foule cher-

« cher leur gentil sire », qu'ils ramènent en triomphe, sans qu'aucun des rebelles ose les inquiéter.

« Le saint roi, dit Joinville, l'historien et l'ami du monarque, me conta que lui ni sa mère, qui étaient à Montlhéry, ne bougèrent jusques à tant que ceux de Paris les vinrent quérir avec armes; et que de là, armés et sans armes, le conduisirent jusques à Paris, et la bourgeoisie le défendit et garda de ses ennemis. »

Le bon roi aima toujours à se rappeler dans la suite de son règne cette manifestation de son peuple.

Les révoltés, qui avaient capitulé à Vendôme et accepté les conditions de la régente, se tournèrent contre Thibaud, qu'ils accusaient de traîtrise.

Blanche donne l'ordre aux troupes royales de le secourir. Elle prévient de plus les confédérés que s'ils continuent leurs ravages en Champagne, le roi de France les citera devant sa cour et confisquera leurs domaines.

En reconnaissance de ce service, Thibaud, devenu roi de Navarre, cède à la reine mère les importants comtés de Blois, de Chartres et de Sancerre.

Elle avait aussi, par le traité de Saint-Aubin-du-Cormier, réduit tous les seigneurs et même les Anglais à une paix bien méritée.

Enfin la soumission et l'abjuration des Albigeois avec la cession des comtés d'Albi et de Cahors, et le mariage de Louis IX avec Marguerite de Provence, qui allait réunir cette belle province à la couronne, faisaient que Blanche de Castille réalisait à son profit la prédiction jadis faite à Philippe-Auguste par son chapelain : « Tu planteras tes tentes au sommet des Pyrénées. »

C'était donc un État florissant que l'admirable mère de

Blanche de Castille et saint Louis délivrant les prisonniers. (D'après Luc-Olivier Merson.)

Louis IX remettait dans les mains de son fils à sa majorité; mais ce roi, « le modèle des hommes, » et qui fit dire à Voltaire lui-même : « Il n'est pas donné à l'homme de pousser plus loin la vertu, » ce roi, disons-nous, habitué à une soumission austère, laissa à sa mère toute puissance sur son esprit et son royaume.

Toutefois cette haute déférence ne fut pas capable de détourner Louis IX de son expédition en Palestine.

Pendant une violente maladie, le roi avait cru entendre une voix qui lui ordonnait d'aller délivrer le saint Sépulcre; il fit donc vœu de prendre la croix s'il était rendu à la santé. Aussitôt rétabli, et malgré les prières et les larmes de Blanche, qui, dit Joinville, eut aussi grand deuil « que si elle l'eût vu mort », il alla trouver l'évêque de Paris, se fit attacher le signe des croisés et commença à tout organiser pour son départ.

A cette nouvelle, le pape le qualifia de *saint*.

Après quatre ans de préparatifs, le souverain quitta la France avec son frère Robert d'Artois, sa femme Marguerite, son sénéchal et ami Joinville, une foule de seigneurs et toute la chevalerie française.

Un écrivain contemporain a raconté en ces termes la touchante séparation de la mère et du fils tant aimé :

« Quand le roi eut tout préparé pour son voyage, il prit l'écharpe et le bourdon à Notre-Dame de Paris. L'évêque lui chanta la messe. Il quitta Notre-Dame pieds nus, environné de sa femme, de ses frères et de leurs épouses. Tout le peuple de Paris, toutes les corporations religieuses l'accompagnèrent en pleurant jusqu'à Saint-Denis. Là saint Louis prit congé d'eux tous et les renvoya. Mais la reine sa mère voulut rester avec lui pendant trois jours, malgré sa volonté. Il lui dit alors :

« Belle douce mère, par l'obéissance que vous me devez, retournez maintenant sur vos pas. Je vous laisse en garde mes enfants, Louis, Philippe et Isabelle. Je vous confie le royaume de France, et je suis certain qu'il sera bien gouverné. »

Alors Blanche de Castille répondit en pleurant :

« Beau très doux fils, comment pourra mon cœur supporter une pareille séparation? Certes, il sera plus dur que la pierre, s'il ne se fend pas en deux parties, car vous m'avez été le meilleur fils qu'ait jamais pu avoir une mère. »

A ces mots, la reine tomba évanouie. Louis IX la releva et lui fit ses adieux. Il s'éloigna, la reine perdit une seconde fois connaissance. Quand elle fut remise, elle s'écria :

« Beau tendre fils, jamais je ne vous reverrai, mon cœur me le dit bien. »

Ce pressentiment n'était, hélas! que trop fondé. La mère et le fils ne devaient plus se retrouver sur la terre!

La seconde régence de Blanche fut plus pénible encore que la première. Il fallait maintenir la paix, tout en épuisant le royaume pour envoyer en Orient les sommes nécessaires à la grande expédition.

La digne mère de saint Louis ressaisit donc les rênes de l'État, et de sa main sûre et prudente, ayant l'œil à tout et rendant justice à chacun, qu'il fût prêtre, noble ou vilain.

On trouve un exemple de cette vigoureuse impartialité, en même temps que de sa bonté d'âme, dans ce qui a trait aux serfs du village de Châtenay, près Paris.

Ce pays appartenait au chapitre de Notre-Dame. Or, il arriva que, les malheureux habitants n'ayant pu payer leur dîme, les chanoines usèrent de rigueur et les firent emprisonner sans merci.

Blanche de Castille envoya prier les maîtres trop exigeants de rendre aux captifs la liberté sous caution. Croyant voir dans cet ordre une atteinte à leurs prérogatives, les chanoines s'y refusèrent.

Blanche, indignée, appela des chevaliers de sa maison et des échevins de la ville de Paris, et se rendit avec eux à la prison.

Elle ordonna à ses sergents d'armes d'enfoncer les portes, y frappant elle-même un premier coup de hache.

Aussitôt ces portes brisées, les infortunés, hommes, femmes, enfants, vieillards se précipitèrent dehors, embrassant les pieds de la reine, qui les prit sous sa protection.

Les biens du chapitre furent confisqués, en punition de cet inqualifiable abus.

La prise de Damiette et les succès de Louis apportèrent quelque courage à la régente; mais sa joie fut de courte durée : le désastre de la Mansourah, où l'armée fut taillée en pièces, le roi fait prisonnier, et le comte d'Artois massacré par les infidèles, acheva de remplir pour Blanche de Castille la coupe des amertumes.

Toutefois elle se raidit contre ce sort immérité. Avec une énergie indomptable, elle s'appliqua à réunir l'argent qu'il fallait envoyer en Égypte pour la rançon de son cher enfant.

Bientôt on réclama de nouveaux secours d'hommes et d'argent, et Blanche dut sommer tous les seigneurs de faire le voyage de la terre sainte sous peine de confiscation de leurs biens.

Enfin la vaillante reine eut la satisfaction d'apprendre la délivrance de ce fils chéri; mais, prise bientôt d'une fièvre violente, elle se sentit atteinte mortellement.

Blanche de Castille fit alors mander l'abbesse du monastère de Maubuisson qu'elle avait fondé, pour lui exprimer sa résolution de faire partie de l'ordre sous son obéissance.

Dépouillant en effet la couronne et le manteau royal, la reine mère revêtit l'humble habit des religieuses de Cîteaux, et prononça les vœux d'usage. Puis elle ordonna qu'on l'étendît sur une couche de paille pour y attendre sa dernière heure.

Écoutons narrer cette fin par un historien chrétien :

« Ainsi dépouillée de ses vêtements de reine et couchée sur la litière qui remplace pour elle le trône de France, la mère de saint Louis demeure plusieurs jours dans cette humble position, sans autre témoin que l'abbesse qu'elle a prise pour mère, et les religieuses dont elle a voulu être la sœur. Vers le matin du sixième jour, — c'était le dimanche 30 novembre 1253, — comme son heure est proche, Blanche donne aux prêtres qui l'assistent le signal de la prière des agonisants, et, après avoir reçu l'extrême-onction, elle s'endort paisiblement du sommeil des justes.

« Elle était âgée de soixante-huit ans, et trente années avaient passé depuis que la couronne de reine avait ceint son front.

« Le corps de la défunte, toujours couvert des habits religieux, fut revêtu pourtant des insignes de la souveraineté : la couronne fut posée sur le voile, et le grand manteau de reine sur la coule cistercienne; la main droite reçut la croix, et la main gauche le sceptre. En cet appareil et le visage découvert, Blanche de Castille fut portée en grande pompe et au milieu d'un immense concours de peuple à l'abbaye de Maubuisson, pour être inhumée dans le chœur de l'église[1]. »

[1] Havard, *Les Femmes illustres de la France.*

Ainsi se reposait dans le Seigneur celle qui avait donné deux rois à la terre et préparé deux saints pour le ciel : Louis et Isabelle.

C'était, dit Guillaume de Nangis, la plus sage de toutes les femmes, et celle avec qui toutes sortes de bénédictions entrèrent au royaume de France.

« Elle possédait, remarque d'autre part un appréciateur moderne, la puissance, la fermeté, la persévérance, et toutes les vertus d'un homme d'État. C'était une vraie reine, une grande reine. »

XI

LES DEUX JEANNE

Au XIVe et au XVe siècle, les châtelaines de France furent souvent mêlées, comme aux temps antérieurs, aux expéditions guerrières de leur époque.

Les plus remarquables sont alors *Jeanne de Flandre*, comtesse de Montfort, et *Jeanne de Penthièvre*, surnommée la Boiteuse, qui devint Jeanne de Blois par son mariage avec Charles, neveu de Philippe de Valois, roi de France.

Une lutte sanglante, éclatant entre les maris de ces deux femmes au sujet de la succession de Bretagne, prit bientôt le nom de *guerre des deux Jeanne*, à cause de la part qu'elles y eurent l'une et l'autre.

La querelle ne devait pas durer moins de vingt-trois ans, pendant lesquels la *Chronique* de Froissart a recueilli bien des récits qui *renluminent ce livre de l'histoire de Bretagne par les beaux faits d'armes qui y sont ramentués* (racontés).

Les Bretons, « race de béliers qui a toujours été heurtant sans rien trouver de plus dur qu'elle-même, » avaient pour duc souverain Jean III, dit le Bon, fils d'Arthur II, vingt-sixième successeur au duché de Bretagne.

Ce prince, n'ayant pas d'enfants, avait choisi comme héritier de son domaine sa nièce Jeanne, fille de son frère défunt, Guy de Bretagne, comte de Penthièvre, au détriment de son autre frère, Jean de Montfort, né d'un second mariage d'Arthur II avec Yolande de Dreux.

Jeanne de Penthièvre, en épousant Charles de Blois, prince du sang, eut pour appui naturel le roi de France, qui, au mariage de son neveu, avait stipulé qu'à la mort de Jean III Charles prendrait le nom et les armes de Bretagne, dont il deviendrait l'héritier.

La plupart des seigneurs et barons étaient venus alors prêter foi et hommage au neveu de Philippe de Valois, comme à l'héritier présomptif de leur souverain.

Mais Jean de Monfort ne prétendait pas abdiquer ainsi ses droits. Lorsque, en 1341, il apprit la mort de son frère, il courut à Nantes se faire reconnaître duc de Bretagne, en même temps qu'il se rendait maître des villes de Rennes, de Vannes et d'Auray. Il avait pour lui les Bretons bretonnant qui représentaient, avec la bourgeoisie, le parti national, et il appela à son secours le roi d'Angleterre Édouard III.

Celui-ci, qui en France soutenait le droit des femmes, était tout disposé à invoquer la *loi salique* en Bretagne, alors que Philippe VI, monté sur le trône par l'exclusion des femmes, protégeait la succession dans la ligne féminine.

« La France, selon un savant auteur, n'a guère eu de temps plus malheureux que celui où a régné la branche des Valois. Philippe VI, le premier de ces rois, ouvrait une ère de sang, de honte et de torpeur qui dura plus d'un siècle et ne devait être fermée que par l'héroïsme d'une femme. »

En attendant, Charles de Blois étant venu se plaindre à son oncle, ce dernier, « après avoir consulté ses douze pairs, donna l'ordre au comte de Montfort de comparaître à sa cour[1]. »

Jean de Montfort arrive accompagné de quatre cents gentilshommes. Il est plein de fierté, d'arrogance, et paraît, non comme un solliciteur, mais tel qu'un conquérant.

Le roi de France le reçoit dans un grand appareil, environné de tous ses pairs et d'une foule de barons.

A cette vue, Jean de Montfort sent déjà une partie de son assurance l'abandonner.

Tout à coup, parmi les seigneurs il distingue la figure blême et ascétique de Charles de Blois...

Jean pâlit. Avec son caractère porté aux extrêmes, il perd contenance. Le « fou furieux » est intimidé par cette assemblée, qui lui fait assez mauvais accueil.

Philippe de Valois le réprimande avec véhémence :

« Pourquoi veux-tu guerroyer sans merci ? Pourquoi t'être emparé des meilleures villes de la Bretagne ? Pourquoi avoir rendu hommage au roi d'Angleterre que tu sais notre ennemi? »

En vain Montfort voulut alléguer le bon droit et la justice de sa cause, le roi répondit :

« Nous réservons notre sentence et t'ordonnons de ne point quitter Paris de quinze jours. »

C'était le temps exigé par le parlement pour délibérer et prononcer entre les deux compétiteurs.

Montfort ne se fait aucune illusion ; il sent son procès perdu, et comprend que demeurer c'est s'exposer imprudemment à la captivité.

La nuit même, il s'enfuit avec ses compagnons, et court en Bretagne faire ses préparatifs de guerre.

[1] Froissart.

L'arrêt des pairs réunis à Conflans est tout à l'avantage de Charles de Blois.

Le roi de France aussitôt envoie contre le « rebelle » une armée commandée par son fils Jean, alors duc de Normandie.

Assiégé dans Nantes, le comte de Montfort fut fait prisonnier et amené à Paris pour y être enfermé dans la grosse tour du Louvre.

On croyait la lutte terminée, lorsqu'on apprit qu'une femme parcourait les villes de Bretagne, qu'elle soulevait et enflammait de son héroïsme. C'était Jeanne de Monfort, qui « bien avait, dit Froissart, courage d'homme et cœur de lion ».

Elle voulait relever le drapeau de son mari et rétablir la fortune de sa race.

Prenant dans ses bras son fils en bas âge et le présentant à ses partisans, elle leur dit :

« Ah ! seigneurs, ne vous déconfortez, ni ébahissez mie pour monseigneur que nous avons perdu, ce n'était qu'un seul homme ; voici mon petit enfant qui sera, si Dieu plaît, son restorier (vengeur) et qui vous fera des biens assez[1]. »

Puis, se mettant elle-même à la tête des troupes de son mari, elle s'enferme dans le château fort d'Hennebont, d'où elle défie Charles de Blois et sa nombreuse armée.

Six mois après, elle y était assiégée. Charles avait repris Rennes et obtenu à son profit la défection de plusieurs grands vassaux.

Loin de se laisser intimider, Jeanne se couvre de la lourde armure des chevaliers, et déploie une énergie digne des plus fiers preux.

[1] Froissart.

Toujours la première sur les remparts, elle défend la brèche ou prépare des sorties, encourageant les soldats par ses discours et sa vaillance, les entraînant par son ardeur.

Les femmes mêmes, soulevées, électrisées, combattent à ses côtés, la secondant, l'aidant de tout leur pouvoir, de toutes leurs forces.

« Armée de pied en cap, dit Froissart, montée sur un cheval de bataille, elle était présente à tous les assauts. Dames et demoiselles, femmes de simples bourgeois suivaient toutes son exemple, et, dépavant les chaussées, portaient des pierres aux créneaux.

« Un jour Jeanne s'aperçoit que les Français, sans défiance, ont laissé la garde de leur camp à de simples valets. Aussitôt elle monte à cheval, et, suivie de trois cents des plus hardis parmi les siens, elle sort à l'improviste du château, et tombe comme la foudre au milieu des tentes ennemies. Elle y fait mettre le feu. Aux cris des gardiens du camp, les Français se retournent et abandonnent l'assaut pour sauver leurs bagages. »

Coupée de la place, et ne pouvant rentrer dans la ville, la comtesse de Montfort gagne le château d'Auray; mais, réunissant cinq cents hommes d'armes, elle franchit de nouveau le camp français et rentre à Hennebont le sixième jour, « à grande joie et à grand son de trompettes et de nacaires ».

Des secours, arrivés d'Angleterre sous le commandement de Gauthier de Mauny, obligeaient les Français à lever le siège peu de jours après. Charles de Blois avait perdu successivement Guérande, Vannes, Carhaix et Quimperlé.

Une seconde tentative sur Hennebont n'eut pas de meilleur résultat. Les historiens s'accordent à dire que la force des murs et des tours, centuplée par la valeur de Jeanne, rendit cette attaque aussi infructueuse que la première. Ils affirment que seize machines de guerre battaient sans relâche la ville, y lançant une grêle de pierres.

Constants dans leur parti, les bourgeois et leurs compagnes supportaient bravement ces jours de peine, et, du haut de leurs murailles, criaient aux assiégeants avec une ironie sanglante :

« Vous n'êtes pas assez ; allez chercher vos camarades qui reposent au camp de Quimperlé ! »

La fière cité d'Hennebont n'eut pas la honte d'ouvrir des portes si bien défendues, et Charles dut encore se retirer.

Jeanne de Montfort, rassurée par cette levée du siège, alla en Angleterre solliciter de nouveaux secours, sentant bien que les attaques de ses ennemis n'étaient pas terminées.

Au mois d'avril suivant, la courageuse guerrière reparut avec quarante petits bâtiments chargés de troupes, sous la conduite de plusieurs comtes anglais et du fameux Robert d'Artois, beau-frère du roi de France.

Robert s'était retiré en Angleterre pour se venger de ce que Philippe de Valois n'avait pas voulu soutenir ses droits sur le duché d'Artois, à lui ravi par sa tante Mahaut.

« A la hauteur de l'île de Guernesey, dit Froissart, la flottille anglaise de la comtesse rencontra neuf galères génoises, commandées par Louis d'Espagne, Charles de Blois et Doria.

« Une lutte terrible ne tarda pas à s'engager. Au premier rang combattait Jeanne, armée d'un glaive fort et tranchant, qui bien valait un homme par son courage. »

La victoire semblait indécise. Tout à coup s'élève une violente tempête qui sépare les combattants. La lutte contre les éléments s'ajoute à la lutte contre les hommes et rend la situation intenable. La flotte anglaise, très maltraitée, est jetée sur la côte de Bretagne.

Toutefois, Robert d'Artois se rend maître de Vannes; mais, blessé mortellement, il va expirer en Angleterre, perdant sa conquête avec la vie. Jeanne n'en continua pas moins la guerre.

Bientôt le roi d'Angleterre vint lui-même à son secours et s'avança jusqu'à Rennes.

Le roi de France accourut de son côté et pénétra jusqu'à Ploërmel.

Ainsi la petite guerre de Bretagne menaçait de devenir la grande guerre.

Mais le pape Clément VI fit conclure une trêve de trois ans, dans laquelle étaient compris les alliés des deux monarques.

Les Bretons seuls restaient libres de guerroyer, et ils en usèrent.

Un soir de l'année 1345, c'est-à-dire deux ans après la signature du traité conclu entre la France et l'Angleterre, les rives de la Seine étaient obscures; la tour du Louvre se profilait à peine sur un ciel sombre. Autour d'elle tout semblait plongé dans le sommeil.

Pourtant, une barque glissait sans bruit, conduite par deux rameurs, et s'avançait avec précaution vers la redoutable forteresse.

Bientôt on eût pu distinguer des ombres s'agitant en silence... Peu après la barque s'éloigna et disparut dans la nuit.

Au petit jour, un guetteur, apercevant trois hommes qui cherchaient à aborder sur la rive du fleuve, s'écria :

« Ohé ! qui êtes-vous ?

— Vous le voyez, dit l'un d'eux, je suis un simple marchand avec mes deux apprentis; nous allons quérir des étoffes qu'il a plu à notre bon roi Philippe le sixième de me commander.

— C'est bon, passez ! Vous comprenez, en ces temps-ci il faut toujours se renseigner : on ne sait jamais à qui l'on a affaire. »

. . . .

Deux heures après, on apprenait que messire Jean de Montfort, prisonnier d'État, maintenu sous bonne garde, venait de s'évader de la tour du Louvre.

Jeanne de Flandre avait atteint son but, et son parti semblait pouvoir relever la tête. Mais, cinq mois plus tard, cet époux infortuné mourait de maladie au château d'Hennebont.

La vaillante héroïne ne se laissa pas abattre par ce nouveau malheur. Il s'agissait pour elle de soutenir les droits du fils après ceux du père, et l'amour maternel ranima encore une fois son belliqueux courage.

La guerre recommença entre les deux partis. Charles de Blois remporta quelques avantages partiels. Il prit Quimper en 1346; mais, la bataille de Crécy le privant de l'appui de la France, il vit au mois de juin suivant les chevaliers du parti de Montfort se rendre maîtres du château de la Roche-Derrien.

En voulant reprendre cette forteresse, Charles fut à son tour fait prisonnier et enfermé dans la tour de Londres.

Aussitôt Jeanne de Penthièvre ou la Boiteuse, suivant l'exemple que lui avait donné la comtesse de Montfort, prit le commandement des troupes. Elle ne se comporta pas avec moins de vaillance que sa rivale, et ne déploya pas moins d'activité.

Froissart dit à propos de cette détention de Charles de Blois :

« Fut la guerre de la comtesse de Montfort grandement embellie ; mais toujours se tinrent les villes, les cités et les forteresses de messire Charles de Blois ; car sa femme, qui s'appelait duchesse de Bretagne, prit la guerre de grand volonté. Ainsi fut la guerre en Bretagne de ces deux dames. »

Elles se livrèrent plusieurs combats qui ne décidèrent rien.

Ce ne fut qu'au bout de trois ans que Jeanne de Blois put obtenir la liberté de son époux moyennant une rançon de cent cinquante mille écus et en donnant deux de ses fils pour otages.

Pendant cette captivité, le jeune comte de Montfort avait épousé une fille d'Édouard III, qui s'appelait également Jeanne.

On proposa alors aux deux prétendants de partager la Bretagne. Charles, cédant aux instances des barons et des évêques, fatigué de voir ce beau duché constamment ravagé, consentit d'abord à cet arrangement.

Un traité fut préparé à cet effet. Les signatures étaient déjà données lorsque Jeanne de Penthièvre força son mari à tout rompre.

Elle lui écrivait :

« Monseigneur, vous vous en allez défendre mon héritage et le vôtre, car ce qui m'appartient est à vous. Jean de Montfort nous en a privés longtemps et sans raison : Dieu sait, et les seigneurs de Bretagne ici présents le savent aussi, que j'en suis l'unique héritière. Aussi je vous adjure de ne faire ni paix, ni trêve, ni traité jusqu'au jour où le duché de Bretagne en son entier nous appartiendra. »

Charles envoya sa rétractation, et la guerre reprit avec une nouvelle fureur. Mais la fortune semblait l'abandonner ; il n'éprouva plus que des revers. La bataille d'Auray, qu'il livra le 23 septembre 1364, contre l'avis de du Guesclin, allait décider du sort de la Bretagne.

L'Angleterre ayant donné au parti de Montfort deux de ses meilleurs capitaines, Charles V, successeur de Philippe de Valois, fournit à Charles de Blois du Guesclin, « son bras droit, » et Beaumanoir, l'ami et le compagnon d'armes du gentilhomme breton.

Les deux armées s'étaient préparées à la lutte par la prière ; mais, le jour venu, elles se laissèrent entraîner par leur ardeur belliqueuse et ne surent pas conserver leurs rangs.

La mêlée fut horrible.

En vain, l'époux de Jeanne de Penthièvre fait-il des prodiges de valeur, le bataillon dans lequel il combat avec les meilleurs chefs est enfoncé : du Guesclin et Beaumanoir se trouvent prisonniers. Charles lui-même va être pris quand un Anglais lui plonge son épée dans la gorge.

Cet événement rendait l'héritier de Montfort seul possesseur du duché de Bretagne sous le nom de Jean V, dit le Vaillant.

Une paix signée à Guérande, dans laquelle Charles V acceptait l'hommage du nouveau duc, ne laissait à la veuve de Charles de Blois, dont un des fils avait été tué et dont les autres étaient toujours retenus en Angleterre, que le comté de Penthièvre.

Ainsi se terminait la lutte si longue et si terrible qui avait coûté la vie à tant de milliers d'hommes.

XII

JEANNE DE CLISSON

Les aventures romanesques de Jeanne de Montfort avaient excité l'enthousiasme des chevaliers de toute la France, en lui attirant de nombreux partisans, même parmi les femmes. « Il semblait, dit un historien moderne, que la femme féodale voulût, à force de vertus viriles, se relever de l'incapacité portée sur elle par la loi salique, et que, dans ce siècle de décrépitude, aux plus faibles appartinssent les plus grandes vertus. »

Au nombre de ces vaillantes qu'animait l'esprit militaire, se trouva Jeanne de Belleville, femme d'Olivier de Clisson.

Le seigneur de Clisson, dont le château, véritable place forte, est surnommé par les habitants de cette petite ville « le Versailles de Nantes », avait pris parti pour Charles de Blois dans la fameuse guerre de Bretagne; mais, fait prisonnier en Angleterre, il s'y était trouvé bien traité, et s'était laissé gagner, dit-on, par les avances d'Édouard III.

A cette époque, les seigneurs ne se faisaient pas scrupule de traiter avec l'étranger. « L'homme féodal se considérait encore comme un souverain qui peut négocier à part. »

Quoi qu'il en soit de la vérité des soupçons portés sur Clisson, l'histoire rapporte qu'il fut dénoncé au roi de France par lord Salisbury, comme ayant signé un traité secret avec Édouard, en haine de son maître dont il prétendait avoir à se venger.

Aussitôt Philippe de Valois entre dans une violente colère : « Il faut arrêter Clisson! » s'écrie-t-il.

Mais bientôt il se ravise, et, de la meilleure humeur du monde, organise des fêtes à la cour.

Voici que des estrades se dressent, que des palissades forment un champ clos; on dispose des tapisseries, des draps d'or, des mâts enguirlandés : c'est un tournoi qui se prépare.

Le roi de France a invité ses bons vassaux et féaux serviteurs à prendre part à cette réjouissance.

Quinze seigneurs bretons sont également conviés. De tous côtés arrivent des chevaliers sous leur brillante armure, montant leur riche palefroi, avec écuyers et escorte. C'est à qui déploiera le plus grand luxe, c'est à qui offrira le plus de vaillance.

Messire Olivier de Clisson pourtant les surpasse tous par son renom et sa fierté.

Mais qu'est ceci? Les hérauts d'armes n'arrivent pas pour annoncer à son de trompe le moment d'entrer en lice et clamer le nom des combattants. La tribune des dames est encore vide. Les spectateurs, pourtant nombreux, paraissent inquiets.

« Aux armes! Nous sommes trahis! » s'écrie tout à coup Olivier.

Il est trop tard, mes beaux seigneurs, vous êtes pris, tels rats en une ratière.

Clisson et les quinze Bretons sont entourés, désarmés par les soldats du roi Philippe et traînés en prison. Le sire est accusé d'intelligences avec l'ennemi, et ses compagnons d'avoir favorisé ses rapports avec les Anglais.

Ils ne sortirent du cachot que pour être décapités sans jugement. Le dernier, qui ne subit pas le supplice, fut exposé sur une échelle où le peuple le lapida.

Ces rigueurs du roi de France ne servirent qu'à fortifier le parti de Montfort.

La veuve d'Olivier, Jeanne de Clisson, indignée de ce procédé, outrée, furieuse, souleva les partisans de son mari, et n'eut pas de peine à leur persuader qu'un pareil attentat criait vengeance.

Elle rassemble des troupes, se met à leur tête et part en campagne.

Le succès répond à ses efforts, et plusieurs places sont enlevées par surprise.

L'héroïne tenait à montrer que le ressentiment seul avait armé son bras contre le roi de France. Quand elle crut l'avoir assez prouvé, elle s'arrêta.

Couronnant alors son triomphe par un noble désintéressement, elle offrit à Jeanne de Montfort ses conquêtes et sa petite armée victorieuse.

Le fils de Jeanne de Clisson, comme son père, était encore enfant quand avait eu lieu l'exécution capitale. Sa mère l'envoya s'élever en Angleterre; mais, comme il ne pouvait souffrir les Anglais, il revint en Bretagne dès l'âge de vingt ans, et prit part à la célèbre bataille d'Auray, où il perdit un œil.

Il accompagnait du Guesclin, dont il était devenu l'ami et le frère d'armes.

Le second, Olivier de Clisson, à qui ses parents avaient donné de si hautes preuves de vaillance, devait être par la suite reconnu comme l'un des plus habiles généraux de son siècle. Charles V, en mourant, recommanda de lui octroyer l'épée de connétable, en récompense de son courage sans bornes et de son inviolable fidélité.

XIII

YOLANDE DE GOULAINE

Quand la famille de Goulaine eut à faire ses preuves de noblesse, elle put, dit-on, présenter des actes remontant au xe siècle, époque où eut lieu la « reconstruction » d'une première demeure seigneuriale, voisine de Nantes, la belle ville ducale.

Les Goulaine se trouvèrent mêlés à une foule d'événements importants dans l'histoire du duché, et contractèrent des alliances avec les familles souveraines. Leurs armes, « mi-partie d'Angleterre, et mi-partie de France, » attestent les services rendus.

Le savant P. du Paz, d'accord avec plusieurs historiens, raconte que l'origine de ce fier blason serait un traité conclu à la fin du XIIe siècle, entre la France et l'Angleterre. Alphonse de Goulaine, choisi pour représenter le duc de Bretagne dans cette négociation, y aurait mis tant d'habileté, que les deux monarques lui accordèrent chacun le droit de porter leurs armes. De là cette devise sous trois D en triangle : *De cestuy-ci, de cestuy-là, j'accorde les couronnes.*

On retrouve ce symbole gravé dans maint endroit du manoir, dit de Haute-Goulaine, qui est encore debout en partie, rappelant dans ses vestiges une des demeures les plus royalement ornées de la période féodale.

Le château lui-même se présente noblement. Un ensemble de belles portes ogivales, de hautes fenêtres, de lucarnes, de gargouilles richement décorées, se relie avec art à deux anciens donjons d'apparence encore très guerrière.

L'une de ces énormes tours porte, sur son fronton sculpté, la figure d'une femme qui, casque en tête et un poignard levé, est prête à frapper sa poitrine demi-nue.

C'est Yolande de Goulaine, descendante de ces vaillants preux. Son héroïsme se trouve ainsi relaté d'une façon vivante sur la pierre, couronnant une forteresse dont elle fut l'un des plus intrépides défenseurs.

Ce fait est devenu légendaire dans la contrée.

Pendant la guerre entre Blois et Montfort, le sire de Goulaine était du parti du roi de France et l'adversaire par conséquent des Anglais, qui soutenaient Montfort.

Lors d'une des absences si fréquentes chez les seigneurs guerroyeurs, Yolande était restée seule maîtresse du manoir paternel.

Une troupe d'Anglais vint l'attaquer.

Que faire ?

Les soldats, terrifiés de se voir sans chef, parlaient de se rendre.

Yolande se mit à leur tête en s'écriant :

« Mes amis, le sire de Goulaine m'a investie de ses pouvoirs, son sang loyal et brave coule dans mes veines, je le prouverai. De ce jour je prends en main la défense et je vous invite à m'obéir et à me suivre.

— C'est la mort! murmura l'un d'eux, qui sentait combien la garnison était faible comparée au nombre des assiégeants.

— Qu'importe! répliqua Yolande, si c'est le devoir! Vous voyez ce poignard, fit-elle en brandissant une arme qu'elle tenait à la main; je l'enfoncerai plutôt jusqu'à la garde dans ma poitrine que d'abandonner, moi vivante, le poste qui m'a été confié, et de subir la loi du vainqueur. Aux armes donc! et soyons forts! »

Et de ce moment Yolande prit, en effet, la direction des troupes, qui, électrisées par son exemple, déployèrent une vigueur et un entrain remarquables.

Toutefois, malgré des prodiges de courage, les Anglais gagnaient du terrain, et les assiégés, succombant à la fatigue, se montraient de nouveau découragés, trouvant impossible, disaient-ils, d'aller plus loin.

« Faut-il donc que j'use de mon arme, s'écria Yolande en faisant le geste de diriger la pointe du poignard vers son sein, et aurez-vous la lâcheté de présenter à votre maître le cadavre de sa fille à la place du glorieux étendard dont il vous a remis le soin?

— Non! non! répondirent les défenseurs, honteux de leur faiblesse; nous marcherons jusqu'à la mort. »

Et, redoublant de bravoure et d'énergie, ils allaient, conduits par la sauvage héroïne, fondant sur les assaillants, qu'ils accablaient de boulets et de pierres.

On tint tant et si bien que le seigneur de Goulaine, enfin prévenu de cette surprise, put arriver à temps pour faire lever le siège.

On devine avec quelle émotion de bonheur il embrassa sa digne fille, dont la vaillance sauvait, avec l'honneur du nom, le toit qui l'abritait, et mettait un fleuron de plus à sa couronne de comte.

XIV

JULIENNE DU GUESCLIN

Bertrand du Guesclin fut, en même temps qu'un des hommes les plus honnêtes de son siècle, un des plus grands foudres de guerre du moyen âge. Sa vaillance égalait sa vertu, et sa force n'avait d'égale que sa franchise et sa loyauté.

On sait qu'en ces temps, où l'ignorance était encore si répandue, on attachait une grande croyance aux prétendues révélations des astres, et que le célèbre héros épousa une des adeptes de cette science, dite de l'astrologie judiciaire.

C'était, dit la chronique de du Guesclin, une demoiselle de Dinan, d'assez haut lignage, qui se nommait Épiphanie ou Tiphaine Raguenel.

« Voyant ses concitoyens inquiets du sort de du Guesclin, qui se préparait à sortir de leurs murs pour se rendre à un combat singulier, Tiphaine avait déclaré, sans hésiter, que le sire Bertrand reviendrait vainqueur, ce qui arriva effectivement. Le bon chevalier ressentit beaucoup de joie de la confiance que la jeune dame avait eue dans son étoile, et il éprouva bientôt pour elle un profond sentiment d'affection et de reconnaissance. Peu d'années après, Charles de Blois le maria avec Tiphaine et donna au chevalier le château de la Roche-Darien. »

Épiphanie Raguenel était une âme héroïque, digne en tous points d'être unie à ce brave guerrier.

On raconte que, voyant qu'il hésitait à se mettre en campagne après son mariage, elle fut la première à le lui reprocher.

« La France, dit-elle, doit retrouver par vous son ancienne splendeur, et voilà que pour l'amour de moi vous voulez perdre la gloire qui vous était acquise. Certes je ne le souffrirai pas, car celle qui attend de vous sa gloire serait ainsi cause de son humiliation. Sachez-le bien, si vous ne poursuivez pas vos beaux faits d'armes, vous perdrez jusqu'à l'estime des honnêtes femmes. »

Ranimé par ces nobles paroles, le chevalier reprit son épée et continua le cours de ses exploits.

Sa valeur se montrait si communicative, qu'elle s'épandait en quelque sorte sur tous ceux qui l'entouraient. Elle semblait dans tous les cas un patrimoine de famille; car, si l'épouse de du Guesclin le « maintenait en bravoure », sa sœur faisait mieux encore, elle la partageait.

La demeure privilégiée du futur connétable était le château de Pontorson, en Bretagne.

C'est là qu'après des jours de labeurs il venait retrouver sa chère Tiphaine et goûter un repos toujours bien gagné. C'est là aussi que cet heureux vainqueur enfermait les prisonniers dont il attendait une rançon.

Bertrand avait une sœur, Julienne, qui se destinait à la vie religieuse, et devait être plus tard abbesse du couvent des bénédictines de Saint-Georges de Rennes. Cette pieuse

Julienne du Guesclin à Pontorson. (Tableau de Delacroix.)

fille venait souvent, en l'absence de son frère, partager la solitude de sa belle-sœur, pour laquelle elle avait une remarquable affection.

Un jour, c'était en 1362, toujours pendant la guerre de Bretagne, Julienne, qui n'avait alors que dix-neuf ans, séjournait à Pontorson. On venait d'y rendre la liberté à un Anglais du nom de Felton, qui, pendant sa captivité, s'était ménagé des intelligences dans la place.

Profitant de l'absence de du Guesclin, Felton amena une troupe de ses compatriotes pour s'emparer de la forteresse, que sa position constituait place importante.

Il comptait sur une escalade pour s'en rendre maître. A la faveur de la nuit, l'Anglais s'approcha du château où il supposait tout le monde endormi, et y fit appliquer les échelles d'assaut.

Tout un détachement se mit à monter.

Sœur Julienne est éveillée, disent les chroniques, par un songe qu'on put regarder comme providentiel; elle entend du bruit, se lève furtivement, et sans une seconde d'hésitation donne l'alarme. Puis, avec le même sang-froid, saisissant une épée, la courageuse fille s'élance, nu-pieds, une torche à la main, au-devant des ennemis en poussant le cri de : *Notre-Dame Guesclin!* qui avait tant de fois mis en fuite les Anglais et les partisans de Montfort.

Menaçant les agresseurs sur leur échelle, elle les renverse et les pétrifie de terreur. Au bruit provoqué par cette défense, des hommes d'armes accourent à l'aide de la vaillante sœur de Bertrand; un combat s'engage, et il dure assez longtemps pour permettre à l'illustre capitaine de rentrer à Pontorson. Il triomphe des assaillants et a la joie de refaire prisonnier le traître Felton.

Après cet événement mémorable, le connétable embrassa sa sœur en disant :

« Toi aussi, digne fille de nos ancêtres, tu eusses été redoutable aux ennemis de ton pays, si, comme moi, tu avais porté la cuirasse. »

Mais à cet insigne belliqueux Julienne préférait la robe de bure, qu'elle honora de ses vertus jusqu'à l'âge de soixante-douze ans.

XV

LES BOURGEOISES D'ÉTAMPES

Lorsque, au XVe siècle, la France affaiblie était tombée presque en entier au pouvoir des Anglais, on vit encore bon nombre de femmes venir en aide aux hommes d'armes épuisés, et payer de leur personne dans les combats.

En première ligne se présentent les bourgeoises de la ville d'Étampes, pendant le siège de 1411.

A cette époque, la démence de Charles VI avait remis l'administration du royaume entre les mains de Jean sans Peur, duc de Bourgogne, qui s'était emparé du Dauphin, pour gouverner en son nom.

Après bien des conflits, le duc d'Orléans, Louis, frère du roi, et Isabeau de Bavière, qui ne demandait qu'à vendre la France aux Anglais, s'étaient réconciliés avec Jean sans Peur, alors allié de l'Angleterre.

Les deux princes dînèrent ensemble, communièrent côte à côte pour mieux sceller leur entente; et quelques jours plus tard Louis d'Orléans était assassiné par Jean sans Peur.

Deux camps se formèrent alors dans la nation : les partisans d'Orléans et ceux de Bourgogne.

Le jeune Charles, fils de Louis, ayant épousé la fille d'un grand seigneur du Midi, Bernard d'Armagnac, ce nom fut donné au parti d'Orléans.

La guerre civile éclata : Armagnacs contre Bourguignons, Gascons contre Flamands, les provinces du Midi se soulevèrent contre celles du Nord.

Les Orléanais, dont l'armée se composait presque entièrement de noblesse, commencèrent par envoyer à Jean sans Peur des lettres de défi, l'accusant du meurtre de leur duc et père. Le Bourguignon répondit en se vantant cyniquement de son crime; il obtint de l'argent de ses états, et, se donnant comme le défenseur du roi, gagna tous les Parisiens à sa cause. La population entra dans cette querelle avec des passions brutales et féroces : une guerre furieuse se prépara.

Jean sans Peur marcha d'abord sur la Picardie avec tous ses gentilshommes, cinquante mille Flamands bien armés et les Anglais, ses auxiliaires.

L'armée du duc d'Orléans ne possédait pas moins de trente mille chevaux.

On s'attendait à une formidable bataille quand les Flamands, qui ne devaient à leur seigneur que quarante jours de service, décampèrent tout à coup, et malgré ses supplications s'en revinrent chez eux.

Pendant ce temps, les Anglais avaient mis le siège devant Étampes, qui était alors munie d'une forteresse dont la tour de Guinette est aujourd'hui le seul vestige.

Durant de longs jours, l'attaque fut infructueuse; toutes les bourgeoises de la ville se levèrent pour venir secourir leurs frères et leurs époux.

« Raillant l'ennemi de ses efforts impuissants, dit la chronique, elles tendaient leurs jupes pour recevoir les pierres que celui-ci lançait vainement sur le rempart. »

Les deux partis triomphèrent tour à tour, et commirent de part et d'autre les plus grandes exactions. Incendie des villages, massacre des paysans, sac des villes furent les principaux exploits de cette lutte, où l'on fut entraîné aux plus sanguinaires et aux plus honteux excès.

« Il n'y avait en France, dit un historien, ni une armée, ni un chef, ni une nation; mais des passions intraitables. »

C'était donner la part belle aux Anglais, qui surent bientôt en profiter.

Pour les sages observateurs, pour ceux qui considèrent l'histoire selon cette belle définition : « La mémoire du passé et la leçon de l'avenir, » c'est une satisfaction de cœur de constater l'héroïsme de ces vaillantes femmes au milieu de la dégradation générale. Leur patriotisme n'apparaît-il pas comme la fleur qui orne une mare bourbeuse, et vient rappeler par sa pureté qu'au milieu des plus horribles confusions, le Créateur sait toujours trouver un endroit pour faire briller une vertu?

XVI

PÉRETTE DE LA ROCHE-GUYON

Sur le sommet du roc formidable où s'adosse actuellement le château de la Roche-Guyon, entre Mantes et Vernon, dans le département de Seine-et-Oise, on aperçoit encore une tour environnée de quelques débris de muraille. Ce sont les ruines de la superbe demeure seigneuriale que, vers la fin du xe siècle, le vieux Guy Ier avait plantée si haut pour dominer le cours de la Seine et surveiller le grand chemin.

Telle qu'elle existe encore, cette tour suffit pour affirmer la force et la puissance d'un vassal important de la couronne de France. Et pourtant, c'est en vain qu'on y chercherait de nos jours le moindre vestige indiquant la place de cette salle d'honneur où les maîtres du domaine conviaient à leurs splendides fêtes, ou même appelaient à leurs conseils de guerre les gentilshommes bannerets du Vexin français : tout l'intérieur a disparu. Mais il y reste le souvenir inoubliable de la belle conduite qu'y tint, en 1418, l'héroïque fille de Bureau de la Rivière, veuve du seigneur de la Roche-Guyon.

Bureau de la Rivière était le principal ministre et favori du roi Charles VI, comme il l'avait été de son père, et l'on avait vu avec plaisir, à la cour, le mariage de Mlle Pérette de la Rivière avec le brave chevalier normand Guy IV, seigneur de Berneville et de la Roche-Guyon.

Mais, hélas! le désastre d'Azincourt, qui devait coûter la vie à huit mille gentilshommes français, avait vu périr Guy de la Roche dans le nombre.

Pérette, en ce deuil si pénible, se retira de la cour, espérant mener dans son château normand une existence calme et toute consacrée à l'éducation de ses trois enfants en bas âge.

Le sort, si souvent impitoyable, en avait décidé autrement : les Anglais, commandés par le comte de Warwick, vinrent attaquer cette forteresse. Elle était vivement convoitée par un certain Guy le Bouteiller, ancien gouverneur de Rouen, qui, traître à son pays, servait dans l'armée anglaise.

Ce chevalier s'était mis à la tête des envahisseurs. La dame de la Roche-Guyon les repoussa d'abord en masse, vigoureusement, donnant à tous ses défenseurs l'exemple du plus héroïque courage et de la vaillance à toute épreuve.

Voyant plusieurs assauts demeurer infructueux, le fameux Bouteiller conseilla à Warwick de miner la forteresse et de la faire sauter.

Avant d'arriver à cette horrible extrémité, on fit faire à la dame de Berneville des propositions de paix.

La veuve, qui voulait sauver ses fils, comprit qu'elle les perdait par une plus longue résistance. Enserrée, traquée de toutes parts, la mort dans l'âme, elle capitula.

Le roi d'Angleterre, Henri V, comblait les vœux ambitieux du chevalier transfuge par le don du manoir; puis il faisait offrir à la châtelaine de lui conserver sa protection royale à la condition qu'elle lui prêterait serment de fidélité, et épouserait Guy le Bouteiller.

Fièrement, Pérette de la Roche-Guyon répondit :

Entrée du Dauphin (Louis XI) et de Marguerite d'Écosse à Tours.

« Terres et seigneuries, prenez-les, moi et mes enfants sommes prêts à les abandonner, mais non pas notre honneur. Nous ne délaisserons pas dans son infortune notre seul souverain, seigneur et maître. »

Et, au sujet de la proposition de mariage, elle s'écrie :

« Plutôt la ruine et la mort que l'union avec un traître! »

La légende ajoute à cela des détails touchants :

« Le soir de ce même jour, quand la nuit fut pleinement venue, une poterne qu'on avait oublié de garder s'ouvrit, et une femme avec trois enfants, en habits de deuil, sortirent furtivement du château que les Anglais venaient d'envahir. Un batelier les guettait au passage. Il les fit monter dans sa barque, qui gagna aussitôt la rive gauche de la Seine. Peu de temps après le batelier revint seul au bord d'où il était parti.

« Les fugitifs marchèrent, non sans regarder souvent du côté de la Roche-Guyon, jusqu'à mi-côte de la montée de Rolleboise. Quand ils y furent arrivés, le plus jeune des trois dit à sa mère : « J'ai faim ! »

« Elle s'arrêta, et tous les quatre s'étant assis sur la marge d'un fossé, la châtelaine dépossédée tira de son aumônière la seule chose qu'elle eût emportée du château, un morceau de pain pour ses enfants.

« Elle le rompit, en fit trois parts, et les fils de Guy, quatrième de nom, mort glorieusement à la bataille d'Azincourt, soupèrent pour la dernière fois du grain recueilli sur leurs terres, moulu en farine sous leurs meules et façonné en pain cuit à leur four seigneurial. »

Dans son dénuement, Pérette de la Rivière vint, toujours avec ses enfants, trouver le Dauphin, depuis Charles VII. Il l'accueillit et l'attacha à sa cour avec le titre de dame d'honneur de la reine.

Plus tard ce fut elle qu'on chargea d'aller, au nom de la souveraine, recevoir Marguerite d'Écosse, débarquant à la Rochelle, et de l'accompagner à Tours, où elle venait épouser le futur Louis XI.

Quatre ans après, Mme de la Roche-Guyon conduisit à Reims, en qualité de gouvernante, Catherine de France, qui se rendait dans cette ville pour s'unir à Charles le Téméraire, comte de Charolais et futur duc de Bourgogne, rival fameux du non moins célèbre Louis XI.

D'autre part elle fut la marraine de Charles de France, frère de Louis, qu'elle tint sur les fonts baptismaux de Tours, avec la femme du premier ministre et trois grands personnages du royaume.

On le voit, plus heureuse que beaucoup d'autres, la dame de Berneville-Guyon recevait de Charles VII la récompense de la fidélité qu'elle lui avait montrée. Non seulement il la comblait d'honneurs, mais son fils Guy, élevé sous la protection du monarque, avait été de bonne heure créé par lui chevalier, puis conseiller et chambellan de Sa Majesté.

Le roi voulut faire plus : il prétendit faciliter au nouveau Guy de la Roche la reprise du manoir paternel. Charles VII dirigea lui-même une opération de guerre dans laquelle le jeune chevalier prenait une part active; et, le 3 septembre 1449, la forteresse de la Roche-Guyon était, après un combat sérieux, enlevée aux Anglais et rendue à Guy, que le roi de France nommait gouverneur de la place.

C'était la plus douce satisfaction qui pût être accordée à la vaillante Pérette. Elle, de son côté, demeura première dame d'honneur de la reine Marie d'Anjou, jusqu'à la mort de cette princesse.

XVII

LA VIERGE DE DOMREMY

De toutes les héroïnes guerrières dont le nom est inscrit au *Livre d'or* de la gloire, nul ne l'est plus haut que celui de Jeanne d'Arc; aucun n'est demeuré plus populaire. C'est comme un astre merveilleux qui rayonne sur le XVe siècle et vient, par son apparition miraculeuse, prouver une fois de plus et la puissance de Dieu, et sa grandeur, et la protection spéciale qu'il lui a toujours plu d'étendre sur la France.

L'histoire de Jeanne a été écrite dans toutes les langues de l'Europe : princes, chevaliers, chroniqueurs et poètes se sont empressés de la glorifier, et cette histoire est si répandue dans notre pays qu'elle n'est plus à faire. Aussi ne voulons-nous en prendre que ce qui a rapport à son rôle militaire et à la grandeur d'âme avec laquelle la sainte fille, surnommée la *Pucelle d'Orléans*, sut remplir sa noble tâche, et montrer comment, malgré les difficultés sans nombre qui lui étaient suscitées, elle parvint à accomplir en douze mois la besogne que du Guesclin, le terrible connétable, avait mis douze années à essayer de mener à bien.

C'est aux sources les plus sérieuses et les plus originales que nous empruntons le récit des principales circonstances qui ont marqué cette mission extraordinaire et divine.

Le 6 janvier 1412, dit un de ces rapporteurs autorisés, sur les marches de Lorraine et de Champagne, dans une modeste chaumière de Vaucouleurs, hameau dépendant de Domremy, *Isabelle Romée* venait de donner à son mari, *Jacques d'Arc,* déjà père de trois enfants, une fille qui reçut au baptême le nom de Sibylle-Jeanne.

« C'était le moment précis où les princes qui entouraient le trône appelaient l'Anglais à leur secours... Tous les habitants, saisis d'un inconcevable transport de joie, se mirent à courir çà et là, en se demandant l'un à l'autre quelle chose était donc advenue; car les coqs, hérauts de cette allégresse inconnue, éclataient en tels chants, que jamais semblables n'avaient été ouïs. »

Les premières années de l'héroïne se passèrent auprès de ses parents. « C'étaient de fort gens de bien, craignant et aimant Dieu, mais qui avaient peu de moyens et vivaient d'un peu de labourage et de bétail qu'ils nourrissaient[1]. »

Jeanne, ou plutôt Jeannette, comme on l'appelait à Domremy, ne savait ni lire ni écrire; pour toute science sa mère lui enseigna le *Pater,* l'*Ave Maria* et le *Credo.*

« Elle devint fort pieuse, se confessait et communiait fréquemment, allait toutes les semaines en pèlerinage à une petite chapelle des environs, visitait et soignait les malades, assistait les pauvres et accueillait les voyageurs, gardait quelquefois les troupeaux de son père ou accompagnait la charrue; mais ordinairement elle cousait et filait. Il n'y a qu'une

[1] Marius Sepet, *Procès de Jeanne d'Arc.*

voix sur la douceur de son caractère, la sagesse de sa conduite et son amour pour le travail[1].

« Elle était encore bien petite que les oiseaux des bois et des champs, quand elle les appelait, venaient manger dans son giron, comme privés; et jamais, quand elle gardait les brebis, le loup ne mangea ouaille de son troupeau. »

Elle menait aussi paître les moutons de la commune, pour donner, par son exemple, courage aux autres pastours contre les « nuisances » et les « meschiefs » des hommes d'armes.

L'un des premiers sentiments que Jeanne éprouva fut celui d'une douleur profonde occasionnée par la guerre civile et tous les maux qui désolaient la France à la fin du règne du malheureux Charles VI.

« Les pauvres gens des marches avaient l'honneur d'être sujets directs du roi, c'est-à-dire qu'au fond ils n'étaient à personne; qu'ils n'avaient de seigneur, de protecteur que Dieu. Nulle part le laboureur ne s'inquiéta davantage des affaires du pays; personne n'y a plus d'intérêt, il en sent si rudement les moindres contre-coups! Il s'informe, il tâche de savoir, de prévoir; du reste il est résigné. Quoi qu'il arrive, il s'attend à tout, il est patient et brave. Les femmes mêmes le deviennent[2]. »

La position particulière du village de Domremy, situé sur la frontière et n'ayant d'autre seigneur que le roi, devait être forcément un des théâtres de la guerre.

Déjà les Bourguignons avaient ravagé ce pays, et contraint les habitants à aller ailleurs chercher un refuge.

La jeune bergère suivit ses parents et servit alors dans une auberge pour leur venir en aide.

[1] Berriat Saint-Prix.
[2] Michelet, *Histoire de France*.

Mais l'ennemi quittant les marches de Lorraine, toute la famille d'Arc revint à Domremy, alors occupé par les troupes royales, et où tous les habitants trouvèrent leurs habitations dévastées et leur église brûlée.

« A l'aspect de ces affreux malheurs, Jeanne, émue de pitié, s'oubliait elle-même pour prodiguer à ceux qui souffraient les soins les plus touchants. Elle eût quitté son propre lit et couché dans l'âtre du foyer, plutôt que de voir un pauvre renvoyé sans secours. »

On lui reprochait, parmi ses compagnes, de n'aimer ni le chant ni la danse, et de parler sans cesse de Dieu et de la sainte Vierge.

Non loin du village était un bois antique nommé le *Bois-Chesnu* ou des Chênes. En avant s'élevait un hêtre magnifique, touffu, majestueux et révéré de tous les habitants, et qu'on appelait le *Beau-Mai* ou l'*Arbre-des-Fées*.

« Les branches de ce fau, dit un contemporain de Jeanne, sont toutes rondes et rendent une belle et grande ombre pour s'abriter dessous, comme presque l'on ferait au couvert d'une chambre, et faut que cet arbre aye pour le moins trois cents ans, ce qui est une merveille de nature. »

On le croyait hanté pendant la nuit par des êtres surnaturels, ainsi que la fontaine qu'il abritait. Les jeunes gens et les jeunes filles avaient l'habitude de venir dans ce lieu le quatrième dimanche de carême, pour fêter en procession le retour du printemps.

On apportait du pain, du vin et des œufs; et, après avoir mangé à l'ombre du grand hêtre, on y suspendait des couronnes et des guirlandes de fleurs dont toutes les jeunes filles se paraient pour la circonstance.

« Le Bois-Chesnu, l'Arbre-des-Fées, la Fontaine-Ramée

avaient toujours été pour Jeanne des lieux de prédilection; elle y était venue souvent en pèlerinage avec ses compagnes, elle y avait tressé des couronnes; mais, au lieu de les suspendre à l'arbre fatidique, elle préférait les déposer aux pieds de la madone du village de Domremy. »

Grave, réfléchie et sans cesse occupée des malheurs qui accablaient la patrie, Jeannette aimait à y aller rêver sous l'Arbre-des-Fées; c'est là qu'elle percevait le mieux les voix du Ciel.

« Habituellement seule, Jeanne était hantée par des visions d'un ordre surhumain. Parfois étrangère aux choses de ce monde, son regard fixe se perdait dans l'étendue, comme s'il eût découvert des perspectives sublimes; son oreille semblait écouter des voix célestes, et l'on eût dit qu'en elle l'âme vivait seule et de sa vie complète, dégagée pour un moment du fardeau du corps, immobile, inerte, insensible et comme morte. Les mystérieux phénomènes de l'existence ultra-terrestre se dévoilaient à ses yeux, et quand elle paraissait tomber dans un sommeil profond, léthargique, elle s'éveillait au contraire, et véritablement elle voyait et entendait[1]. »

La vierge de Vaucouleurs était à peine âgée de treize ans lorsqu'elle eut une première apparition qu'elle a racontée elle-même.

« Un jour d'été, dit-elle, vers l'heure de midi, dans le jardin de mon père, une grande lumière venant à ma droite, du côté de l'église, m'éclaira tout à coup. J'entendis une voix inconnue me dire :

« — Jeanne, sois bonne et sage enfant, va souvent à l'église. »

[1] Marius Sepet.

La pauvre fille eut grand'peur, mais elle la refoula dans son âme.

Une autre fois, au Bois-Chesnu, elle entendit la même voix, vit la même clarté, mais dans cette clarté de nobles figures, dont l'une avait des ailes et semblait un sage prud'homme. Il lui dit :

« Jeanne, va au secours du roi de France, et tu lui rendras son royaume. »

Elle répondit toute tremblante :

« Messire, je ne suis qu'une pauvre fille, je ne saurais chevaucher ni conduire les hommes d'armes. »

La voix répliqua :

« Tu iras trouver M. de Baudricourt, capitaine de Vaucouleurs; et il te fera mener au roi. Sainte Catherine et sainte Marguerite viendront t'assister. »

Elle resta stupéfaite et en larmes, comme si elle eut vu sa destinée tout entière.

Le prud'homme n'était pas moins que saint Michel, le sévère archange des jugements et des batailles. Il revint encore, lui rendit courage, « et lui raconta la pitié qui estoit au royaume de France. » Puis vinrent les blanches figures des saintes parmi d'innombrables lumières, la tête parée de riches couronnes, la voix douce et attendrissante à en pleurer. Mais Jeanne pleurait surtout quand les saintes et les anges la quittaient.

« J'aurais bien voulu, dit-elle, que les anges m'eussent emportée. »

L'historien Michelet, à qui l'on doit ce récit d'après les textes et dépositions diverses faites plus tard aux procès de l'héroïne, ajoute :

« Si elle pleurait dans un si grand bonheur, ce n'était pas

sans raison. Quelque belles et glorieuses que fussent ces visions, sa vie dès lors avait changé. Elle qui n'avait entendu jusque-là qu'une voix, celle de sa mère, dont la sienne était l'écho, elle entendait maintenant la puissante voix des anges! Et que voulait la voix céleste? Qu'elle délaissât cette mère, cette douce maison. Elle qu'un seul mot *déconcertait,* il lui fallait aller parmi les hommes, parler aux hommes, aux soldats. Il fallait qu'elle quittât pour le monde, pour la guerre, ce petit jardin sous l'ombre de l'église, où elle n'entendait que les cloches, « pour le son desquelles elle avait « une sorte de passion, » et où les oiseaux mangeaient dans sa main. Car tel était l'attrait de douceur qui entourait la jeune sainte : les animaux et les oiseaux du ciel venaient à elle, comme jadis aux Pères du désert, dans la confiance de la paix de Dieu. »

Jeanne ne nous a rien dit de ce premier combat qu'elle soutint. Mais il est évident qu'il eut lieu et qu'il dura longtemps, puisqu'il s'écoula cinq années entre sa première vision et sa sortie de la maison de ses parents.

« Les deux autorités paternelle et céleste commandaient des choses contraires. L'une voulait qu'elle restât dans l'obscurité, dans la modestie et le travail; l'autre, qu'elle partît et qu'elle sauvât le royaume. L'ange lui disait de prendre les armes; le père, rude et honnête paysan, jurait que, si sa fille s'en allait avec les gens de guerre, il la noierait plutôt de ses propres mains [1].

« De part ou d'autre il fallait qu'elle désobéît. Ce fut là sans doute son plus grand combat; ceux qu'elle soutint contre les Anglais ne devaient être qu'un jeu à côté. »

[1] Jacques d'Arc disait à ses fils : « Si je savois que votre sœur partist, je voudrais que la noyessiez; et si vous ne le faisiez, je la noyerois moy-mesme. »

Dieu assistait son envoyée, ce fut lui qui l'emporta dans son cœur.

En l'année 1428, vers le temps de l'Ascension, au moment où les Anglais s'acheminaient vers Orléans, Jeanne résolut d'entreprendre sa mission et d'y convertir son oncle, Durand Laxart, qui habitait un village voisin.

La femme de cet oncle, qui était aussi la marraine de Jeanne, devant être bientôt mère, la jeune fille obtint le consentement de ses parents pour se rendre auprès de sa tante.

Aussitôt arrivée, l'inspirée convainquit son oncle qu'il devait aller trouver Robert de Baudricourt, capitaine de Vaucouleurs, pour lui annoncer qu'elle voulait porter secours à Charles VII, le priant de l'y aider.

L'homme de guerre reçut assez mal le paysan, et lui dit qu'il fallait ramener cette fille chez ses parents, « bien souffletée. »

Jeanne ne se rebuta point, voulut partir elle-même, et décida son oncle à l'accompagner.

Elle se présenta devant le sire « dans ses gros habits rouges de paysanne », et dit au capitaine avec fierté « qu'elle venait vers lui de la part de son Seigneur pour qu'il mandât au Dauphin de se bien maintenir, et qu'il n'assignât point de bataille à ses ennemis parce que son Seigneur lui donnerait secours dans la mi-carême... Il faut, ajoutait-elle, qu'avant ce moment je sois devers le roi, *dussé-je pour m'y rendre user mes jambes jusqu'aux genoux* ».

Elle lui apprenait, de plus, que ses *voix* l'avaient avertie qu'en ce jour même il y avait eu grand dommage devant Orléans, et qu'il y en aurait encore plus si elle n'y était pas menée.

Baudricourt refuse de croire à ses paroles, qu'il dit le fait de la démence, et repousse Jeanne une seconde fois après l'avoir fait exorciser.

Cependant la force surnaturelle qui animait la sublime enfant était si communicative, qu'elle commençait à se

Jeanne devant Baudricourt.

répandre dans son entourage. Des prophéties courant parmi le peuple déclaraient que des marches de Lorraine, près du Bois-Chesnu, sortirait une jeune fille qui foulerait aux pieds les archers *bretons* et délivrerait la France.

Jeanne elle-même avait souvent répété « qu'une femme (Isabeau de Bavière) avait perdu le royaume, qu'une fille le sauverait ».

Toutes ces choses rapportées à Baudricourt, en même

temps que le revers de la *Journée des harengs*, que Jeanne lui avait prédit le jour même où le combat avait lieu, et enfin, croit-on, les ordres de Charles VII, à qui il avait écrit, décidèrent le capitaine à l'écouter enfin.

Il envoya la jeune Lorraine au roi, alors à Chinon; et, après avoir pris le serment de ceux qui l'accompagnaient de l'y mener saine et sauve, il lui donna simplement une épée en disant :

« Va donc, et advienne que pourra! »

Durand Laxart avait acheté à sa nièce un cheval, et les gens de Vaucouleurs, qui ne doutaient point de sa mission, s'étaient cotisés pour l'équiper. Elle avait pour escorte six hommes d'armes dont deux chevaliers.

Jeanne marcha pendant onze jours de suite, traversant les provinces ennemies, toujours calme et sereine, bien persuadée que le Ciel guidait ses pas.

Dans chaque ville elle voulait s'arrêter pour entendre la messe, et répondait à ceux qui lui parlaient des périls du voyage :

« Ne craignez rien, Dieu me fait ma route, c'est pour cela que je suis née. »

Et encore :

« Mes frères de paradis me disent ce que j'ai à faire. »

Lorsque la petite troupe arriva sur les bords de la Loire, elle traversa Gien et s'arrêta dans un petit village de Touraine, à Fierbois, où se trouvait une église dédiée à sainte Catherine. Jeanne voulut rendre grâce à Dieu et à la sainte patronne qui l'avait protégée. Elle entendit trois messes, et fit aussitôt écrire au roi « qu'elle avait cheminé l'espace de cent cinquante lieues pour venir vers lui, à son secours, et qu'elle savait beaucoup de choses qui lui seraient agréables ».

Elle ajoutait « qu'elle saura le reconnaître entre tous ».

A ce moment Charles VII et ses partisans se voyaient réduits à la plus dure extrémité : environnée de toutes parts, la petite armée qui les défendait faisait un dernier effort pour empêcher l'entrée des Anglais dans Orléans, la dernière place importante du royaume de France. Quant au monarque

Jeanne reconnait le roi.

lui-même, il ne lui restait, dit-on, pour toute fortune que *quatre écus*.

Enfin, après trois jours de pourparlers, Charles consentit à la recevoir. C'était le soir au milieu d'un grand appareil qui semblait fait pour intimider la jeune paysanne. Cinquante torches éclairaient la salle, et le roi, modestement vêtu, se dissimulait au milieu de trois cents chevaliers et de plusieurs seigneurs plus richement habillés que lui.

Jeanne, introduite par le comte de Vendôme, ne témoigna nul embarras. Elle se présenta humblement, « comme une pauvre petite bergerette, » fendit la foule, et sans hésitation marcha droit vers Charles VII. Elle dit, en lui embrassant les genoux :

« Dieu vous donne bonne vie, gentil roi.

— Ce n'est pas moi, Jeanne, qui suis le roi; le voici, répondit Charles, en indiquant un des seigneurs de sa cour dont les vêtements étaient d'une richesse remarquable.

— En nom Dieu! gentil prince, c'est vous et non un autre. Très noble Dauphin (elle l'appelait ainsi parce qu'il n'était pas sacré), j'ai nom Jehanne la Pucelle, je suis envoyée de par Dieu pour sauver vous et votre royaume, et chasser les Anglais de France. Dieu a pitié de vous et de votre peuple, car saint Louis et Charlemagne sont à genoux devant lui en faisant des prières pour vous... Le Roi des cieux vous mande par moi que vous serez sacré et couronné en la ville de Reims, et vous serez lieutenant du Roi des cieux, qui est roi de France. »

Alors elle demanda à parler à Charles en secret.

« Veuillez m'ouïr en votre retrait, gentil Dauphin, dit-elle, et je vous rapporterai, en signe de ma mission, des paroles qui ne sont pas même sorties de votre bouche, et que Dieu cependant connaît. »

Le roi consentit à tenter l'épreuve, et il fut si émerveillé de sa révélation qu'il ne douta plus un seul instant que cette jeune fille ne fût la vierge du Bois-Chesnu que la tradition populaire désignait comme devant sauver sa patrie. Il ordonna que chacun lui obéît comme au plus vieux de ses capitaines. Il voulut qu'un écuyer, deux pages, un aumônier et quatre servants d'armes suivissent partout ses pas, et qu'une armure complète fût exécutée pour elle d'après ses indications.

Jeanne choisit elle-même l'épée qu'elle désirait porter : c'était une arme que l'on disait avoir appartenu à Charles Martel quand il combattait les Sarrasins, et qui se trouvait dans l'église Sainte-Catherine de Fierbois derrière l'autel. L'héroïne en parle en ces termes :

« Cette épée était en terre, toute rouillée, et la garde en était ornée de cinq croix. Je sus qu'elle se trouvait là par mes *voix,* et l'homme qui l'alla chercher ne l'avait jamais vue. J'écrivis aux ecclésiastiques dudit lieu qu'ils voulussent bien m'envoyer cette épée, et ils me l'envoyèrent. Aussitôt la rouille tomba sans difficulté. Les prêtres de Fierbois me firent don d'un fourreau de velours vermeil tout parsemé de fleurs de lis, les habitants de Tours y ajoutèrent une gaine en drap d'or, et moi j'en fis faire une troisième en *cuir bien fort.* »

Elle s'appliqua aussi à diriger la confection d'un étendard d'après le modèle que ses *voix* lui avaient donné et qu'elle décrit ainsi :

« Sur un champ blanc semé de fleurs de lis était figuré le Sauveur assis sur son tribunal, dans les nuées du ciel, et tenant un globe dans sa main; à droite et à gauche on voyait deux anges, dont l'un portait une fleur de lis. Ces mots : *Jhesus-Maria*, étaient écrits à côté. »

La noble fille tenait presque toujours cette bannière par respect pour ses saintes protectrices, qui lui avaient dit :

« Prends cet étendard, de par le Roi du ciel, et porte-le hardiment. »

« Je ne veux pas, disait-elle aussi, me servir de mon épée pour tuer personne. »

Dans les plus fortes mêlées, elle s'armait d'une lance ou d'une petite hache pour repousser les assaillants.

Son cheval, tout noir, lui avait été donné par le duc d'Alençon, frère du roi. Elle devait le garder jusqu'au jour du sacre, où il fut remplacé par un cheval blanc.

Une fois ses dispositions prises, Jeanne s'élança sur la route d'Orléans. Avant de partir, elle avait prédit à Charles « qu'elle serait blessée sous les murs de cette ville, mais pas mortellement ».

Depuis six mois, la population tout entière d'Orléans, sans exception de classes, ni d'âge, ni de sexe : soldats, bourgeois, femmes, vieillards, écoliers, enfants même, rivalisaient de zèle, d'intelligence et de courage. Le patriotisme et l'intrépidité de ses habitants, suprêmes défenseurs d'une nationalité qui semblait près de périr, avaient été, de l'avis universel, à la hauteur de cette lutte grandiose et s'étaient acquis une place d'honneur dans l'histoire. Mais tant de nobles efforts n'aboutissaient point à triompher de la force implacable du destin contraire, et le découragement allait sans nul doute les laisser succomber, quand on apprit que la Pucelle se dirigeait vers les lieux assiégés.

Le 20 avril 1429 était le jour convenu de son arrivée.

Jeanne écrivit d'abord aux Anglais une lettre dans laquelle elle les sommait, au nom de Dieu, de renoncer à une guerre injuste, et de retourner immédiatement en Angleterre.

Son plan, dit un historien, était ensuite de se présenter à l'ennemi en plein jour, par le chemin le plus direct et sur le point où les Anglais avaient réuni le plus de forces, pour leur montrer, sans plus de délai, la supériorité de la puissance dont elle se sentait dépositaire.

Cette tactique dépassant les idées militaires des capitaines placés sous ses ordres, et qui n'étaient autres que Dunois, Xaintrailles, La Hire, on abusa de son ignorance pour la tromper de route.

« En nom Dieu! dit Jeanne à Dunois, le conseil de mon Seigneur est plus sage et plus sûr que le vôtre; vous avez cru me décevoir et vous vous êtes déçus vous-mêmes. Je vous amène, sachez-le bien, le meilleur secours qui ait jamais été envoyé à qui que ce soit, le secours du Roi des cieux. »

Les assiégeants s'étaient alors renfermés dans leurs retranchements, et Jeanne, selon ses prévisions, entra dans la ville le soir même à la lueur des flambeaux. La foule se pressait autour d'elle, cherchant à l'approcher, à toucher au moins son cheval. On saluait en elle l'ange libérateur.

La Pucelle voulait, dès le lendemain, commencer les hostilités; mais, à l'exception de La Hire qui se déclara prêt à marcher, la soi-disant *prudence* et *sagesse* des autres capitaines y mit opposition, voulant attendre des renforts demandés à Blois. Malgré son titre de commandant en chef de l'armée, Jeanne se résigna à ne faire aux Anglais qu'une seconde sommation.

Enfin, le mercredi 4 mai, l'approche de ces troupes étant signalée, l'héroïque vierge alla à leur rencontre.

« Elle plaça à la tête de la colonne une cohorte de prêtres précédés d'une bannière qu'elle avait fait peindre, et qui entonnèrent le *Veni Creator*. A l'aspect de cette réalité inouïe, de cette armée conduite par une jeune fille; à l'aspect de ces ministres d'un culte qui courbait assiégeants et assiégés sous son commun empire, psalmodiant cet hymne majestueux dans la langue sacrée, les Anglais, consignés par leurs chefs, laissèrent passer encore une fois, immobiles, stupéfaits, cette apparition, ce renfort merveilleux.

« Les troupes, à peine rafraîchies, se livrèrent immédiatement à l'assaut des fortifications ou bastilles que les Anglais avaient pratiquées autour de l'église de Saint-Loup. Jeanne s'abstint de prendre part immédiatement à cette sortie et demeura dans son logis de ville. »

Une fausse alerte la rendait perplexe; on venait de lui dire que le chef anglais Falstaf arrivait avec de nouvelles recrues.

Dans un moment d'incertitude, Jeanne s'endormit. Un calme parfait régnait autour d'elle. Tout à coup elle s'éveille en sursaut, elle appelle son page, s'écriant que le sang français coule à terre.

Puis elle se fait armer à la hâte, saute à cheval, et, piquant des deux sur la bastille, elle « courut sur le pavé tellement, que le feu en saillait, et elle alla aussi droit comme si elle eût su le chemin par avant, et toutefois oncques n'y avait entré »[1].

« Ah! s'était-elle écriée dans un admirable élan patriotique, je n'ai jamais vu couler le sang français sans que les cheveux ne me dressassent sur la tête. »

Armée de son étendard, elle marchait au premier rang, en disant :

« Au nom de Dieu, suivez-moi! »

Le clocher fut pris après une résistance désespérée. « Les Français voulaient tout tuer, dit la chronique. Plusieurs Anglais s'étant revêtus des habits de prêtres qu'ils avaient saisis dans cet asile, la générosité de Jeanne en prit prétexte pour les sauver, en disant à ses soldats « qu'on ne devait rien demander aux gens d'*église* ». Et elle les fit emmener à Orléans.

[1] *Chronique de la Pucelle.*

« C'était sa première victoire, la première fois qu'elle voyait un champ de massacre. Elle pleura à l'aspect de tant d'hommes morts sans confession. Elle voulut se confesser avec tous les siens, et déclara que le lendemain, jour de l'Ascension, elle communierait et passerait la journée en prières. »

Écoutons le récit du siège d'Orléans emprunté à Marius Sepet :

« Le soir, Jeanne annonça qu'avant quatre jours il n'y aurait plus d'ennemis devant la place.

« Le 6 au matin elle se mit à la tête d'une vigoureuse sortie, poussa son cri de guerre en agitant dans les airs l'étendard sacré; puis, après avoir obtenu un premier et éclatant succès, elle remit au lendemain l'achèvement de l'œuvre libératrice. Les chefs, dans leur conseil, avaient décidé d'attendre quelques jours; ils lui signifièrent leur résolution.

« — Vous avez été en votre conseil, leur dit-elle, et j'ai été au mien: le conseil des hommes périra; celui de Dieu s'accomplira. Nous combattrons demain. »

« Au matin, on veut s'opposer aux projets de Jeanne. Le bailli de la ville, Gaucourt, fait fermer les portes. Jeanne, sans s'émouvoir, monte à cheval et annonce à la foule que le soir même l'Anglais sera chassé, et qu'elle rentrera victorieuse dans la ville par le pont de la Loire et des Tournelles. Se dirigeant en même temps vers la porte que garde Gaucourt en personne, elle se fait ouvrir et sort de la ville, entraînant à sa suite la population, l'armée et les chefs, contraints d'appuyer une entreprise qu'ils n'ont pu empêcher. La lutte fut terrible. Ivres d'orgueil au souvenir de leurs succès passés, et de rage en présence de ce nouvel ennemi qu'ils affectaient de dire « vomi contre eux par l'enfer », la fureur décuplait le courage des Anglais. Quant à nos ancêtres, ils étaient dans un de ces moments de furie française où, ainsi que le dit un historien, « on se bat comme si l'on était immortel ».

« Glansdale et les Anglais se défendirent avec une rare vigueur. Vers midi, au moment où Jeanne plantait une échelle contre les remparts, elle reçut la blessure qu'elle avait annoncée : un trait d'arbalète lui traversa l'épaule. A la vue du sang la pauvre enfant eut peur et se prit à pleurer, mais ses *saintes* la consolèrent. On l'avait emportée à l'écart; quelques hommes d'armes lui offrirent de la guérir en *charmant* sa plaie. Elle refusa.

« — J'aimerais mieux mourir, répondit-elle, que de commettre un péché; la volonté de Dieu soit faite. Si mon mal a quelque remède permis, je veux bien qu'on me panse. »

« On l'emmène, le trait qui avait traversé les chairs est enlevé et Jeanne reprend ses sens. Ainsi qu'il arrive presque toujours dans cet état étrange, la douleur provoque l'extase: les *voix* viennent rendre à Jeanne des forces nouvelles; la douleur disparaît domptée par l'enthousiasme, et la sainte fille revêt de nouveau son armure.

« La bannière était demeurée debout auprès des travaux de défense de l'ennemi.

« — Regardez, dit-elle à un homme qui l'accompagnait, quand la queue de mon étendard flottera vers le boulevard. »

« Le vent, phénomène étrange, sembla obéir à la volonté de la Pucelle; il changea subitement, et le chevalier cria, voyant la bannière claquer de ce côté :

« — Jeanne, elle y est!

« — Tout est vôtre alors et y entrez. »

« Après qu'elle eut prononcé les paroles dessus dites, ils

montèrent contrement le boulevard aussi aisément comme par un degré; ils ne savaient comment il se pouvait faire

Jeanne blessée à l'attaque des Tournelles.

ainsi, sinon par ouvrage comme divin et tout extraordinaire.

« Les Anglais sont culbutés, Jeanne est victorieuse, Glansdale tombe dans un fossé et se noie. Le soir toutes les cloches d'Orléans retentissent en joyeuses volées, pendant que dans les églises vingt mille voix ébranlent les voûtes sacrées au chant du *Te Deum* triomphal.

« Trois jours avaient suffi à la jeune paysanne pour faire lever ce siège qui durait depuis sept mois. Elle n'avait failli à aucune de ses promesses; toutes les prédictions s'étaient réalisées. »

Le lendemain de cette levée de siège, qui avait eu lieu dans la nuit du 7 au 8 mai, Jeanne, bien que souffrante de sa blessure, partit pour chercher le roi à Loches et le conduire au sacre de Reims.

« Elle fut reçue *à grand honneur* par Charles VII, après avoir traversé en libératrice des populations enivrées d'amour et de reconnaissance. »

Pendant qu'on parlementait autour du roi pour savoir s'il devait se laisser conduire, les Anglais, qui s'étaient repliés sur Meung et Jargeau, avaient reformé une armée.

La Pucelle marcha contre eux, et en peu de jours quatre villes furent emportées coup sur coup.

Chose étrange, remarque un chroniqueur, Jeanne, qui avait pour les choses ordinaires de la vie une ignorance et une simplicité d'enfant, déployait, en fait de batailles, un génie tout à fait supérieur. Le duc d'Alençon a déposé « qu'au maniement de la lance, à disposer un corps d'armée, à préparer surtout l'*artillerie,* elle montrait une expérience égale à celle d'un capitaine qui aurait eu vingt ou trente années de service ».

La mémorable victoire de Patay, où Talbot fut fait prisonnier, bientôt suivie de celle de Troyes, affranchissait la Loire et laissait libre la route de Reims.

Devant cette capitale de la Champagne, les ennemis intérieurs de Jeanne, ceux qui cherchaient à circonvenir le roi par envie, lui persuadaient qu'il ne fallait pas, sans artillerie, entreprendre le siège d'une ville aussi bien gardée, et qu'il était préférable de s'en retourner en arrière.

« Dans trois jours, dit la Pucelle aux membres du conseil, je vous promets qu'on pourra y entrer.

— Nous en attendrions bien six, répondit l'un d'eux, si nous étions sûrs que vous dites vrai.

— Sire, vous y entrerez demain! »

Elle prend son étendard, tout le monde la suit aux fossés; elle y jette tout ce qu'on trouve : fagots, portes, tables, solives. Et cela allait si vite que les gens de la ville crurent qu'en un moment il n'y aurait plus de fossés. Les Anglais commencèrent à s'éblouir comme à Orléans; ils croyaient voir une nuée de papillons blancs qui voltigeaient autour du magnifique étendard. Les bourgeois de leur côté avaient grand'peur, se souvenant que c'était à Troyes qu'on avait conclu le traité qui deshéritait Charles VII; ils craignaient qu'on ne fît un exemple de leur ville; ils se réfugiaient aux églises; ils criaient qu'il fallait se rendre. Les gens de guerre ne demandaient pas mieux. Ils parlementèrent et obtinrent de s'en aller avec tout ce qu'ils avaient.

Ce qu'ils avaient, c'était surtout des prisonniers français. Les conseillers de Charles VII, qui dressèrent la capitulation, n'avaient rien stipulé pour ces malheureux. La Pucelle y songea seule. Quand les Anglais sortirent avec leurs prisonniers garrottés, elle se mit aux portes et s'écria :

« O mon Dieu, ils ne les emmèneront pas. »

Elle les retint, en effet, et le roi paya leur rançon[1].

[1] Michelet, *Histoire de France.*

Quelques jours plus tard, Jeanne triomphante portait, sous les voûtes de l'antique cathédrale de saint Remi, le noble étendard en disant :

« Il a été à la peine, il est juste qu'il soit à l'honneur. »

Charles VII était enfin sacré roi de France.

A ce moment, la Pucelle se jetant à genoux devant le monarque, lui embrassait les pieds en pleurant à chaudes larmes. On assure qu'elle lui dit alors :

« O gentil roi, maintenant est fait le plaisir de Dieu, qui voulait que je fisse lever le siège d'Orléans et que je vous amenasse en votre cité de Reims recevoir votre sacre, montrant que vous êtes vrai roi et qu'à vous appartient le royaume de France. »

La *Chronique de la Pucelle* ajoute :

« Dans la joie même de cette victorieuse solennité, elle eut le pressentiment de sa fin prochaine. Lorsqu'elle rentrait à Reims avec le roi, et que tout le peuple venait au-devant en chantant des hymnes :

« — Oh! le bon et dévot peuple! dit-elle. Si je dois mourir, je serais bien heureuse que l'on m'enterrât ici!

« — Jeanne, lui dit l'archevêque, où croyez-vous donc mourir ?

« — Je n'en sais rien, où il plaira à Dieu... Je voudrais bien qu'il lui plût que je m'en allasse garder les moutons avec ma sœur et mes frères... Ils seraient si heureux de me revoir!... J'ai fait du moins ce que Notre-Seigneur m'avait commandé de faire. »

« Et elle rendit grâce en levant les yeux au ciel. Tous ceux qui la virent en ce moment crurent mieux que jamais que c'était chose venue de Dieu. »

Dans ce voyage à Reims, des gens de Domremy accou-

Sacre de Charles VII à Reims.

rurent à Châlons pour voir passer leur chère compatriote. Elle les accueillit tous avec une cordiale bonté, et répondit à l'un d'eux, qui l'interrogeait :

Je ne crains rien, sinon être trahie !

Hélas! c'était encore une intuition céleste! D'ailleurs, à partir de ce moment, ses *voix* ne lui apportaient plus que de sinistres appréhensions.

« Jeanne, lui disaient-elles, tu seras prise avant la Saint-Jean (24 juin). Il faut qu'il en soit ainsi fait; ne t'étonne point; prends tout en gré, Dieu t'aidera. »

Jeanne obéit et marcha avec la plus sublime abnégation au-devant de cette fin tragique et terrible.

En sortant de Reims, la vierge de Domremy emmena le roi sur la route de Paris, où elle voulait qu'il se présentât résolument.

On marcha dans cette direction. Soissons et toutes les villes de la Picardie ouvraient leurs portes, ne désirant « autre chose au monde que de recevoir le roi Charles à seigneur ».

Peu après Jeanne, ayant par ses instances décidé le monarque, toujours irrésolu, à ne pas s'arrêter, campait avec lui et son armée sous les murs de Saint-Denis.

« Mon beau duc, avait-elle dit à d'Alençon, qui toujours l'accompagnait comme le meilleur de ses frères d'armes, faites appareiller vos gens et rassemblez vos capitaines; je veux aller voir Paris de plus près que je ne l'ai vu. »

« Le 8 septembre 1429, jour de la Nativité de la Vierge, dit un biographe[1], les ducs d'Alençon et de Bourbon, les comtes de Vendôme et de Laval, les maréchaux de Rais et

[1] Oscar Havard.

de Boussac, avec un grand nombre de gens de guerre, partent de la Chapelle, où ils s'étaient établis. Jeanne se met à leur tête et se dirige vers la porte Saint-Honoré, sur une espèce de butte ou de colline que l'on appelait le *Marché aux pourceaux*.

« A peine installés, les canons et les coulevrines commencent à battre la ville et principalement le boulevard qui défend la porte. Dès que la Pucelle juge le moment favorable pour tenter l'assaut, elle saisit son étendard et donne l'ordre de marcher aux fossés. L'assaut dure depuis midi jusqu'au soir. Les Anglais font pleuvoir du haut des remparts une grêle de boulets, de balles et de traits.

« Au plus fort de la lutte, une panique soudaine se répand dans la ville; on entend le cri : « Sauve qui peut! »

« La foule effrayée sort en tumulte et se précipite dans les rues. Par malheur ce mouvement, attribué aux amis du roi de France, n'aboutit point. Sur le soir la Pucelle descend dans le fossé avec plusieurs soldats pour sonder la profondeur de l'eau. A ce moment un trait lui perce la cuisse. Mais, loin de perdre courage, l'héroïque jeune fille se fait relever et s'écrie :

« — Qu'on s'approche des murs, la ville sera prise! »

« Cependant la nuit était venue. Fatigués d'une longue lutte et désespérant de vaincre, tous les capitaines veulent battre en retraite. Jeanne refuse : ou vaincre ou mourir, tel est son ordre. Furieux de cette résistance, Gaucourt et le duc d'Alençon l'entraînent de force à la Chapelle. Paris n'est point pris, et le premier échec de Jeanne est consommé.

« Après plusieurs conseils tenus à Saint-Denis, Charles VII, malgré l'avis contraire de Jeanne d'Arc, donne le signal de la retraite sur la Loire. La Pucelle voulait demeurer à Saint-Denis, et ses *voix* lui enjoignaint de ne pas s'éloigner.

« — Si je n'avais pas été blessée, je ne serais pas partie, dit-elle à Rouen; ce fut contre ma volonté que les seigneurs m'emmenèrent. »

Mais, avant de lever le camp, Jeanne suspend dans la basilique royale son blanc harnais et son épée. Quand les juges lui demandèrent plus tard pourquoi elle avait agi de la sorte :

« Ce fut par dévotion, répondit la Pucelle; c'est la coutume des gens d'armes quand ils sont blessés. J'avais été blessée devant Paris, et j'offris mes armes à saint Denis, parce que *Montjoie Saint-Denis* est le cri de la France. »

La grande guerre était terminée, et ce ne furent plus que de petits combats qui eurent lieu dans la Touraine et dans le Berry; mais le 23 mai 1430, dans une sortie contre les Bourguignons, « Jeanne regagnait la dernière les murailles de Compiègne, protégeant la retraite des Français, lorsque le gouverneur de la ville, Guillaume de Flavy, fait fermer les portes sur elle. Cette fois, Jeanne tire son épée et défend vaillamment ses jours et sa liberté.

« Hélas! pourquoi sommes-nous obligé de dire que pendant cette lutte douloureuse, pendant ce duel suprême du génie de la France aux prises avec l'ennemi de la patrie, pas un chevalier n'accourut pour défendre Jeanne, pas une lance ne s'abaissa pour la sauver ! »

Conduite au château de Beaurevoir, puis de là à Arras, pour être enfermée ensuite dans la tour du Crotoy, sur le bord de la mer, en la baie de Somme, la glorieuse héroïne se vit céder aux Anglais pour une somme de dix mille livres d'or que le duc de Bedford avait levée sur la province de Normandie.

Ces implacables ennemis, jaloux de venger leur orgueil si fort atteint par une femme, résolurent aussitôt de la faire périr. Ils la conduisirent à Rouen pour qu'elle fût jugée par un tribunal inique dont ils avaient corrompu les juges. A la tête de ceux-ci se trouvait Pierre Cauchon, évêque de Beauvais, prélat indigne, dont l'âme ambitieuse et vénale se fit le « Caïphe de Jeanne », pour le prix de l'évêché de Rouen.

L'accusée fut admirable de fierté naïve et simple. Ses réponses confondaient par la candeur et la logique les rusés bourreaux, qui cherchaient par tous les moyens possibles à travestir leur vengeance en justice. N'ayant pu la convaincre d'aucune faute même vénielle, ils la condamnèrent à être brûlée vive comme sorcière. C'était couronner l'innocence de la sainte auréole des martyrs.

Le 30 mai, jour fixé pour le supplice, on revêtit la douce victime d'une longue robe de deuil, on la lia sur un chariot et on la conduisit sur la place du Vieux-Marché de Rouen, où le bûcher était élevé.

La condamnée s'était confessée et avait reçu, avec l'Eucharistie, le pain des forts. Quand elle aperçut Cauchon, qui était venu cyniquement jouir du spectacle de sa lâche condamnation, elle osa lui dire :

« Évêque, c'est par vous que je meurs, mais j'en appelle devant Dieu. »

Huit cents hommes de guerre formaient l'escorte de la pauvre fille, entourant cette fatale charrette destinée à aboutir, non pas à un bûcher ordinaire, mais à un travail de maçonnerie où les Anglais avaient employé tous les raffinements de la plus horrible cruauté, allant jusqu'à enduire de plâtre l'endroit où la victime devait placer ses pieds, afin de retarder l'action des flammes et de prolonger le supplice.

Mort de Jeanne d'Arc.

D'autre part, le piédestal était si élevé que le bourreau n'aurait pu « bonnement, ni facilement expédier Jeanne et l'atteindre ».

Pleine de résignation, la sainte martyre demanda la croix; un Anglais lui passa une croix faite avec deux morceaux de bois grossier : elle la baisa dévotement et la mit sous ses vêtements, sur sa poitrine.

Elle pria qu'on lui donnât une croix d'église pour qu'elle pût la tenir devant ses yeux « jusqu'au pas de la mort ». Le saint moine augustin, frère Isambart de la Pierre, dont le dévouement à l'héroïne avait été si complet, la lui fit apporter. Pendant qu'elle embrassait ce signe de rédemption, et que le frère Martin Ladvenu, qui s'était chargé de l'assister, lui faisait une dernière exhortation, un officier anglais, impatient, comme tant d'autres de ses compatriotes, de voir souffrir celle qui les avait si vaillamment combattus, s'écria ou plutôt hurla :

« Voulez-vous donc nous faire dîner ici? »

Aussitôt des hommes d'armes se saisissent de la condamnée et la jettent entre les mains du bourreau en disant :

« Fais ton office. »

C'était une furie révoltante d'horreur, devant laquelle s'enfuirent plusieurs des assistants indignés.

Jeanne n'accusa ni son roi, ni ses saintes; mais au haut du bûcher, voyant cette grande ville, cette foule innombrable et silencieuse, elle ne put s'empêcher de s'écrier :

« Ah! Rouen, Rouen, j'ai grand'peur que tu n'aies à souffrir de ma mort! »

Celle qui avait sauvé le peuple et que le peuple abandonnait n'exprima en mourant (admirable douceur d'âme!) que de la compassion pour lui.

Elle fut liée sous l'écriteau infâme, mitrée d'une mitre où on lisait : *Hérétique, relapse, apostate, ydolâtre.*

Et alors le bourreau mit le feu. Elle le vit d'en haut et poussa un cri. Puis, comme le frère qui l'exhortait ne faisait pas attention à la flamme, elle eut peur pour lui, s'oubliant elle-même, et le fit descendre.

« ... Cependant la flamme montait. Au moment où elle la toucha, la malheureuse frémit. Mais, se relevant aussitôt, elle ne nomma plus que Dieu, que ses anges et ses saintes. Elle leur rendit témoignage :

« — Oui, mes voix étaient de Dieu, mes voix ne m'ont pas trompée ! »

« Vingt ans après, les deux vénérables religieux, simples moines voués à la pauvreté et n'ayant rien à gagner ni à craindre en ce monde, déposent ce qu'on vient de lire.

« — Nous l'entendions, disent-ils, dans le feu, invoquer ses saintes, son archange; elle répétait le nom du Sauveur. Enfin, laissant tomber sa tête, elle poussa un grand cri : « Jésus ! »

« Dix mille hommes pleuraient. Quelques Anglais seuls riaient ou tâchaient de rire. Un d'eux, des plus furieux, avait juré de mettre un fagot au bûcher; elle expirait au moment où il le mit, il se trouva mal. Ses camarades le menèrent à une taverne pour le faire boire et reprendre ses esprits; mais il ne pouvait se remettre.

« — J'ai vu, disait-il hors de lui-même, j'ai vu de sa bouche, avec le dernier soupir, s'envoler une colombe. »

« D'autres avaient lu dans les flammes le mot qu'elle répétait : « Jésus ! »

« Le bourreau alla le soir trouver frère Isambert; il était tout épouvanté; il se confessa, mais il ne pouvait croire que

Dieu lui pardonnât jamais. Un secrétaire du roi d'Angleterre disait tout haut en revenant :

« — Nous sommes perdus, nous avons brûlé une sainte ! »

« Cette parole échappée à un ennemi n'en est pas moins grave. Elle restera, l'avenir n'y contredira pas. Oui, selon la religion, selon la patrie, Jeanne d'Arc fut une sainte.

« Elle eut la douceur des anciens martyrs dans la plus âpre lutte, bonne parmi les mauvais, pacifique dans la guerre même; la guerre, ce triomphe du diable, elle y porta l'esprit de Dieu[1]... »

Jeanne d'Arc ne fut donc pas seulement une héroïne au sens propre du mot, elle eut ce qui couronne toute gloire : la bonté.

« Il n'y a, disait Fénelon, que les grands cœurs qui sachent combien il y a de gloire à *être bon.* »

« L'être, ajoute Michelet, et rester tel entre les injustices des hommes et les sévérités de la Providence, ce n'est pas seulement le don d'une heureuse nature, c'est de la force et de l'héroïsme... »

Aussi la gloire de Jeanne d'Arc est si universellement répandue qu'on honore même la vierge lorraine dans les pays les plus indépendants de la France.

« Aux temps héroïques, proclamait un auteur, pourtant sceptique, Jeanne *aurait eu des autels!* »

Une telle figure ne fait pas honneur qu'à une nation, elle rehausse l'humanité tout entière.

Michelet, *Histoire de France.*

XVIII

JEANNE HACHETTE

Ah! ma mère, combien j'ai regret de n'avoir pas vécu au temps de Charles VII. Il m'est avis que lors, si j'eusse été en force d'âge, j'aurais voulu être en partage de la gloire que Jeanne d'Arc s'est acquise en notre beau pays de France.

Celle qui parlait ainsi, au commencement du règne de Louis XI, était Jeanne Fourquet, plus communément appelée Jeanne Laîné, et qui devait être aussi, sous le nom de Jeanne Hachette, la gloire de son pays et de son roi.

Le père de Jeanne, Jean Fourquet, était officier des gardes du palais de Louis XI, et, son devoir le forçant à habiter à la cour, il n'allait que rarement à Beauvais, où résidaient sa famille et ses enfants.

Disons aussi que le distingué militaire était veuf, sa femme étant morte en donnant le jour à Jeanne. Il avait donc confié celle-ci à la dame Matthieu Laîné, intendante de l'hôtel des gouverneurs de Beauvais.

Cette personne s'attacha si bien à la petite Jeanne, qu'à

la mort de son père, tué à la bataille de Monthléry, elle l'adopta pour l'élever avec le plus grand soin.

Jeanne, dit la chronique, aidait sa mère adoptive dans ses travaux. Elle aimait, dans les veillées d'hiver, à lui faire raconter l'histoire des guerres du moyen âge; et lorsqu'on arrivait au règne de Charles VII, à cette époque néfaste de l'envahissement de notre pays par les Anglais, une émotion indéfinissable étreignait le cœur de la petite Laîné; au siège d'Orléans, « un tremblement involontaire agitait tout son corps. »

C'est dans ces instants que l'héroïque fille poussait sa patriotique exclamation.

Jeanne n'avait point atteint sa dix-huitième année quand le duc de Bourgogne, Charles le Téméraire, dirigeant son esprit de conquête vers la Normandie, à la tête de quatre-vingt mille hommes, passa par Beauvais, qu'il croyait prendre sans la moindre difficulté.

Cette ville, sans garnison, n'était défendue que par des fortifications en mauvais état et des murailles fort peu élevées. C'en était donc fait d'elle, si les habitants ne se fussent excités les uns les autres à se défendre vigoureusement.

S'armant à la hâte, tous ces gens inoffensifs et citoyens paisibles acceptèrent hardiment une lutte inégale contre des troupes nombreuses, bien équipées et parfaitement disciplinées. Les femmes, même les enfants, voulurent seconder leurs maris et leurs pères : on dépava les rues et l'on fit pleuvoir sur les assiégeants une grêle de pierres, de quartiers de roches, et certains disent d'huile bouillante; car l'attaque avait été si rapide, que les Bourguignons s'étaient emparés des faubourgs presque sans coup férir. Ils se trouvaient donc tout à coup sous les murs de la ville.

Plusieurs femmes, plus hardies que les autres, prirent les armes et montèrent sur les remparts.

De ce nombre fut la digne émule de la Pucelle d'Orléans, la vaillante Jeanne Laîné, ou Jeanne Hachette, qu'on allait pouvoir comparer aux antiques héroïnes de Rome et de la Grèce.

Un descendant de cette illustre guerrière s'est fait son historien et raconte le mémorable siège d'une manière vraiment remarquable :

« Au milieu des préparatifs de défense, dit-il, Jeanne Fourquet, poussée par un mouvement irrésistible, cherche une arme avec laquelle elle puisse combattre. Une petite *hachette*[1] s'offre à sa vue : elle s'empare de cette arme, l'élève devant l'image de sainte Angadresme, patronne de la ville de Beauvais, et s'écrie avec force :

« *Glorieuse vierge, sainte Angadresme, aide et soutiens mon courage !*

« Après cette invocation, elle sort de son logis et parcourt toute la ville, en criant : *Aux armes !*

« On se rassemble, on l'entoure, on la suit. Des groupes se forment dans toutes les rues, sur chaque place ; on court, on se presse. Chacun s'équipe comme il le peut ; les femmes, les filles, les enfants, les vieillards, tous veulent contribuer à la défense de leurs remparts. Les uns y apportent des armes de toutes espèces, les autres roulent des tonneaux pleins de terre ou de pierres ; ceux-ci ploient sous le fardeau de grosses pièces de bois, ils sont suivis par des femmes et des enfants qui portent des paniers pleins de vin et des provisions de bouche. Ils redoutent à chaque instant d'être attaqués par

[1] D'où lui vient son surnom.

les assiégeants; mais ils sont préparés à vendre chèrement leur vie.

« Le 24 juin 1472, au lever de l'aurore, on entendit, du côté des Bourguignons, le bruit des préparatifs de l'assaut. Bientôt les remparts de Beauvais se garnissent d'habitants des deux sexes, tous disposés à combattre et à repousser les attaques de leurs ennemis.

« Les Bourguignons parurent, munis de fascines, d'échelles et de tout ce qu'exige un assaut, et l'attaque commença par les portes de Bresle et du Limaçon.

« Les assiégeants jetèrent leurs fascines dans les fossés et les couvrirent de planches; ils descendirent, dressèrent leurs échelles contre les murs et montèrent à l'escalade. Les assiégés les repoussèrent à coups de pique, de hache d'armes, et renversèrent leurs échelles.

« Les femmes combattirent vaillamment. Jeanne, surtout, se portait où elle voyait le plus de danger.

« Une heure après cette première attaque, les Bourguignons s'étant emparés d'un fort nommé le Deloy, surmonté de tourelles, puis d'un pont de pierre situé à l'entrée des faubourgs, commencèrent par crier : *Ville gagnée !*

« Le sire Gommel de Balagny, accompagné de seize arquebusiers, marcha sur eux pour les empêcher d'y pénétrer; mais les Bourguignons, étant plus nombreux, le forcèrent, ainsi que sa troupe, à se retirer.

. . . .

« Lorsque les ennemis se furent emparés de toutes les maisons du côté de l'église Saint-Hippolyte, ils les percèrent de l'une à l'autre et, par ce moyen, vinrent à couvert jusque dans cette église, d'où ils firent un feu bien nourri.

« Ils placèrent une échelle à l'endroit du rempart faisant clôture entre le pont-levis et la tour de la porte du Limaçon, mais ils n'osèrent pas s'aventurer à y monter : les habitants

Jeanne Hachette au siège de Beauvais.

lançaient sur eux un grand nombre de flèches qui en tua plusieurs.

« Cet assaut dura jusqu'à neuf heures du soir.

« A ce moment, les assiégés reçurent un renfort de troupes envoyées par Louis XI...

« Les Bourguignons furent contraints de se retirer et de se loger le long des fossés, où ils firent de longues et profondes tranchées, pour se préserver des traits des assiégés, depuis la porte de Bresle jusqu'à celle de l'Hôtel-Dieu, ainsi que sur les coteaux de vignes, du côté de la porte du Limaçon.

« Ils se logèrent aussi dans l'abbaye de Saint-Lucien et dans le haut pays des environs, fortifiant leurs tranchées par des chariots et un grand nombre de grosses pièces d'artillerie. »

Après avoir donné le détail des divers corps d'armée venus au secours de Beauvais, sous le commandement en chef du maréchal Joachim de Roault, l'historien reprend :

« L'arrivée de ces troupes fut accueillie avec les plus grandes démonstrations de joie ; le maire de Beauvais présenta Jeanne Hachette au maréchal de Roault. La jeune fille lui dit :

« — Messire, votre bonne diligence et votre présence en cette ville est un grand bien pour nous autres et la délivrance de la ville ; la victoire ayant à vous toujours été fidèle, vous la rencontrerez mêmement sur nos murailles. »

Peu de temps après cette entrevue, le maréchal de Roault réunit en conseil les notables de Beauvais, les magistrats et les officiers de la garnison. Mais, à cause de quelques soupçons émis par Jeanne, on excepta de cette assemblée le sire Gommel de Balagny.

Balagny, furieux, parle en maître.

« Que signifie?... s'écrie-t-il, c'est ainsi que vous voulez récompenser le courage. Qui a défendu cette ville? Sans moi, ne seriez-vous point la proie du Téméraire?

— Dites plutôt, fit l'héroïne qui s'était contenue jusque-là, que vous méditez de nous livrer aux chiens de Bourgogne.

— Je ne me laisserai pas insulter de la sorte, même par une femme, » fit Gommel.

Déjà des exclamations partaient de droite et de gauche :

« Il a raison, il a raison, cette fille est devenue folle ! »

Mais Jeanne est sûre de ce qu'elle avance et ne se laisse pas démonter. Tandis que Roault demandait au chef guerrier quelques explications sur sa conduite, elle examine son accusé.

Soudain, elle s'aperçoit que Balagny perd contenance. Sa main froisse un billet qu'il dissimule de son mieux.

Jeanne s'élance sur lui comme une lionne, et, avant qu'il ne se soit remis de sa surprise, elle lui arrache son précieux papier : c'est la preuve indéniable de sa trahison !

Pendant que le maréchal prend connaissance de l'écrit secret que la vaillante fille lui a tendu, le sire, qui se sent perdu, se jette plein de rage sur l'héroïne, et veut la transpercer de son épée.

Elle se débat et jette un cri.

Colin Pillon, son fiancé, a reconnu la voix ; il accourt et aide le maréchal à délivrer Jeanne.

Le traître s'enfuit et, pour satisfaire sa vengeance, il se traîne jusqu'à une poudrière, qu'il fait sauter avec lui.

. . . .

« Les Bourguignons profitèrent de ce moment de désordre pour attaquer la ville. L'explosion avait fait une brèche aux remparts de la porte de Bresle, et les assiégeants y pénétrèrent en masse. Le maréchal, s'en étant aperçu, descendit du rempart et marcha à leur rencontre ; Colin Pillon, Jeanne et Jean-Pierre Fourquet, son cousin, l'accompagnèrent, ainsi que le capitaine Salazar et d'autres officiers. Il attaqua en flanc les Bourguignons, qu'il mit d'abord en désordre.

« L'ennemi revint en force, repoussa à son tour le maréchal, et, tandis que l'assaut continuait sur les remparts, un combat général s'engagea dans la ville.

« Le maréchal, attaqué par plusieurs ennemis, courut le plus grand péril. Pillon le couvrit de son corps, le dégagea, et le combat continua. Roault et le brave Colin, environnés de toutes parts, se défendaient avec peine. Jeanne vit leur danger et s'écria :

« — Amis, volons à leur secours ! »

« Suivie de ses compagnons et d'un gros d'habitants, elle parvient à délivrer le maréchal et Colin Pillon.

« Les Bourguignons furent repoussés et chassés de la ville.

« Mais, pendant ce temps, d'autres ennemis avaient escaladé les remparts. Jeanne s'avança rapidement sur eux et arriva au moment où un porte-drapeau se disposait à planter son étendard sur le mur.

« Elle se précipita sur lui, le força à descendre le talus de la brèche, le poursuivit, traversa avec lui le fossé et reparut, toujours à sa suite.

« L'officier fit un faux pas et tomba sur un genou. Jeanne saisit l'instant, l'étendit mort à ses pieds, et s'empara de son étendard.

« On entendit alors crier de toutes parts : « Victoire ! « Victoire ! »

« La vaillante fille vint aussitôt déposer ce glorieux trophée dans l'église des Jacobins, où se trouvait la chapelle de sainte Angadresme. Il était fait de toile blanche damassée et fleuronnée et avait la forme d'un long pennon se terminant par des pointes effilées. On y remarquait, entre autres ornements, saint Laurent tenant son gril, avec les armes et la devise du Téméraire, et deux arquebuses croisées et entourées de flammèches rouges.

« Voyant ce drapeau aux mains des assiégés, les Bourguignons brisèrent la porte de Bresle à coups de canon. Ce fut chose inutile, car derrière cette porte détruite ils ne trouvèrent qu'un amas de planches, de chevrons et de poutres, auxquels les Beauvaisiens avaient mis le feu.

« Impossible d'aller plus loin : le duc Charles, surpris d'une résistance aussi opiniâtre, dut ordonner la retraite et laisser à Louis XI la possession de l'héroïque cité de l'Oise, qui fit dire d'elle par Philippe de Commines, alors au service du duc de Bourgogne, que « jamais place ne fut mieux battue ni mieux défendue » !

Cet historien raconte aussi, dans ses *Mémoires*, que Charles le Téméraire en était si furieux, que, s'il eût pris Beauvais d'assaut, cette ville aurait été traitée comme celle de Nesles, où, peu de temps auparavant, il avait tout réduit en cendres, après avoir fait égorger les habitants, sauf ceux à qui l'on s'était contenté de couper le poing. Dans l'église même, on allait, dit-on, dans le sang jusqu'à la cheville. Le duc, y étant entré à cheval, s'écria :

« — Saint Georges! voici belle boucherie, j'ai de bons bouchers. »

Le même Commines lui ayant reproché cet excès de cruauté, Charles le Téméraire lui répondit sèchement et avec le cynisme de Néron :

« — *Tel est le fruit que porte l'arbre de la guerre!...* tel eût été le sort de Beauvais, si j'avais pu parvenir à m'en emparer. »

Beauvais eut donc double avantage à rester française; car

Louis XI, pour récompenser les habitants de leur courage, avait, l'année même, rendu une ordonnance par laquelle il était permis à ses citoyens d'acheter des fiefs nobles sans payer de redevances, d'être exempts d'impôts et d'avoir le droit de s'administrer d'après les lois de communes.

Pour conserver la mémoire de la vaillance et de l'énergie déployées par les femmes de Beauvais dans la défense de leur ville, le roi ordonnait qu'une procession solennelle fût célébrée tous les ans, dans laquelle les femmes marcheraient immédiatement après le clergé et précédant les hommes. Il octroyait de plus à toutes femmes et filles de ladite ville le droit de se « parer, vêtir et orner de tels atours, « joyaux et habillement que bon leur semblera (ce qui n'était « permis alors qu'aux dames nobles), et ce, sans qu'aucune « d'elles puisse être autrement notée, réprimée et blâmée en « quelque état ou condition qu'elle soit. »

Jeanne Laisné eut une large part dans la munificence royale; elle fut, en raison de *sa grande valeur et courage,* mariée à Colin Pillon, et le roi, par un édit spécial, voulut que Colin Pillon et Jeanne, sa femme, demeurassent toute leur vie durant « francs, quittes et exempts de toutes tailles qui étaient et seraient dorénavant mises et imposées en son royaume, quelque part qu'ils fissent leur *demourance* en ledit royaume ».

Philippe de Commines, par un parti pris vraiment regrettable, a eu soin de passer sous silence le trait d'héroïsme, si remarquable pourtant, de Jeanne Hachette; mais un autre historien du même temps, Pierre Matthieu, n'a pas manqué de le célébrer dans son *Histoire de Louis XI et des choses mémorables advenues en Europe pendant les vingt-deux années de son règne.*

« On a vu, dit-il, en l'église des Jacobins de Beauvais, un drapeau qu'une femme nommée Jeanne Fourquet arracha des mains d'un enseigne qui avait gagné le haut de la muraille. C'était bien pour faire connaître que la vertu ne distingue ni le *cens* ni le sexe, et que l'on trouve des femmes qui peuvent apprendre aux hommes à vivre et à mourir. »

XIX

LE CAPITAINE LOYS

Parmi les rues de la seconde ville de France figure celle de la *Belle-Cordière*. On la bâtit sur l'emplacement d'une maison magnifique, avec jardins immenses, qui appartenait à Louise Labé, surnommée la « belle Cordière ».

Cette jeune Lyonnaise méritait à juste titre une réputation de beauté, à laquelle elle joignait de nombreux avantages.

Son père, Charly, dit *Labé*, vivant dans la première moitié du XVIe siècle, lui avait fait donner une éducation très brillante pour l'époque.

« A peine sortie de l'enfance, dit un écrivain moderne, Louise, douée d'une voix charmante, excellait dans la musique et dans la broderie; elle savait le grec, le latin, l'espagnol, et s'était perfectionnée dans tous les exercices qui constituent l'homme de guerre. »

Un autre ajoute :

« Le caractère de Louise Labé se peint dans ses ouvrages : son cœur était tendre et bon, son âme forte et élevée. Tous ses goûts furent des passions. Elle eut d'abord celles de la musique, de la chasse et de la guerre. Elle embrassa le parti des armes par amour pour la gloire, parce qu'elle sentait dans son cœur assez de courage pour s'y distinguer. »

Louise Labé n'avait pas seize ans quand elle prit son héroïque détermination.

C'était l'instant de la terrible rivalité entre François Ier et Charles-Quint, roi d'Espagne en même temps qu'empereur d'Allemagne.

Charles-Quint aurait voulu rétablir à son profit la puissance de Charlemagne, c'est-à-dire devenir maître de toute l'Europe. François Ier s'éleva contre ces prétentions et « défendit la cause des rois ». De là des guerres continuelles, où la France fut, hélas! souvent vaincue; mais toujours restait justifiée, même dans la défaite, la parole mémorable que François, prisonnier à Pavie, écrivait à sa mère : « Madame, tout est perdu, fors l'honneur. »

La dernière grande reprise de la guerre entre les deux puissants monarques eut lieu en l'année 1542.

Différentes alliances avec des puissances européennes avaient permis à François Ier de mettre sur pied cinq armées.

L'une d'elles, commandée par le Dauphin (futur Henri II), devait attaquer le Midi, avec quarante mille hommes. Elle commença par envahir le Roussillon.

On s'attendait à quelque grande attaque de sa part, mais François Ier, guidé par on ne sait quelle crainte puérile, écrivit à son fils « de ne pas donner bataille sans lui ».

Tenu par cet ordre, le Dauphin n'avança qu'à petites journées, et la bonne saison se passa. C'est presque aux portes de l'hiver qu'il mit le siège devant Perpignan, capitale de la province.

Dans cette armée assiégeante se trouvait la belle et intrépide Lyonnaise. Louise s'était fait un honneur de combattre sous le jeune Dauphin, et de partager la vie des camps, dont elle devint bientôt « l'ornement et l'orgueil ». Elle donna tant de preuves de sa valeur, tant de marques d'un courage poussé jusqu'à la témérité, que les chevaliers émerveillés la surnommèrent le *capitaine Loys* et ne voulurent plus lui donner d'autre nom.

Malheureusement, l'héroïne ne vit pas le succès couronner ses efforts; Perpignan résista tant et si bien que la campagne fut manquée. Cette fois encore, il ne subsistait que l'honneur des chefs et la renommée des combattants.

Toutefois, Louise Labé rapportait de son expédition militaire des souvenirs personnels d'une douceur qui ne fut pas sans amertume. Plusieurs de ses compagnons d'armes, braves et vaillants chevaliers, la demandèrent en mariage, et elle fut sur le point d'en agréer un.

C'était un poète qui souvent venait chanter près de la tente du capitaine Loys ces vers à sa louange :

Là, laissant dague et épée,
Ton habit tu reprendras;
A plus doux jeux occupée,
Ton doux luth tu retendras.
Et lors maints nobles poètes,
Pleins et célestes esprits,
Diront tes grâces parfaites
En leurs très doctes écrits.

Charmée par les beaux sentiments et la constance de ce favori des Muses, Louise renonça à sa passion pour la guerre et revint à Lyon pour y épouser celui qu'elle aimait.

La mort le lui enleva, et c'est alors dans les études littéraires qu'elle chercha un adoucissement à sa peine.

Un peu plus tard elle épousa Ennemond Perrin, qui faisait un commerce considérable de cordages, ce qui lui valut le surnom dont la ville a conservé la mémoire.

La fortune qui accompagna cette union ne fit que favoriser encore, chez Louise, la culture de ses arts favoris.

« Sa maison, dit un auteur, devint le rendez-vous des artistes et des poètes : sa société se composait de l'élite du grand monde ; elle recevait gracieusement seigneurs, gentilshommes et autres personnes de mérite, avec entretiens de devis et discours; musique, tant à la voix qu'aux instruments, lecture de bons livres latins et vulgaires, dont son cabinet était amplement fourni. »

Une si brillante position devait finir par exciter l'envie. Dès que la belle Cordière eut perdu son mari, elle fut en butte à la médisance et aux calomnies.

« Les nobles dames lyonnaises crièrent au scandale; elles ne pouvaient pardonner à une petite bourgeoise de les éclipser par son luxe, l'éclat de ses réunions et surtout par les reproches qu'elle leur adressait sur leur ignorance, sur la frivolité de leurs occupations. Elle se consolait de l'injustice de ses ennemis par ses liaisons avec les personnes les plus éminentes de la ville. »

Louise Labé avait conçu une étroite et remarquable amitié, bien payée de retour, pour une de ses compatriotes, poète comme elle et également renommée pour son esprit et ses talents. Elle se nommait Clémence de Bourges, et c'est à elle que Louise dédia son premier recueil de poésie.

XX

MARGOT DELAYE

Les guerres de religion qui avaient commencé à attrister le règne de François Ier devinrent plus sanglantes et plus terribles encore sous ses petits-fils. Grâce à l'influence de la terrible Catherine de Médicis, l'ère des trois fils d'Henri II ne fut qu'une longue suite de divisions intestines et de guerres civiles, dans lesquelles le midi de la France eut particulièrement à souffrir.

En 1570, l'amiral de Coligny, comme chef des protestants, voulait s'enfoncer vers le sud. Avec une armée composée surtout d'arquebusiers, il se mit à saccager les petites places catholiques qui se trouvaient sur son passage.

Au mois de mai il arrivait devant Montélimar, et y mit le siège.

Cette ville, imparfaitement fortifiée, manquait de garnison, mais ses habitants possédaient un courage opiniâtre et une énergie au-dessus de tout éloge.

Combattant pour leurs foyers en même temps que pour leur foi, les Montiliens surent fournir les plus vaillants efforts.

Les femmes mêmes donnaient l'exemple d'une bravoure qui redoublait celle des combattants.

L'une d'elles, Marguerite ou Margot Delaye, fut particulièrement remarquable. On la vit pendant toute la durée du siège se tenir sur les créneaux, encourager chacun de la voix et du geste, et, munie d'une barre de fer, détacher et précipiter des pierres sur les assaillants.

« Une large brèche s'ouvrait béante entre la porte d'Aigu et celle du Fust, dit une notice sur Montélimar; l'assiégeant s'approchait avec les échelles, déjà il gagnait l'extrémité des murs, lorsque Margot apparaît, tient tête à tous, blesse les uns et renverse les autres. Le général commandant, honteux de voir ses soldats fléchir et succomber, monte lui-même sur la brèche et s'engage dans la mêlée. Margot l'aperçoit, va droit à lui, et le frappe mortellement.

« A la vue de ce chef qui chancelle et tombe mort, les assiégeants battent en retraite et abandonnent le champ de bataille, où, au milieu des cadavres, se dresse Margot victorieuse, mais avec un bras de moins. »

La ville de Montélimar ne put faire moins que d'élever une statue à la vaillante héroïne qui l'avait si magnifiquement défendue, et elle le fit sur le lieu même où s'était accompli le plus glorieux exploit de Marguerite Delaye.

De cette statue qu'on voyait encore il y a un siècle, il ne reste plus maintenant que des débris. Certes, on ne peut souhaiter, au milieu de l'apaisement des esprits, voir se relever un souvenir qui rappelle tant de haine et aussi tant de sang français versé pour l'assouvir; mais nous ne pouvons nous défendre d'apprécier à sa juste valeur le courage d'une femme qu'un sentiment de patriotisme animait, à coup sûr, aussi vivement que le désir de défendre sa foi.

C'est donc avec plaisir que nous avons appris l'existence d'un tableau fait par F. Grellet, artiste de talent, qui a fixé sur la toile l'épisode même du siège, lorsque Margot, rude fille du peuple, est là dans son grossier accoutrement, la chevelure flottante, campée sur la brèche, et qu'elle fait de ses robustes bras, avec sa barre de fer, pleuvoir des pierres sur le guerrier qui a atteint le haut de l'échelle par laquelle il espérait entrer dans la place.

D'autres femmes, compagnes de Margot, se tiennent un peu en arrière, regardant ce spectacle avec le plus vif intérêt, et toutes prêtes, au besoin, à seconder ses efforts.

La silhouette de Montélimar, avec ses monuments et ses églises, qui forme le fond de la toile, en achève l'effet d'une saisissante vérité.

XXI

JEANNE MAILLOTTE

Le nord de la France ne fut pas exempt des terribles guerres de religion ; et la ville de Lille demeura l'une des victimes les plus signalées.

Comme capitale de la Flandre, Lille appartenait alors aux Espagnols, puisque Philippe II était, en même temps que roi d'Espagne, trente-deuxième comte de Flandre.

Ce prince avait donné pour gouverneur aux Flamands un général d'armée, le duc d'Albe, qui, bien que combattant l'hérésie, le fit avec une telle dureté, qu'on vit bientôt la province entière se soulever, et une lutte terrible s'engager dans toute la contrée.

De nombreux malheurs affligèrent particulièrement la ville de Lille : une bande d'hérétiques, grossie par des brigands et des malfaiteurs de toutes espèces, ravagea son territoire avec un horrible acharnement.

On dut créer un prévôt de campagne pour s'opposer à ces déprédations. Comme il ne put y arriver, il fallut réclamer le renvoi des troupes espagnoles pour obtenir la pacification du pays. Une assemblée extraordinaire fut convoquée.

En vain elle édicta des mesures répressives : on ne parvint pas à rétablir la paix. Les partis ennemis continuèrent à se déchirer.

Au milieu de ces troubles, le brigandage prit un tel développement, que les environs de la ville, forêts, routes peu fréquentées, en devinrent un véritable repaire, et qu'il fallut envoyer contre eux quatre cents hommes armés et mobiliser tout le reste de la population.

Pendant ce temps, la plupart des villes des Pays-Bas tombaient au pouvoir des hérétiques. Lille, ainsi divisée et désolée, trembla pour son propre salut.

Afin d'ôter aux insurgés la possibilité de se retrancher dans la citadelle, les magistrats demandèrent le démantèlement d'un des pans de sa muraille et le remblai d'un fossé qui partageait la ville.

En même temps ils chassaient tous les luthériens et armaient les citoyens.

Un célèbre chef calviniste, La Noue, qui devait par la suite combattre à Ivry avec Henri IV, menaçait de s'emparer de Lille. Mais au moment où il s'avançait sur elle, la croyant sans défense, une jeune Tournaisienne, Quintie Le Monniers, le mettait au courant des agissements des Lillois. Elle avait remarqué qu'un certain nombre de soldats s'étaient revêtus d'habits de femmes pour pouvoir transporter des engins de défense sans éveiller les soupçons. On avait ainsi muni l'hôtel du prévôt de bombardes, d'échelles et d'autres instruments permettant de soutenir un siège.

Le chef calviniste eut alors recours à la ruse. Il envoya l'un de ses affidés s'entendre avec les gens de leur parti qui se trouvaient dans la ville, afin d'obtenir qu'elle leur fût livrée par trahison.

Cette fois encore, les magistrats connurent à temps le projet de l'ennemi, et le gouverneur de la Flandre française, d'accord avec les échevins, s'employa de tout son pouvoir à le déjouer. Cinquante à soixante individus soupçonnés furent arrêtés, incarcérés, et quelques-uns condamnés à mort.

Cependant La Noue ne s'était pas laissé décourager. Quoique se sachant vendu, il résolut de pénétrer dans Lille. Il la trouva si bien sur la défensive, qu'il dut battre en retraite, abandonnant près des fossés d'enceinte échelles, solives et tous autres instruments d'invasion.

Mais la garnison de Menin, ville forte de la Belgique, sur la frontière de France, accourut pour ravager cette capitale de la Flandre. A sa suite venaient les harlus ou bandes de brigands, qui menaçaient de mettre tout à feu et à sang.

Déjà ils s'étaient emparés d'un des faubourgs, avaient incendié l'église de Wambrechies et les habitations voisines. De plus, les châteaux de Quesnoy, Lompré, Lomme, etc., étaient pillés et mis à sac.

C'est alors qu'apparut la célèbre héroïne Jeanne Maillotte.

Hôtesse du Jardin d'Arc, au faubourg de Courtrai, la vaillante Lilloise voulut montrer qu'elle était digne de celle dont sa demeure perpétuait le souvenir. S'armant d'une vieille hallebarde, elle appela aux armes les femmes de son quartier, bientôt gagnées par son ardeur belliqueuse.

« Il faut délivrer Lille! s'écriait-elle; à tout prix nous devons chasser l'hérétique et conserver notre foi et nos privilèges! »

Les archers de Saint-Sébastien, en face d'un si brillant courage, cèdent à son entraînement : ils laissent Jeanne à leur tête; et marchant où il lui plaît de les conduire, avec eux elle arrive à refouler la garnison dévastatrice qui avait tant abusé du droit des gens et foulé aux pieds les lois les plus sacrées de la guerre. Avec eux aussi, elle délivrait sa chère cité natale et illustrait une fois de plus ce nom de Jeanne, qui tant de fois déjà était apparu dans l'histoire comme un synonyme d'héroïque bravoure.

On peut voir encore au musée de Lille un ancien tableau représentant l'action belliqueuse de Jeanne Maillotte, que tout bon Lillois s'honore à juste titre d'avoir pour compatriote.

Quand le roi d'Espagne fut informé du valeureux dévouement de la ville, il lui adressa des félicitations par une lettre mémorable datée du 16 janvier 1582.

XXII

FRANÇOISE DE CÉZELLY

Bien qu'Henri IV fût l'héritier légitime de la couronne de France à l'extinction de la famille des Valois, il lui fallut conquérir son royaume les armes à la main.

La religion protestante dans laquelle sa mère l'avait élevé le rendait l'ennemi naturel des princes qui s'étaient faits les défenseurs de la foi catholique, et avaient formé la Ligue pour arrêter les empiètements de l'hérésie.

Henri devait d'ailleurs l'abjurer dans l'avenir. En attendant, il combattait la Ligue et le roi d'Espagne Philippe II, qui s'en était déclaré le chef suprême, alors que le duc de Guise en était le chef réel.

Les Espagnols semblaient tout en France : ils ne cherchaient qu'à entrer, qu'à se répandre sur le sol national. Voyant cet empiètement, le Béarnais disait à ses troupes :

« Mes compagnons, Dieu est pour nous, voici ses ennemis et les nôtres et je suis votre roi. »

A ces paroles, un grand nombre de places fortes du Midi s'étaient mises sur le pied de guerre pour s'apprêter à repousser l'étranger.

La ville de Leucate se trouvait du nombre de celles qui, ayant reconnu Henri IV pour leur souverain, cherchaient à défendre sa cause.

Le gouverneur de cette cité, Barri de Saint-Annez, était brave, généreux et aimé de tous les habitants.

Sa femme en était vénérée. Elle avait nom Françoise-Constance de Cézelly, et tirait son origine d'une famille noble de Montpellier.

La dame de Saint-Annez avait conquis le respect et l'affection de tous par ses hautes vertus et les bienfaits qu'elle ne cessait de répandre autour d'elle.

Un jour, au milieu des troubles du pays, Barri de Saint-Annez se voit forcé de partir. Il lui faut porter au duc de Montmorency, gouverneur du Languedoc, un projet secret de la plus haute importance. Nul autre que lui ne peut transmettre ce précieux message.

Mais la campagne est sillonnée de bandes espagnoles : Françoise tremble pour son mari. Pourtant elle ne veut point dire un mot pour le détourner de sa téméraire entreprise.

Rassemblant au contraire toute son énergie, elle cherche, par la fermeté de son attitude, à ne pas provoquer l'attendrissement du malheureux dont les yeux se remplissent de larmes à l'idée de se séparer de sa compagne et de son jeune fils.

« Je vous confie le gouvernement de la ville, Françoise, dit-il avec émotion ; agissez en conséquence. »

Et il ajouta :

« Adieu ! Si je ne reviens pas, sachez que ma dernière pensée aura été pour vous... Vive la France et notre bon roi !...

L'ennemi est surpris de cette résistance inexplicable.

— Courage, Barri! » s'écrie la digne femme en élevant l'enfant au-dessus de sa tête, pour que le père puisse l'apercevoir plus longtemps.

Ce ne fut que lorsqu'il eut tout à fait disparu que la dame d'Annez s'abandonna à sa peine. Elle savait que son cher époux avait pris toutes les précautions possibles, et que son déguisement était une sauvegarde; malgré tout son cœur se serrait, et c'est avec un profond soupir qu'elle murmurait:

« Fasse le Ciel qu'il puisse remplir la mission pour laquelle il va tout risquer! »

Hélas! ce vœu ne devait point être exaucé.

Une patrouille, ayant vu ce singulier voyageur que la guerre ne semblait pas gêner dans sa route, trouva bon de l'arrêter pour lui faire subir un interrogatoire.

On juge de la joie des Espagnols en découvrant que le capturé n'était autre que Barri de Saint-Annez.

« Courons sus à Leucate! commanda le capitaine des envahisseurs; la ville est sans défense: quelques jours encore, et elle est nôtre! »

Bientôt, dans la cité sans maître, retentit de toutes parts comme un cri de détresse :

« Les Espagnols! les Espagnols! nous sommes perdus!

— Qui ose parler ainsi? releva Françoise, animée de toute l'ardeur d'un héros. Mes amis, point de faiblesse, je représente ici le gouverneur, il m'a confié sa ville, je la défendrai. Aujourd'hui je suis votre chef, je prends en mains toute responsabilité.

— Vive notre gracieux capitaine! » clama-t-on d'une même voix.

Immédiatement, on lui confère le commandement de la forteresse: tous jurent de lui obéir.

Une pique à la main, l'étrange officier se met à la tête des défenseurs de la ville, s'avance vers les assiégeants, et, intrépidement, les chasse de toutes les positions.

L'ennemi est surpris de cette résistance inexplicable. L'étonnement se change en dépit quand il apprend qu'une femme le tient en échec.

Désespérant de s'emparer de cette héroïne par les armes, le commandant des Espagnols dit tout à coup :

« J'ai mon plan, je la tiens. »

Il lui envoie une mise en demeure d'avoir à livrer les clefs de la ville sans retard.

Elle refuse avec énergie.

« Leucate est brave, dit-elle, et veut avant tout demeurer française ! »

On la prévient alors que si elle continue la défense, « on fera pendre son mari ».

Sous cette horrible menace, la fidèle épouse a pâli ; mais bientôt, dominant sa poignante émotion, elle répond :

« Vous vous dites bons chrétiens, vous ne voudriez pas commettre un crime aussi épouvantable.

— Libre à vous de l'empêcher.

— Et comment, grand Dieu ! Prenez, tout ce que je possède est à vous. Vous faut-il mon sang, ma vie ? je suis prête à la donner pour le sauver.

— Nous ne voulons que Leucate pour prix de sa rançon.

— Eh bien, vous ne l'aurez pas ! s'écria Françoise dans tout l'éclat d'une noble indignation. Je ne puis sacrifier mes concitoyens et l'intérêt de mon pays à mes propres affections. Je ne puis trahir la confiance qui a été mise en moi ; je ne puis salir le nom glorieux que je porte en commettant une action indigne ; je ne dois point enfin acheter mon bonheur au prix d'une infamie.

— Vous pourriez peut-être, insinua l'envoyé, prendre en cela conseil du captif lui-même. On vous permettra de lui écrire.

— Pas n'est besoin de cette formalité, répondit la vaillante femme : Barri de Saint-Annez préférera toujours, soyez-en sûrs, recevoir la mort injustement, que de *descendre d'un échafaud sans son honneur, fût-ce pour monter sur un trône.* »

Sans pitié pour tant de grandeur et pour une si patriotique abnégation, les Espagnols eurent la cruauté de faire étrangler leur prisonnier et d'en avertir sa compagne.

« Vous croyez me réduire par la douleur, dit la noble femme, il n'en sera rien. Je me défendrai d'autant plus que la vie, maintenant, a perdu pour moi tout attrait et que je redoute moins de la voir finir. »

Et en effet, durant six semaines, la veuve de Barri continua sa résistance, ayant à combattre à la fois les étrangers et les ligueurs. Au bout de ce temps, Leucate fut enfin délivrée.

Françoise de Cézelly montra alors comment la bonté de cœur s'unissait en elle à l'intrépidité.

Un ligueur du nom de Loupian ayant été fait prisonnier, les partisans de l'héroïne lui insinuaient qu'elle pourrait user de représailles envers l'ennemi, en faisant mettre à mort ce malheureux. La victorieuse s'y refusa.

« Qu'à Dieu ne plaise, s'écria-t-elle, que nous ternissions notre triomphe par une aussi basse vengeance ! Je n'aurais plus le droit de blâmer leur odieux crime si j'en commettais un semblable. »

Digne admirateur d'un si parfait et vertueux héroïsme,

Henri IV envoya à Françoise-Constance de Cézelly le brevet de « gouverneur de la ville de Leucate », qu'elle avait si glorieusement défendue. Il établissait la survivance de cette charge pour le fils de la courageuse femme, attendu, disait-il, *qu'il estoit de la gloire de la France que l'on sceut que les dames valoient des capitaines.*

Quelques années après, Henri, acclamé enfin par toute la nation, signait à Vervins une paix bien désirable. Seule, elle allait mettre fin aux horribles guerres religieuses qui, déchirant la France pendant trente-cinq années, avaient coûté, dit-on, la vie à sept cent cinquante mille personnes.

C'est alors que le bon roi adressa spirituellement ses adieux au général en chef des Espagnols qui rentraient chez eux, par ces mots :

« Bon voyage, messieurs; mes compliments à votre maître, mais n'y revenez plus. »

La statue de Françoise de Cézelly a été élevée à Leucate en l'année 1900. La vaillante héroïne y est représentée un drapeau à la main, s'élançant hardiment vers l'ennemi.

XXIII

L'AMAZONE CHRÉTIENNE

Les femmes de Lorraine, de ce pays qui vit naître Jeanne d'Arc, passent pour avoir le caractère fortement trempé et l'âme pleine de vaillance. Telle se montra de bonne heure la comtesse de Saint-Balmont, auteur tragique du XVIIe siècle.

Issue d'une illustre famille, Mme de Saint-Balmont, qui devait mériter le titre d'*amazone chrétienne,* alliait dans sa jeunesse le goût des lettres à celui des exercices virils, qu'elle recherchait toujours volontiers.

A cette époque, la Lorraine, encore indépendante, avait pour duc le fameux Charles IV, que sa seconde femme, Béatrice de Cosenza, poussait sans cesse dans des aventures guerrières, ce qui l'avait fait surnommer sa *femme de campagne.*

Le comte de Saint-Balmont, sujet du duc, le suivait constamment à la guerre, et, pendant ce temps, la comtesse vivait retirée dans leurs terres, à la campagne.

Un jour, un officier en garnison dans ce domaine crut pouvoir manquer de respect à la jeune femme du seigneur absent. Mais, vertueuse autant que brave, la comtesse n'entendait pas qu'on plaisantât sur son honneur. Immédiatement elle improvisa un frère de son mari, décidé à venger sa belle-sœur, et envoya au léger personnage un cartel signé : le *chevalier de Saint-Balmont.*

L'officier accepta le défi.

La comtesse, ayant revêtu des habits d'homme, vint au rendez-vous, armée d'une épée et la visière de son couvre-chef baissée.

Sans la moindre hésitation, la Lorraine s'avança sur le terrain. Elle s'y comporta avec tant de courage et d'habileté qu'elle parvint à désarmer son adversaire.

« Je vous rends votre épée, monsieur, dit-elle alors en découvrant son visage.

— La comtesse ! s'exclama le militaire terrifié.

— Eh oui ! monsieur, la comtesse et non le chevalier de Saint-Balmont.

— Se peut-il ! Être battu ainsi ! fit le duelliste exaspéré.

— Par une femme, n'est-ce pas ? appuya la comtesse achevant la pensée du soldat.

— C'est une honte ! grommela-t-il.

— Vous n'en éprouviez pas autant à nous attaquer. Que cela vous apprenne au moins, jeune guerrier, à avoir pour les dames plus de considération, c'est mon seul désir !... »

L'aventure passa bientôt de bouche en bouche, quoique la comtesse se fût gardée d'en parler elle-même. L'officier en resta si confus, qu'il ne reparut plus.

Là ne se bornèrent pas les hauts faits de la grande dame lorraine. Après le drame en action, vint chez elle la tragédie écrite, sous le titre de : *les Jumeaux martyrs,* qu'elle composa en quinze jours.

Elle laissa ensuite la plume pour reprendre l'épée et combattre les ennemis de son pays.

La France était alors dans une lutte perpétuelle. La guerre de Trente ans, qui désolait l'Allemagne depuis 1618, et qui servait si bien les projets de Richelieu pour l'abaissement de la trop puissante maison d'Autriche, avait pris tout à coup une tournure désastreuse. Le roi de Suède, Gustave-Adolphe, qui avait remporté sur les Impériaux ou troupes impériales d'Allemagne des succès prodigieux, venait d'être tué à Lutzen et son lieutenant battu à Nordlingen. Il fallait désormais que la France intervînt.

On se trouvait aux prises avec toutes les forces de l'Espagne et de l'Empire quand la guerre commença. Toutes nos frontières furent envahies à la fois. De plus, les ressources étaient épuisées, et le cardinal de Richelieu, pris de découragement, parlait de se retirer derrière la Seine, quand il vit l'ennemi pénétrer jusqu'en Picardie et se rendre maître du pays jusqu'à Compiègne.

Le danger était imminent; mais Louis XIII ne désespéra pas de la fortune de la France, et ce fut la gloire de sa vie. Il fit immédiatement appel à toutes ses forces disponibles, « ordonnant que le reste le joindrait quand il pourrait »; et ainsi muni, il marcha sur la Somme.

« Ce hardi parti fut, dit Saint-Simon, le salut de l'État. »

Le comte de Saint-Balmont faisait partie de cette armée royale, et sa femme voulut le suivre. Avec lui, elle marcha vaillamment contre les Impériaux, qui, d'abord vainqueurs, devaient payer cher ces premiers succès. La guerre, poussée avec une vigueur extrême, allait donner pour résultat à la France la conquête de l'Alsace, de l'Artois et du Roussillon, ajoutés à la belle province de Lorraine.

XXIV

HENRIETTE DE FRANCE

Belle, vive, séduisante et bonne, parée de toutes les grâces et douée de toutes les vertus, cette fille d'Henri IV et de Marie de Médicis a une célébrité historique qui se base sur la grandeur de ses infortunes, et que l'éloquence de la chaire a consacrée.

Tout le monde a lu ou devra lire ce magnifique éloge, un des plus beaux et palpitants morceaux de la langue française, où Bossuet nous montre cette grande reine, fille, femme, sœur, mère de rois si puissants, et souveraine de trois royaumes, qui réunit dans une seule vie « toutes les extrémités des choses humaines ».

Elle avait, dit encore cet illustre orateur, « un cœur qui surpassait sa naissance. Douce, familière, agréable autant que ferme et vigoureuse..., jamais on n'a douté ni désespéré de sa clémence. »

« Sa physionomie, ajoute un biographe, inspirait à l'illustre François de Sales les plus heureuses espérances ; une éducation soignée avait développé tous les dons de la nature ;

d'imposants exemples et des leçons pleines d'autorité avaient surtout imprimé profondément la piété dans ce jeune cœur, et le zèle de la religion s'était enflammé presque dès l'enfance dans l'âme d'Henriette. »

Et tout cela pour arriver à mériter, aussi largement que possible, le surnom de « reine malheureuse », que la digne descendante du bon roi Henri se donnait avec résignation.

Henriette était âgée de seize ans quand elle fut recherchée en mariage par le prince de Galles, Charles Stuart, fils de Jacques Ier, roi d'Angleterre, qui devait monter sur le trône sous le nom tristement célèbre de Charles Ier.

Louis XIII avait d'abord hésité à donner à cette cour protestante une sœur qu'il savait si attachée à la religion catholique; mais la politique voyait un point précieux dans l'alliance des deux couronnes, elle en espérait le rétablissement de la liberté religieuse en Angleterre, sous les auspices d'une fille de France.

Cette raison l'emporta : la main d'Henriette fut accordée à Charles, à la condition que les croyances religieuses de la reine seraient entièrement sauvegardées, et qu'elle mettrait des catholiques auprès de ses enfants, si Dieu bénissait son union. L'Angleterre acquiesça à toutes les stipulations exigées par le gouvernement français, et le mariage fut conclu.

Les fêtes en furent superbes et durèrent toute une semaine, après laquelle Buckingham, chargé par son prince de conduire la jeune reine en Angleterre, vint la chercher, amenant la fleur de la noblesse de la Grande-Bretagne pour lui faire escorte.

La sœur de Louis XIII quitta donc la cour de son frère

sous cette haute garde et fut accompagnée jusqu'à Amiens par sa mère et par sa belle-sœur, Anne d'Autriche.

Marie de Médicis, en se séparant d'Henriette, écrivait à Charles Ier :

« J'estime ma fille heureuse puisqu'elle sera le lien et le ciment pour l'union des deux couronnes, et je l'estime doublement heureuse, non seulement parce qu'elle épouse un grand roi, mais une personne comme la vôtre.

« Je vous la recommande pour la créature du monde qui m'est aussi chère, et prie Dieu de tout mon cœur qu'il vous bénisse tous deux. »

Hélas ! pourquoi cette prière ne fut-elle pas entendue du Ciel ?

Charles ne parut pas d'abord très sensible aux qualités de sa femme; absorbé par les affaires de l'État, il ne cherchait en rien à lui être agréable et se plaignait même de sa pétulance et de son étourderie.

Henriette, qui, en vraie fille d'Henri IV, avait l'esprit prompt et l'humeur gaie, appréciait peu le caractère morose de son mari. Elle était acccoutumée aux agréments d'une cour dont la taciturnité de Louis XIII n'avait pu bannir ni la courtoisie, ni les belles manières, et celle de Charles Ier ne gagnait pas à la comparaison.

A des ennuis personnels vint s'ajouter bientôt la tristesse d'une épidémie pestilentielle comme il n'en avait pas existé à Londres de mémoire d'homme.

La jeune reine avait amené de Paris son vénérable confesseur, Pierre de Bérulle, avec douze prêtres oratoriens ; le fléau devint, pour ces dignes ecclésiastiques autant que pour Henriette, une occasion de déployer leur vertueux zèle. Leur sollicitude s'étendait sur les protestants comme sur les catholiques, et rien n'était épargné pour soulager les malheureux malades.

Cette belle conduite n'eut d'autre résultat que d'exciter l'envie des courtisans du roi.

Par l'intrigue et la calomnie, ils arrivèrent à jeter la défiance dans l'esprit de leur maître. Sous prétexte de diminuer les dépenses et de parer à l'épuisement apporté au trésor royal par l'épidémie, Charles congédia brusquement toutes les personnes françaises de la maison de la reine.

Cet affront, qui était de plus une violation des engagements solennels des deux souverains de France et d'Angleterre, émut Louis XIII.

Il envoya le maréchal de Bassompierre, comme ambassadeur extraordinaire, adresser en son nom des reproches à son beau-frère. Ils étaient d'autant plus fondés, que les vexations, les persécutions et les emprisonnements des catholiques étaient le contre-coup de la haine dont la pieuse Henriette se voyait l'objet. Aussi écrivait-elle alors :

« Pour ce qui est des catholiques, la persécution est plus grande que jamais. L'ambassadeur, et nous en sommes au désespoir, fait tout ce qu'il peut pour le service de Dieu et pour le mien. Il sert parfaitement bien ici. Tous les jours on lui promet de le contenter, et une heure après on fait tout ce que l'on peut pour le fâcher. On se moque de lui. »

Pour comble de chagrin, la sœur de Louis XIII a la douleur immense de voir les protestants de France faire appel au concours de l'Angleterre.

Les sujets de Charles vont à l'île de Ré tenter d'opérer une descente ; ils sont repoussés par les troupes françaises. Henriette implore la paix; mais Louis XIII, mécontent du roi d'Angleterre, ne consent qu'à remettre la victoire aux mains

Henriette de France. (D'après Van Dyck.)

de sa sœur : il lui envoie sur sa demande l'artillerie et les prisonniers qui sont tombés en son pouvoir.

Henriette rend tout à l'Angleterre ; elle devient l'arbitre de la paix qui se conclut à Suse.

Ce bienfait de la reine lui ramène les cœurs, et la tendre épouse parvient aussi à désabuser le roi des préventions perfides dont les favoris de Charles entretenaient son esprit.

Elle a la satisfaction de voir enfin l'harmonie régner à son foyer.

Reconnaissant alors toutes les vertus de sa femme, le roi d'Angleterre s'abandonne à leur douce influence; il comprend que son dévouement à la religion catholique mérite d'être protégé.

Dès lors, elle put librement remplir ses devoirs. Les coreligionnaires d'Henriette respirèrent aussi. Le service divin fut rétabli, et les pompes du culte catholique eurent le droit d'être célébrées dans la chapelle d'un hôpital, fondé par la souveraine auprès du palais de Somerset.

Cette ère de paix dura seize années, pendant lesquelles il se fit un grand nombre de conversions. Puis le feu des discordes se ralluma d'un bout de la Grande-Bretagne à l'autre. On accusa la reine d'avoir abusé de la tendresse de son époux pour lui suggérer la plupart des actes imprudents qui aliénaient l'affection de son peuple, et le roi se vit forcé de tenir tête à ses sujets révoltés.

Henriette n'opposait à leur fureur que des paroles douces et chrétiennes et continuait le cours de ses bienfaits.

Mais les rebelles, conduits par Cromwell, prennent bientôt un tel crédit, que la révolution devient menaçante.

Toute l'Écosse prend les armes, et Strafford, qui avait obtenu quelque succès sur elle, se voit condamner à mort par une sentence qu'on force Charles à ratifier. La reine ne cesse d'être poursuivie par la fureur du peuple et les égarements d'un parlement non moins exalté. A grands cris, on demande que ses enfants lui soient enlevés pour les préserver des doctrines du *papisme* dont on prétend qu'elle les *infecte*. Enfin on veut la faire arrêter.

Le roi, ne pouvant plus se dissimuler le péril qui menace sa compagne, l'envoie en Hollande, sous le prétexte d'y conduire leur fille, la jeune princesse Marie, fiancée depuis peu à Guillaume d'Orange.

Quoique bien accueillie à la Haye, la reine eut à y supporter les manières grossières des bourgmestres. En républicains peu policés, ils entraient dans la pièce où elle se trouvait sans sa permission, le chapeau sur la tête, la regardant d'un œil malveillant et sortant sans même la saluer. Ou bien, ils s'asseyaient à ses côtés et entraient en conversation aussi librement qu'ils l'eussent fait avec une égale.

La souveraine remarque à peine ces irrévérences, tout occupée qu'elle est d'arriver à son but, qui n'est autre que de procurer à son mari des munitions, de l'argent et des troupes, pour combattre l'insurrection devenue générale.

La hauteur du caractère d'Henriette s'impose aux Hollandais les moins disposés à seconder ses desseins. Elle met en gage ses pierreries et tout ce qu'elle possède. Avec le prix qu'elle en retire, elle parvient à équiper une flotte de neuf vaisseaux sur laquelle elle embarque une armée de quarante mille mercenaires.

Elle-même prend la mer, fière d'amener au roi de pareils renforts; mais les plus dramatiques péripéties signalent son retour : une tempête violente l'assaille, et vingt fois le vaisseau royal est sur le point de sombrer. La reine, loin de se décourager, montre au contraire « une âme supérieure à sa fortune ».

« Debout sur le tillac de son navire, bravant les vents et les flots, dit un historien, la fille d'Henri IV, au milieu des plus grands dangers, rassure tout ce qui l'environne; et, joignant comme son père la gaieté la plus aimable au courage le plus intrépide, dit que *les reines ne se noient pas.* »

Cependant deux vaisseaux périssent avec une partie des équipages, et la princesse est, après neuf jours de lutte, rejetée sur les côtes de Hollande.

Quinze jours sont employés à réparer une partie de ces dommages, puis la courageuse reine se livre à nouveau aux hasards des flots et à la rigueur de l'hiver.

Elle aborde enfin au port de Burlington dans le Yorkshire, et les *parlementaires,* ou membres de l'opposition, sont si furieux de voir leur vigilance mise en défaut, que pendant la nuit ils jettent l'ancre dans la rade et tirent cent coups de canon sur les maisons du quai, dans l'une desquelles Henriette s'était logée.

La pauvre reine, ainsi traquée, est forcée de quitter son lit pour échapper à un péril aussi imminent ; « elle descend et se cache dans un fossé : les boulets l'y couvrent de sable et de fange. »

Un fidèle royaliste, le comte de Newcastle, arrive en hâte à son secours et l'escorte jusqu'à York.

Henriette passa quatre mois dans cette ville, où elle joignait ses efforts à ceux des amis de Charles, pour lui fournir les vivres et les munitions dont son armée manquait.

Un trait prouve combien Henriette de France se montrait digne d'Henri le Béarnais, autant par sa clémence que par son courage :

L'auteur de l'indigne attentat contre sa personne, au moment du débarquement, avait été arrêté presque sur-le-champ, et la reine pouvait se venger en lui infligeant un châtiment mérité. Elle ne le voulut pas, et fit grâce avec une générosité qui désarma plusieurs des rebelles.

Toujours intrépide, on la vit bientôt se mettre à la tête des troupes qu'elle avait amenées de Hollande, marcher, forcer tous les passages, triompher de tous les obstacles pour rejoindre le roi à Oxford, et remettre sous ses ordres tous ces renforts de soldats et d'approvisionnements, obtenus avec si grande peine.

La vaillance autant que l'affabilité d'Henriette lui avaient gagné les sympathies de toute cette armée, qui ne demandait qu'à combattre. La reine invitait son mari à marcher droit vers Londres, sans retard. Cet avis excellent ne fut pas suivi. « Charles Ier n'en reconnut pas la sagesse, et ce prince malheureux ne devait jamais retrouver une occasion aussi favorable de soumettre la rébellion. »

La princesse se désespérait de sentir qu'on perdait un temps précieux dans des opérations inutiles, malgré le grand nombre d'adhérents qu'elle avait rattachés à la cause de Charles.

Des tentatives d'accommodement faites pour réconcilier le roi avec la nation échouèrent alors, et la monarchie éprouva de nouveaux échecs.

Au mois de juin 1644, se voyant sur le point d'être mère, Henriette dut se résigner à quitter son mari pour se réfugier à Exeter. Cette séparation fut bien pénible ; et pourtant les époux, si sincèrement unis, ne pouvaient se douter que cette entrevue était la dernière, que leurs adieux seraient éternels.

Dans cette résidence d'Exeter, Henriette de France donna

le jour à la future duchesse d'Orléans, qui devait être par la suite un des ornements de la cour de Louis XIV.

Le dénuement de la reine d'Angleterre au moment de cette naissance était si grand, qu'il lui fallut implorer la charité d'Anne d'Autriche pour faire face aux besoins les plus essentiels. Cette belle-sœur lui ayant envoyé une somme d'argent, elle n'en prit qu'une part restreinte et envoya le reste à son infortuné mari.

La pauvre reine n'était pas relevée, quand l'approche de troupes, commandées par le comte d'Essex, l'obligea à s'éloigner par sécurité personnelle. Comptant sur la loyauté de son ennemi, l'intéressante malade lui avait fait demander un passeport afin de se rendre à des eaux qui lui étaient ordonnées pour le rétablissement de sa santé.

Essex le lui refusa, ajoutant avec une insultante ironie « qu'il l'escorterait lui-même, si elle voulait aller à Londres où elle était sous le coup d'une accusation de haute trahison ».

Elle part donc, malgré sa faiblesse, avec trois personnes seulement, qui l'emmènent vers Falmouth, où elle se réfugie, mais sans trouver aucun vaisseau pouvant la transporter en France.

« Henriette, dit un auteur, s'éloigne à la hâte de ce port et passe deux jours dans une misérable chaumière, d'où elle entend le bruit des troupes rebelles qui défilent dans le voisinage, les propos insolents et furieux des soldats qui parlent d'elle dans leur marche et qui se disent les uns aux autres que le Parlement a promis cinquante mille écus de récompense à celui qui apportera la tête de la reine. Pleine de ces sombres images, elle peut enfin regagner Plymouth et s'embarque avec l'espoir d'intéresser la France, sa patrie, aux infortunes de sa famille et à ses propres malheurs.

« D'autres maux l'attendaient, et ses calamités parurent monter avec elle sur le navire qui devait la dérober à ses ennemis. Elle est poursuivie à coups de canon jusqu'à l'île de Jersey, où elle se hâte d'aborder. Des vaisseaux français viennent l'y prendre, elle se remet en mer; elle est surprise par une tempête qui lui fait perdre un bâtiment.

« Aussitôt que le calme est rétabli, les Anglais recommencent à l'attaquer avec une nouvelle fureur: les voiles de son navire, déchirées par les boulets, pendent en lambeaux; elle est atrocement pressée. Ne voulant pas tomber vivante aux mains des rebelles, la reine fait appeler le capitaine du vaisseau qui la porte.

« — Donnez-moi la mort, lui dit-elle, dès que vous ne pourrez plus me défendre! »

« Un vent violent, mais favorable, la soustrait au péril et la jette sur les côtes de la basse Bretagne. Elle y débarque avec les officiers qui l'accompagnent: les habitants les prennent pour des corsaires et courent aux armes.

« Il leur fallut quelque temps pour reconnaître leur méprise; mais dès qu'ils se furent aperçus de leur erreur, ils s'empressèrent de prodiguer à la reine des marques de respect et d'intérêt, et ils lui fournirent avec beaucoup de zèle tous les secours nécessaires. »

Une fois à Paris, la reine ne cessait de tourner ses yeux en larmes vers l'Angleterre, objet de ses perpétuelles préoccupations. Hélas! tout y allait mal pour les siens. L'infortuné Charles Ier, abandonné du destin, allait porter sa tête sur l'échafaud, sans qu'une puissance européenne osât se lever pour empêcher l'accomplissement de ce forfait.

Henriette de France apprit cette horrible nouvelle au couvent des Carmélites où elle s'était retirée. Le monarque, avant de mourir, avait chargé sa fille Élisabeth de porter à sa mère ses derniers adieux et l'assurance qu'il lui était demeuré fidèle, même par la pensée, durant tout le cours de leur union, jusqu'à la mort...

C'était en 1649, pendant la minorité de Louis XIV, alors que la France se trouvait en proie aux fureurs de la Fronde.

Dans leur révolte contre l'autorité royale, les frondeurs ne pouvaient épargner l'héroïque et infortunée sœur de Louis XIII. Chassée par les rancunes de ce parti du couvent de Chaillot où elle abritait sa douleur, la veuve de Charles Ier alla se réfugier au Louvre; et, là, elle était souvent insultée et dépourvue de tout.

Plus d'une fois, comme elle le disait elle-même, elle fut réduite à demander une aumône au parlement, afin de ne pas mourir de faim; et le cardinal de Retz raconte en ses *Mémoires* que, lors d'une visite qu'il fit à Henriette de France, pendant l'hiver, celle-ci le reçut dans la chambre de sa fille et lui dit :

« Vous voyez, je tiens compagnie à ma fille; la pauvre enfant n'a pu se lever aujourd'hui faute de feu. »

Le cardinal ajoute à ce récit :

« La postérité aura quelque peine à croire que la petite-fille d'Henri IV ait manqué d'un fagot pour se lever au mois de janvier dans le Louvre. Rien n'est pourtant plus vrai ! »

Après la Fronde, Henriette vint reprendre sa place au milieu des visitandines de Chaillot, qui la regardaient comme leur protectrice. Elle donnait l'exemple à tous, s'imposant de secrètes privations pour répandre de plus abondantes aumônes. Jamais surtout elle n'oublia les partisans exilés qui avaient voulu partager les infortunes des Stuarts. Ils furent toujours l'objet de ses libéralités.

L'ex-reine d'Angleterre demeura dans sa pieuse retraite jusqu'en 1660, époque où la nation d'outre-Manche secoua le joug de Cromwell.

Alors « Dieu, dit Bossuet, qui avait rendu inutile tant d'entreprises et tant d'efforts, parce qu'il attendait l'heure qu'il avait marquée, alla, quand elle fut arrivée, prendre comme par la main le roi, fils d'Henriette, pour le conduire à son trône... A la fin, Charles II est reconnu, et l'injure des rois est vengée ».

Henriette de France voulut jouir du spectacle de ce rétablissement; mais des souvenirs trop cruels obscurcissaient sa joie. Elle revint à Paris, où se négocia le mariage de sa plus jeune fille, Henriette-Anne, avec Philippe d'Orléans, frère unique de Louis XIV.

Habitant tantôt le Palais-Royal, tantôt une petite maison qu'elle acheta à Colombes, la tante du roi de France menait une vie fort simple et fort retirée ; car elle était « sans nulle façon », dit Mme de Motteville. Par ce côté et par celui du courage martial, dont elle avait « donné des preuves en affrontant les dangers des guerres civiles, Henriette ressemblait à son père ».

Elle avait, dit-on ailleurs, traversé neuf fois l'Océan pour quelque cause guerrière, et son caractère ferme n'avait jamais reculé devant aucune vicissitude, devant aucun combat.

Une vie si agitée, une destinée si funeste, devait finir implacablement par une mort violente : Henriette-Marie mourut presque subitement, à l'âge de soixante ans, d'une trop forte dose d'opium qui lui avait été, prétend-on, donnée par mégarde.

Son corps fut inhumé à Saint-Denis, et l'on remit son cœur aux religieuses de Sainte-Marie de Chaillot, où la reine aimait à faire de fréquentes visites.

Elle laissait, de son mariage avec Charles Stuart, outre ses trois filles, deux fils qui régnèrent l'un après l'autre en Angleterre.

XXV

LES DAMES DE LA FRONDE

A l'avènement de Louis XIV, sa mère, Anne d'Autriche, déclarée régente, s'était empressée de rappeler auprès d'elle tous ses anciens amis, victimes de Richelieu mises en prison ou envoyées en exil. C'étaient les ducs de Beaufort, de Vendôme, de Guise, d'Épernon, d'Elbeuf, la veuve du duc de Luynes, devenue la duchesse de Chevreuse, etc.

Tous ces *Importants,* comme on les nomma par la suite, avaient la prétention de partager le pouvoir avec la reine mère, à l'exclusion de toute autre influence.

Or Anne d'Autriche, tout en comblant ses courtisans de nombreuses faveurs, ne voulut pas leur sacrifier le cardinal Mazarin, qu'elle avait pris pour premier ministre. Bientôt une cabale de cour se forma, à l'instigation de Mme de Chevreuse, qui, criant à l'ingratitude de la reine, organisa avec la petite cour légère et brillante qui l'entourait un complot contre la vie du cardinal.

Mazarin en eut vite raison. Mais le parlement s'émut à son tour et de la rapacité du premier ministre, et de l'avidité des courtisans, qui mettaient les finances dans le plus complet désordre. La création de nouveaux impôts vexatoires mit le comble à cette irritation, et les cours souveraines se réunirent, afin, dit-on, « de travailler à réformer l'État, que le mauvais ménage de l'administration met en péril. »

Le parlement rend un « arrêt d'union », auquel la régente refuse sa sanction en demandant à ce grand corps de l'État s'il prétendait avoir « le droit de borner les volontés du roi ».

Cette parole était imprudente.

« Tout le monde s'éveilla, dit le cardinal de Retz; l'on chercha comme à tâtons les lois, l'on s'effara... »

Au milieu de cette agitation, le parlement déclare que les réformes qu'il avait projetées pouvaient se passer de la sanction royale.

La régente furieuse s'écrie :

« Je ne consentirai jamais à ce que cette canaille attaque l'autorité du roi mon fils.

— Vous êtes vaillante, lui dit Mazarin, comme un soldat qui ne connaît pas le danger. »

Et il la fit consentir à quelques concessions.

Cela augmenta la hardiesse du corps politique. Il s'attribua bientôt une puissance si excessive, qu'elle pouvait faire craindre de lui voir suivre l'exemple de l'Angleterre, alors en pleine révolution.

Le premier ministre ordonne l'arrestation des deux membres les plus factieux : le conseiller Broussel, vieillard très aimé du peuple, « qui le regardait comme son tribun, » et le président Blancménil.

A cette nouvelle, une violente émeute éclate et s'étend dans tout Paris : le carrosse du conseiller est suivi par une multitude qui le réclame aux cris de « Broussel et liberté ». Les gardes françaises et suisses sont poussées vers le Palais-

Royal, où habite la reine mère; on tend des chaînes dans les rues, on profère des menaces contre Anne d'Autriche et son ministre, des barricades couvrent la ville, et les milices bourgeoises reçoivent l'ordre de s'armer.

Anne d'Autriche. (D'après une gravure du temps.)

On déclare à la reine que si elle ne rend pas Broussel, cent mille hommes iront le chercher.

Anne trépigne de fureur et veut soutenir un siège; mais, cédant aux sollicitations d'Henriette de France, qui lui montre le triste exemple de l'Angleterre, elle cède et délivre Broussel; il est ramené à son poste au son des cloches et aux acclamations de tout un peuple enthousiaste.

« Jamais, dit Mme de Motteville, triomphe de roi ou d'empereur romain n'a été plus grand que celui de ce pauvre homme, qui n'avait rien de recommandable que d'être en tête du bien public et de la haine des impôts. »

L'ordre se rétablit en apparence; mais l'altière Anne d'Autriche ne pouvait supporter la pensée de sa capitulation devant le parlement, qui s'en autorisait pour augmenter ses exigences.

Une nuit, elle partit pour Saint-Germain avec ses deux fils, Louis et Philippe d'Orléans, et alla s'installer au château, « où tout le monde coucha sur la paille ».

Puis, appelant à son secours Condé, qui s'était déclaré pour elle après ses victoires de Rocroy et de Lens, elle assiégea la capitale.

Alors commença cette guerre civile des magistrats contre le gouvernement qu'on appela la *Fronde*, pour la comparer à un jeu d'enfants.

Les magistrats, qui reçurent le nom de *frondeurs*, prirent en main les affaires publiques, mirent sur pied dix-huit mille hommes de troupes régulières et toutes les milices de la ville et de la bourgeoisie. Le clergé s'étant réuni à eux, la révolte devenait sérieuse.

« Ah! s'écria Anne d'Autriche, s'ils veulent nous traiter comme le roi et la reine d'Angleterre, ils trouveront à qui parler. »

Elle croyait, en affamant Paris, faire crier merci à la bourgeoisie, « qui n'oserait regarder en face les soldats du héros de Rocroy. » Mais la noblesse voulait se venger de Mazarin, et par l'intimidation obtenir de la reine des places et des pensions ; elle vint se joindre aux magistrats.

On vit donc prendre rang parmi les rebelles : le coadjuteur de Paris, Paul de Gondi (depuis cardinal de Retz), le prince de Conti et le duc de Longueville, frère et beau-frère de Condé. Le duc d'Elbeuf avec ses fils, le duc de La Rochefoucauld, le maréchal de Turenne, un moment égaré par la duchesse de Longueville, les ducs de Bouillon, de Chevreuse, enfin le duc de Beaufort, récemment échappé du donjon de Vincennes et qui était devenu l'idole du peuple et le *roi des Halles*.

« C'est aux dames, a écrit Victor Cousin, qu'appartient la Fronde; elles en sont à la fois les mobiles et les instruments. »

« Les femmes, dit un autre historien moderne, jouèrent pendant toute cette époque le rôle le plus brillant pour leur esprit; elles eurent une vie aventureuse, romanesque, pleine de plaisirs et de périls. Elles menaient à la fois des intrigues légères, des expéditions de guerre, des fêtes et des conspirations; elles n'avaient jamais exercé tant d'influence sur le gouvernement de l'État. Mais les duchesses de Longueville, de Montbazon, de Bouillon, de Chevreuse, etc., en visant à un rôle politique, portèrent dans les affaires leurs chétives passions, leurs petites vues, leurs idées frivoles, et elles sacrifièrent à leur vanité leur honneur, leur repos, l'honneur et le repos de leurs familles. »

« Jamais la noblesse n'avait été si futile, si arrogante, si brave, si spirituelle, jamais ses mœurs n'avaient été à la fois si dissolues et si élégantes. »

Les trois figures principales de ces grandes dames de la Fronde furent : Mme de Longueville, qui en a été surnommée « la Minerve », puis Mlle de Montpensier et la duchesse de Condé, que l'on vit l'une et l'autre commander des armées. Nous les présenterons tour à tour en arrivant au rôle politique et guerrier que chacune se sentit appelée à jouer.

Anne-Geneviève de Bourbon, fille d'Henri II de Bourbon-Condé, premier prince du sang, et de la belle duchesse de Montmorency, était née au château de Vincennes, où son père restait enfermé comme prisonnier d'État. Tout enfant, elle accompagnait souvent sa mère dans les visites fréquentes que celle-ci faisait aux carmélites de la rue Saint-Jacques.

L'impression que produisirent sur l'esprit de la fillette ces stations dans le cloître, fortifiant sa dévotion naturelle, porta ses pensées vers la vie religieuse.

Ce fut bien pis, quand elle apprit que son oncle, le duc de Montmorency, venait d'être décapité à Toulouse. Anne avait alors treize ans, et depuis lors jusqu'à sa dix-septième année elle ne parla que de son désir d'entrer au couvent. Ce n'était malheureusement ni l'avis de son père, ni celui de sa mère, qui ne cessait de répéter que « ce blond et angélique visage ne s'apprêtait pas à sourire assez au monde brillant qui l'allait juger sur ses premiers pas ».

Mme de Motteville parle aussi de « cet angélique visage qui depuis a eu tant d'éclat, et dont l'éclat a été suivi de tant d'événements fâcheux et de souffrances salutaires ».

Aux prétentions maternelles, Mlle de Bourbon répondait flatteusement :

« Vous avez, madame, des grâces si touchantes que, comme je ne vais qu'avec vous et ne parais qu'après vous, on ne m'en trouve point. »

A son premier bal, où elle ne se rendait que par obéissance filiale, elle s'était armée en secret d'un cilice; mais, hélas! combien il s'émoussa vite au feu des louanges et du plaisir!

A peine âgée de dix-neuf ans, Anne-Geneviève était fiancée

au duc de Guise, prince de Joinville. Il mourut prématurément, et ce ne fut alors qu'à vingt-trois ans qu'elle épousa le duc de Longueville, gentilhomme dont la noblesse ne venait qu'après les princes du sang et qui, veuf de Louise de Bourbon, fille du comte de Soissons, comptait déjà quarante-sept ans d'âge.

Cette union laissa beaucoup à désirer. Pourtant le voyage que fit la princesse peu après son mariage à Munster, où son mari remplissait les fonctions de plénipotentiaire chargé de la négociation du traité de Westphalie, lui offrit beaucoup d'agréments, en même temps que de grands honneurs.

Elle y prit goût, presque sans s'en douter, aux discussions, aux spéculations politiques; et, à son retour en France, elle était toute disposée à s'immiscer dans les affaires de l'État. De là à devenir l'héroïne de la révolution aristocratique qui s'y préparait, il n'y avait qu'un pas. De concert avec son mari, elle organisa le parti de la révolte et devint *l'âme de la Fronde*. Dès la première heure, elle avait acquis le concours du coadjuteur et celui de Conti, son jeune frère. Elle espérait obtenir l'assentiment de son aîné, le grand Condé; mais il refusa de s'associer au complot, et prit le parti du roi et de sa mère.

Nul n'aurait cru que la belle duchesse, si nonchalante par caractère, aurait su rendre si active son hostilité contre Mazarin. L'ambition et l'envie de donner une haute idée de son esprit tinrent, dit-on, une grande place dans son enthousiasme; car, une fois engagée dans la Fronde, elle y fit preuve d'une résolution dont on ne l'aurait jamais pensée capable. Sa prétention allait jusqu'à vouloir remédier au désordre général des affaires.

Quand la reine s'était retirée à Saint-Germain, seule de

toutes les princesses du sang, Mme de Longueville se dispensa de l'accompagner, sous le prétexte d'une indisposition.

Au moment où les troupes royales assiégeaient la capitale, l'ardente princesse, voulant s'allier avec le parlement et s'assurer de la sympathie des Parisiens, se laissa mener par le coadjuteur à l'hôtel de ville, en compagnie de la duchesse de Bouillon, toutes deux portant un enfant dans leurs bras.

Mme de Longueville s'y installa « comme une souveraine dans une résidence royale ».

« Les frondeurs, dit l'historien déjà cité, délibéraient dans la chambre de la duchesse; on y venait rendre compte des séances du parlement, ainsi que des divers mouvements des armées. Les jeunes officiers y recevaient les marques de leur dignité, et déposaient aux pieds des héroïnes du parti les trophées de leurs victoires. Souvent aux plus sérieux pourparlers se mêlaient des distractions qui intéressaient tour à tour l'esprit et le cœur. Le plaisir, par moments, semblait être, plutôt que la guerre, la préoccupation capitale. On se battait, on dansait et l'on conspirait.

« En tout, » ainsi que le dit le coadjuteur, chef et auteur principal de toute cette agitation, « en tout, c'était un spectacle qui se voit plus dans les romans qu'ailleurs. »

Pendant les trois mois que dura le blocus de la capitale, Mme de Longueville exerça la plus grande influence sur toutes les décisions des révoltés.

L'armée royale, qui n'était forte que de quatorze mille hommes, commença par battre les frondeurs à Lagny, Corbeil, Saint-Cloud et Charenton, qui fut l'affaire la plus sérieuse de six semaines de guerre. La garnison se fit tuer sur les dernières barricades, et neuf compagnies parisiennes furent passées au fil de l'épée.

Cet insuccès, dont les rebelles avaient ri pourtant, et surtout la nouvelle de la décapitation de Charles Ier d'Angleterre par ordre de son parlement, émurent les esprits sensés, qui voulurent préparer un accommodement.

Le président, Matthieu Molé, homme d'une haute vertu, « le plus intrépide qui ait paru dans son siècle, » fut chargé d'entamer des conférences avec la reine et conclut un traité à Rueil.

Quand on sut qu'avec cet arrangement Mazarin restait ministre, on en voulut à Molé d'avoir outrepassé ses droits, et le peuple en fureur criait :

« A bas la grande barbe! »

Le président, impassible devant les couteaux levés de la populace, leur imposa par sa haute dignité : la foule hurlait, mais s'écartait devant lui.

Refusant d'enregistrer le traité, le parlement demanda des modifications.

« Enfin, dit Mme de Motteville, les seigneurs, ayant tous arraché quelque beau lambeau des libéralités royales, résolurent que la paix se fît, et ce fut au roi de la recevoir de ses sujets, après l'avoir achetée chèrement. »

Et elle ne devait pas durer.

Condé prétendit bientôt dominer la cour, qu'il avait ramenée à Paris. Comme Mazarin résistait à ses prétentions, il l'insulta et forma contre lui une nouvelle Fronde avec les jeunes seigneurs. Tous, se réunissant autour de ce brutal ambitieux, applaudirent à ses insolences, les exagérant même par des airs moqueurs et présomptueux qui leur valurent le nom de *Petits Maîtres*. Ils demandaient des gouvernements et des places.

La Fronde parlementaire se rapprocha alors de la cour. L'insinuant Mazarin avait fait croire à Condé que Gondi et Beaufort avaient voulu l'assassiner. Ces derniers, menacés par le vainqueur d'être chassés de Paris, unirent leur ressentiment à ceux du ministre. Mazarin, pour comble d'habileté, promettait au coadjuteur le chapeau de cardinal.

De son côté, la reine, s'étant assuré l'accord du duc d'Orléans, se sentait sûre de la neutralité de la vieille Fronde. Elle manda au Palais-Royal, sous le prétexte d'assister au conseil, M. le prince, son frère Conti et le duc de Longueville, les fit arrêter et conduire à Vincennes.

Les Parisiens applaudirent à cette disgrâce de Condé. Beaufort et tous les frondeurs vinrent offrir leur épée à la reine, pendant que les partisans du prince cherchaient un refuge en province.

Au premier rang encore paraissait la duchesse de Longueville, qui fut sauvée par *Anne de Gonzaque,* veuve du deuxième fils de Frédéric V, électeur Palatin, et que l'on désignait par le nom de princesse Palatine. C'était, disent de Retz et Mme de Motteville, une femme d'une étonnante capacité, qui avait la confiance entière des princes et des frondeurs.

Au lieu de se rendre au Palais-Royal comme elle en avait reçu l'ordre, la duchesse de Longueville quitta Paris la nuit même dans un carrosse de la Palatine, et gagna la Normandie.

Cette province était alors gouvernée par son mari, et la belle duchesse espérait que sa présence provoquerait un soulèvement, ou qu'elle pourrait au moins embaucher les officiers et les diriger vers Paris.

Contrairement à cette attente, toutes les places normandes demeurèrent inébranlables dans leur fidélité au roi.

Arrestation de Condé, du prince de Conti et du duc de Longueville.

« D'héroïne d'un grand parti, dit de Retz, elle en devint l'aventurière. »

Anne de Bourbon alla s'enfermer dans Dieppe. A la nouvelle que la reine envoyait des troupes pour l'assiéger, elle essaya d'exciter les habitants à la défense. Voyant que ses efforts étaient vains, elle sortit secrètement du château, fit deux lieues à pied le long de la côte et voulut, malgré le mauvais temps, s'embarquer à bord d'un canot qu'elle avait retenu.

La marée était si forte et la tempête si furieuse que la barque sombra. La pauvre princesse tomba dans les flots et faillit se noyer. Il lui fallut renoncer à s'enfuir par mer.

C'est alors que l'illustre femme fit preuve de tout son courage et montra la force de son caractère. Ayant réussi à se procurer des chevaux, elle monta en croupe derrière un gentilhomme de sa suite, qui lui fit trouver un asile chez quelque hobereau normand. Puis elle erra de côté et d'autre, sous divers déguisements.

Ayant pris des habits masculins, elle parvint à se faire passer pour un gentilhomme français qui s'était battu en duel; et, grâce à cette ruse, elle obtint que le capitaine d'un navire anglais la transportât du Havre en Hollande.

La duchesse débarqua à Rotterdam et de là gagna Stenay, en passant par la Flandre.

Cette ville, qui était alors une forteresse importante, avait été conquise sur les Espagnols en 1641, et donnée cinq ans plus tard au prince de Condé.

Le vicomte de Turenne, nommé depuis peu maréchal de France, s'y était réfugié.

L'illustre capitaine se trouvait compromis aux yeux de la cour pour être entré ouvertement dans le parti de Condé, entraîné par les suggestions de la grande Frondeuse.

Alors encore la séduisante duchesse venait plaider sa cause. Elle la gagna si bien, que Turenne se décida à se déclarer « lieutenant général pour le roi, à l'effet d'obtenir la liberté des princes ».

Le maréchal leva une armée, fit, bien qu'à contre-cœur, un traité avec les Espagnols, qui s'engageaient à lui donner des subsides pour entamer la guerre. C'était « se mettre à la solde des ennemis de son roi et de son pays ».

Mme de Longueville, seule instigatrice de cet égarement, publia, aussitôt la convention signée, sous la forme d'une

La pauvre princesse tomba dans les flots et faillit se noyer.

lettre à Sa Majesté le roi de France, un manifeste très habile, dans lequel elle accusait Mazarin d'avoir juré la perte de toute la famille du grand Condé. Cette missive était le prétexte à une justification de sa conduite, dont elle faisait une sorte d'apologie.

Pendant que Turenne se préparait, la noblesse de Normandie, de Bourgogne et de Guyenne se souleva. L'armée royale se rendit aisément maîtresse des deux premières provinces, mais n'eut pas le même succès avec la Guyenne, « toujours séditieuse et mutine ».

En révolte contre son gouverneur, cette province n'avait pas accepté le traité de Rueil, et c'est chez elle que la princesse de Condé allait prendre rang d'héroïne.

Claire-Clémence de Maillé-Brézé était fille d'Urbain de Maillé, d'abord capitaine des gardes du roi, sous Louis XIII, puis maréchal de France, gouverneur de l'Anjou et vice-roi de Catalogne, qui avait épousé une sœur du cardinal de Richelieu.

Ce grand ministre, qui, dit un historien, « osait tout, jusqu'à prendre le pas sur le premier prince du sang dans les cérémonies de la cour, » voulut mêler son sang à celui des Bourbons et persuada au père du futur grand Condé, homme avare et servile, que son fils, alors duc d'Enghien, ne pouvait mieux faire que de devenir son neveu.

Le cardinal avait, paraît-il, une haute idée de ce jeune prince, et on le soupçonnait au fond de ses rêves ambitieux de caresser l'espoir qu'un jour viendrait où sa nièce remplacerait sur le trône cette Anne d'Autriche qu'il détestait.

Le duc d'Enghien n'aimait pas Mlle de Brézé; mais il allait lui devoir le commencement de sa fortune. Richelieu se proposait d'élever au commandement des armées le prince qu'il avait fait entrer dans sa famille, quand la mort le surprit. Toutefois il avait pu donner ses instructions à Mazarin, rappelant le mot que Louis XIII expirant disait à Condé :

« Les ennemis sont à nos portes, mais votre fils les chassera. »

Les victoires de Lens et de Rocroy, gagnées par ce héros

de vingt-deux ans, prouvaient que tous ces illustres personnages avaient bien placé leur confiance.

Condé était brave dans toute l'acception du terme, et l'on ne saurait trop répéter le mot qu'il prononça en découvrant sur le champ de bataille le corps de Fuentès, le chef de l'armée espagnole et ennemie, tout couvert de blessures.

« Si je n'avais vaincu, dit-il en le contemplant, je voudrais être mort ainsi. »

Clémence de Maillé était digne de la confiance de son époux. Quand elle vit la Guyenne envahie et qu'il restait prisonnier, elle résolut de faire la guerre en son nom.

Imbue des idées romanesques et viriles des femmes de son temps, elle s'échappa du château de Chantilly où elle habitait, traversa toute la France et se jeta dans Bordeaux.

Reçue avec enthousiasme par le peuple, la princesse de Condé se mit sous la protection du parlement.

Ne reculant pas devant la guerre civile, elle fit entrer dans la belle cité girondine le duc de Bouillon, frère aîné de Turenne, et La Rochefoucauld, prince de Marsillac, qui, d'écrivain se faisant guerrier, n'était entré dans la Fronde que par dévouement pour Mme de Longueville. Tous deux amenaient leurs troupes.

La princesse de Condé les renforça de toute la noblesse frondeuse qui s'était rejetée dans la Guyenne et aussi des subsides envoyés d'Espagne. Ainsi préparée, elle attendit l'armée royale.

La conquête n'était pas facile : Bordeaux, sous l'impulsion de la princesse, se défendit avec une vigueur et un courage remarquables, tenant tête à toutes les attaques en attendant l'arrivée de la flotte espagnole qui devait la secourir. Mais, malgré tous les énergiques efforts de Clémence et la vaillance des chefs et des soldats, un moment vint où l'on dut s'arrêter : la flotte n'arriva pas en temps, et faute de cet appui il fallut capituler.

Toutefois la reine accorda à la ville de Bordeaux une amnistie complète, et elle permit aux ducs et même à la princesse de se retirer dans leurs domaines.

Turenne, aidé des Espagnols, s'était emparé du Catelet, de Vervins, de Rethel, et poussait une avant-garde sur Vincennes. A cette nouvelle, on transporta les princes au Havre, et l'on ramena sur les Ardennes les débris de l'armée de Guyenne. Turenne y revint trop tard, et sa petite armée de huit mille hommes ne put vaincre les quinze mille soldats qui l'attaquaient.

Rethel fut reprise et la nouvelle Fronde semblait vaincue. Mais Anne de Gonzague entama des négociations dont le but fut la réunion des deux Frondes.

Le duc d'Orléans, séduit par Gondi, se jeta aussi dans le parti des princes et refusa tout accommodement avec la reine tant qu'elle garderait son ministre, et il leva de nouvelles recrues. Toutes les chambres assemblées du parlement rendirent un arrêt par lequel elles demandaient formellement le renvoi du cardinal et la liberté des princes.

La duchesse de Chevreuse était, dit-on, l'âme de cette cabale, qu'elle avait tramée dans l'espoir que Conti épouserait sa fille.

Le peuple, exaspéré, menaçait la vie de Mazarin. Anne d'Autriche, indignée, voulait entourer le Palais-Royal militairement et y soutenir un siège, déclarant qu'elle ne ferait pas « la faute qu'avait faite le roi d'Angleterre, abandonnant son ministre à la rage publique ».

Cette reine eut alors un trait d'audace inouïe : elle comptait se retirer au Havre avec Mazarin, délivrer les princes et marcher avec eux sur Paris. Dans ce but, le cardinal sortit de la ville avec quelques troupes : Anne devait le suivre. Mais, en apprenant cette retraite, le parlement rendit un arrêt de bannissement contre le cardinal et toute sa maison ; et le duc d'Orléans exigea de la régente la promesse de ne jamais le rappeler.

La reine voulait fuir : le peuple enveloppa le Palais-Royal, et Anne d'Autriche se trouva ainsi prisonnière des deux Frondes.

Quant à Mazarin, abandonné de ses troupes, il jugea bon de céder à l'orage. Se dirigeant incognito sur le Havre, il alla lui-même délivrer les princes qu'il espérait jeter comme un brandon de discorde entre les deux partis de la Fronde, et se retira à Cologne. Ce fut toutefois sans abandonner le conseil, qu'il continua à diriger dans une correspondance secrète. Toute l'administration était remplie de ses créatures.

Les princes, sortis de prison, furent reçus en triomphe à Paris et déclarés non coupables par un arrêt dudit conseil. Condé, débarrassé du ministre de par la volonté nationale, s'imagina que le gouvernement était à lui et recommença ses tyrannies avec la reine, ses hauteurs avec les magistrats, ses brouilleries avec tout le monde : la discorde se mit à nouveau entre les chefs de l'insurrection.

Mme de Longueville, après l'élargissement des princes, au lieu de suivre en Normandie son mari, qui voulait demeurer fidèle au roi, se retira à Bordeaux, en compagnie de ses frères et du duc de Nemours, qu'elle devait plus tard faire épouser à sa belle-fille, *Marie d'Orléans-Longueville.* Celle-ci, presque toujours aux côtés de la duchesse, joua un rôle secondaire dans la Fronde à partir de 1648.

Par ses sollicitations incessantes, Anne de Bourbon obtint que Condé, encore une fois proscrit par le parlement à cause de son arrogance, quittât Paris pour aller soulever la Guyenne et le Poitou.

Anne d'Autriche, après avoir fait déclarer le roi majeur, sortit de Paris pour montrer, disait-elle aux frondeurs, le jeune roi aux provinces révoltées. Elle s'était préparé trois armées, marchait contre Condé et rappelait son ministre.

Ce dernier fut reçu en triomphe à Poitiers, malgré Paris et le parlement, qui criaient à la trahison.

Le jeune roi était allé au-devant du ministre, lequel reprit aussitôt en mains les affaires de l'État.

Après avoir rejeté Condé au delà de la Garonne, Mazarin, à la tête de l'armée royale, voulait s'emparer d'Orléans pour gagner la route de Paris.

Cette ville prétendait demeurer neutre. L'armée royale, que commandait Turenne, enfin rentré dans le devoir, vint l'assiéger. Il se trouva en présence de « la plus ardente, la plus généreuse, mais aussi la plus romanesque des héroïnes de ce temps »[1], Mlle de Montpensier.

Anne-Marie-Louise d'Orléans, duchesse de Montpensier, fille de Gaston, frère de Louis XIII, et connue sous le nom de *Grande Mademoiselle,* fut, après la Minerve de la Fronde, la plus haute personnalité féminine de cette époque guerrière.

Anne d'Autriche l'avait tenue sur les fonts baptismaux avec le cardinal de Richelieu.

[1] Th. Lavallée.

Orpheline de mère dès sa naissance, la petite duchesse de Montpensier devenait par ce fait une des plus riches héritières de l'Europe, ce qui lui donna, dit-on, dès l'enfance, le rôle de *demoiselle à marier*.

Mlle de Montpensier. (D'après une gravure du temps.)

Elle rêvait d'épouser le Dauphin (Louis XIV), qui venait de naître.

« Je l'allais voir tous les jours, écrit-elle dans ses *Mémoires*, et je l'appelais mon petit mari; le roi s'en divertissait et trouvait bon tout ce que je faisais. Le cardinal de Richelieu, qui ne voulait pas que je m'y accoutumasse, ni qu'on s'accoutumât à moi, me fit ordonner de retourner à Paris. »

Pendant que la cour était à Saint-Germain, elle alla s'établir aux Tuileries. Pour la consoler, sa royale marraine lui disait:

« Mon fils est trop petit, tu épouseras mon frère. »

Il s'agissait d'un infant, gouverneur des Pays-Bas, qui mourut presque en même temps que le comte de Soissons, prince du sang, à qui son père l'avait destinée d'abord.

Quelques années après, l'empereur d'Autriche, Ferdinand III, étant devenu veuf, Mademoiselle pensa à l'épouser. Elle-même a raconté par écrit tous ces projets; elle dit qu'ayant alors dans l'esprit de devenir impératrice, elle prenait en pitié le prince de Galles (fils de Charles Ier), qui recherchait sa main.

Le mariage avec Ferdinand ne se fit pas, et la jeune duchesse attribua son insuccès au cardinal Mazarin. Elle en devint colère contre la cour.

« C'était, disait-elle, un ressentiment qui me faisait d'autant plus de peine que je n'avais pas moyen d'en donner les effets. »

La Fronde était donc une occasion qu'elle ne pouvait laisser échapper.

Au départ nocturne de la reine et de la cour, elle les accompagna par convenance; mais ses vœux étaient pour le parti des frondeurs.

« J'étais, dit-elle en parlant des amis du roi, toute troublée de joie de voir qu'ils allaient faire une faute, et d'être spectatrice des misères qu'elle leur causerait; cela me vengerait un peu des persécutions que j'avais souffertes. »

Cette tête légère possédait un cœur vaillant, qui lui ménageait son heure brillante quoique passagère. A la façon dont elle raconte ses aventures, on sent qu'elle ne songea pas par la suite à se repentir de sa conduite.

Lorsque la Grande Mademoiselle vit qu'il fallait enlever à la cause royale la ville qni faisait partie de l'apanage de son père, elle conçut le projet hardi de se rendre en personne vers Orléans.

Elle partit sans grande escorte, avec *Mme de Fresque* et *Mme de Frontenac,* que l'on appelait ses « maréchales de camp ».

Un astrologue de ses amis, le marquis de Vilaines, lui prédit que le 27 mars elle ferait quelque chose d'extraordinaire. La prédiction fut notée sur son agenda, et elle marchait en avant avec confiance.

Dans les plaines de la Beauce, elle prit un costume d'amazone, monta à cheval et se mit à la tête des troupes de la Fronde qui étaient dans les environs.

Arrivée à Orléans, Mademoiselle trouva les portes fermées; mais ses partisans brisèrent une poterne qui donnait sur la Loire et introduisirent la princesse au moyen de deux bateaux et d'une échelle assez haute.

« Je ne marquai pas le nombre des échelons, écrit-elle; je me souviens seulement qu'il y en eut un de rompu et qui m'incommoda à monter. Rien ne me coûtait alors pour l'exécution d'une circonstance avantageuse à mon parti et que je pensais l'être pour moi. »

Elle croyait, a-t-on dit, se rendre assez redoutable pour que son mariage avec le roi fût une des conditions de la paix. Condé, qu'elle admirait sans mesure, après l'avoir détesté autrefois, l'entretenait dans cette idée. Aussi, une fois entrée dans la cité de Jeanne d'Arc, décida-t-elle les habitants à résister au roi.

Grâce à l'énergie de cette défense, la cour dut remonter la Loire jusqu'à Gien, pendant que l'héroïne du siège jouissait avec délice de son triomphe, de son importance et de sa popularité.

Condé, voyant que les grands coups allaient se décider à Paris, voulut se rendre de ce côté. « Il laissa quelques troupes à Conti, partit seul, fit cent lieues à pied déguisé en valet, passa la Loire à la Charité, échappa vingt fois à ses ennemis, et enfin arriva dans l'armée de Nemours, qui le reçut avec transport. »

Aussitôt il prit le commandement, s'empara de Montargis, vainquit l'armée royale à Bleneau, et obligea la cour à reculer. Turenne, alors à Briare, déclara qu'il fallait vaincre ou que le roi était perdu. Il s'avança avec quatre mille hommes contre douze mille. Il occupait la tête d'une chaussée étroite sur laquelle il soutint pendant tout un jour les attaques de Condé, et il donna ainsi à la cour le temps de marcher sur Paris. Puis lui-même se retira à Gien.

« Vous avez sauvé l'État, lui dit la reine en pleurant, et sans vous il n'y eût pas eu une ville qui n'eût fermé ses portes à la cour. »

Les deux armées se dirigèrent vers la capitale, et le prince, après avoir cantonné la sienne près d'Étampes, était allé seul à Paris pour décider la ville à embrasser son parti; mais les chefs refusèrent de s'unir à lui, en lui reprochant son alliance avec l'étranger. Il mit tout en œuvre pour arriver à son but, souleva le menu peuple qui attaqua les milices bourgeoises. Toutes les passions démocratiques s'étant réveillées, l'hôtel de ville fut envahi : on parlait d'abolir la royauté à l'exemple des Anglais.

« Les grands ne sont grands, disaient les pamphlets, que

parce que nous les portons sur nos épaules : secouons-les, et nous en joncherons la terre. »

Pendant cette absence de Condé, Turenne s'était porté sur les derrières de l'armée frondeuse, l'avait battue devant Étampes, enfermée dans cette ville qu'il assiégeait. Il dut lever ce siège pour venir au-devant de dix mille aventuriers lorrains que Condé avait appelés à son secours, mais dont la défection fut rapide. L'armée royale reprit bien vite l'offensive.

« Condé s'était porté à Saint-Cloud, espérant que sa présence déciderait la capitale à se prononcer pour lui. Turenne se porta à Saint-Denis, où il se renforça de la petite armée du maréchal de La Ferté. Une bataille semblait inévitable, la dernière bataille de l'aristocratie contre la royauté.

« L'aristocratie avait à sa tête le représentant le plus brillant qu'elle eût jamais eu, le dernier des preux du moyen âge, un autre Gaston de Foix, impétueux, intrépide, donnant de sa personne et trouvant dans le feu des combats les « soudaines illuminations du génie »; la royauté s'était donnée pour bouclier un général tout moderne, calme, réfléchi, méthodique, réglant l'action par la pensée, guidant, l'épée dans le fourreau, la furie française, faisant enfin de la guerre la plus grande et la plus difficile des sciences, celle où le génie de l'homme trouve le plus largement à s'exercer[1].

« Ayant tenté de pénétrer dans Paris dont on lui refusa l'entrée, Condé se trouva bientôt bloqué par Turenne dans le faubourg Saint-Antoine, derrière un retranchement qui allait de la Seine à la chaussée de Ménilmontant.

[1] Th. Lavallée.

« La bataille s'engagea : les troupes royales enlevèrent le retranchement et pénétrèrent dans le faubourg; mais le combat continua avec acharnement dans les rues et les maisons.

« La capitale, pleine d'agitation, avait ses portes fermées et ses murailles garnies de bourgeois en armes. Le conseil de ville avait reçu l'ordre du roi de repousser les troupes de Condé même par la force; mais le peuple s'ameutait, demandait des armes, sommait le conseil d'ouvrir les portes.

« La courageuse Mademoiselle sollicite son père de se déclarer pour le prince et lui arrache l'ordre de laisser entrer les blessés; puis elle court à l'hôtel de ville et force le conseil à détacher deux mille hommes sur la porte Saint-Antoine. Alors elle traverse les rues un bouquet de paille à la main, en criant :

« — Que ceux qui ne sont pas mazarins prennent la paille, sinon ils seront saccagés. »

« Le peuple se précipite sur ses pas, on fait entrer les blessés et les bagages du prince, la ville se trouve ainsi déclarée contre le roi.

« Mademoiselle, toujours à cheval, harangue les milices et se jette dans la Bastille. Gaston arrive à la porte Saint-Antoine, et promet à Condé l'entrée de la ville.

« Il était temps : Turenne avait été joint par son artillerie et la division de La Ferté; trois fois il avait pénétré au fond du faubourg et avait été repoussé. Mais vainement Condé déployait la valeur la plus désespérée, vainement ses intrépides amis combattaient avec une bravoure digne de leurs pères : leur petite troupe, serrée entre l'armée royale et les murailles, s'éclaircissait, les soldats de Turenne filaient par les rues à droite et à gauche, et allaient les envelopper. Le carnage était effroyable.

« J'ai perdu tous mes amis, s'écriait Condé, il ne me reste qu'à mourir. »

« Enfin la porte s'ouvre. Le prince fait une dernière charge pour dégager ses soldats, qui se précipitent dans la ville; les troupes royales s'élancent de toutes parts, son arrière-garde va succomber; soudain une décharge d'artillerie presque à bout portant jette le désordre dans l'armée royale : c'est le canon de la Bastille, c'est Mademoiselle qui vient d'y mettre le feu.

« Le dernier soldat de Condé est rentré dans la ville; les portes se referment. Le canon de la Bastille redouble, et Turenne, qui se voit arracher son ennemi vaincu, se met lentement en retraite sur Saint-Denis. »

Ce hardi coup de tête de Mlle de Montpensier prolongea de quelques mois l'existence de la Ligue. Condé et Gaston d'Orléans réclamaient plus que jamais l'union avec les princes; l'assemblée des magistrats déclara qu'elle voulait le retour du roi sans condition. Condé, pour les contraindre à céder à ses désirs, ameuta la populace.

Le 4 juillet au soir, des massacres, que le prince dirigeait secrètement et que Gaston ne cherchait pas à empêcher, eurent lieu à l'hôtel de ville, et l'on doit dire qu'alors Mlle de Montpensier fit preuve d'un courage d'autant plus méritoire, qu'il n'était inspiré que par un sentiment d'humanité.

Accompagnée de quelques dames, émues comme elles de cet affreux carnage, elle courut se jeter au milieu de l'émeute pour protéger les magistrats.

N'ayant pu, une première fois, s'avancer plus loin que le pont Notre-Dame, elle y retourna la nuit, pénétra dans l'hôtel de ville, et parvint à sauver le prévôt des marchands, Lefèvre, qui était un ardent royaliste.

Toutes ces sanglantes convulsions devaient hâter la fin de la Fronde. Le 19 août, les Parisiens déclarèrent qu'ils étaient prêts à poser les armes sous condition d'une amnistie.

Condé, alors généralissime, voyant que la paix était inévitable, essaya à son tour de négocier avec le parti de la cour; mais, repoussé et abandonné par les Parisiens qu'il avait fatigués de ses exigences, il se rejeta aux bras des Espagnols, pour n'avoir pas à subir les vengeances royales.

Le 21 octobre, Louis XIV rentrait à Paris, aux acclamations du peuple, qui vit pourtant, dit-on, « avec un sentiment de défiance la figure grave et sévère de son roi de quinze ans ».

Une amnistie fut donnée, mais avec des restrictions qui laissaient le champ libre aux vengeances du roi et de sa mère. Il fut ordonné à Gaston de se retirer à Blois, où il mourut quelques années plus tard. Tous les seigneurs de la Fronde, et le duc de Beaufort, Mme de Longueville, ainsi que douze conseillers, furent exilés. Condamnation à mort fut prononcée contre Condé.

Quant à Mademoiselle, on lui signifia seulement de quitter les Tuileries; mais, comme sa liberté lui semblait menacée et que son père ne la voulait pas auprès de lui, elle s'enfuit au hasard avec une suite peu nombreuse, et finit par se retirer dans sa terre de Saint-Fargeau, où elle passa cinq années à soupirer après la cour, s'appliquant à écrire ses Mémoires pour se distraire.

Mazarin était revenu à Paris trois mois après le roi, ramené en triomphe par Turenne. « Il y avait partout, dit l'historien déjà cité, besoin de repos, goût du travail, envie d'ordre. Tout était prêt pour la monarchie de Louis XIV; le dernier soupir des libertés municipales et des résistances féodales s'était fait entendre : la royauté absolue allait prononcer son dernier mot. »

Pendant toute sa vie, le Roi-Soleil poursuivit avec acharnement les auteurs et les souvenirs de la Fronde. Il ne la pardonna ni à Paris ni au parlement. Il suffisait d'avoir pris une part, fût-elle légère, aux troubles, pour encourir sa disgrâce et sa vengeance.

Toutefois, en 1657, permission fut accordée à Mlle de Montpensier de reparaître à la cour, qui se trouvait alors à Sedan. Mazarin s'y montra plein d'une bonhomie feinte qu'elle a fort bien décrite dans ses Mémoires.

La reine eut moins d'aménité pour sa filleule.

« Voici, dit-elle en la présentant au roi, une demoiselle qui est bien fâchée d'avoir été méchante; elle sera bien sage à l'avenir. »

Le roi voulut être convenable, et dit qu'il fallait tout oublier. Mais lui n'oublia pas le canon de la Bastille, ce canon dont Mazarin avait dit avec esprit :

« Par ce coup, Mademoiselle a tué son mari. »

Malgré sa naissance et sa fortune, la fille de Gaston ne parvint à jouer qu'un rôle effacé dans une cour où un jeune roi recherchait la jeunesse. Après avoir manqué tant de mariages, elle comptait ne pas se marier, et conserver son état de grande princesse riche et indépendante, lorsqu'elle fut prise à quarante-deux ans de l'idée d'épouser M. de Lauzun, un cadet de Gascogne, elle, « Mademoiselle, petite-fille d'Henri IV, Mlle d'Eu, Mlle de Dombes, Mlle d'Orléans, Mademoiselle cousine germaine du roi, Mademoiselle destinée au trône, Mademoiselle, le seul parti de France qui fût digne de Monsieur. »

On sait quelle admirable lettre fit écrire à Mme de Sévigné cette nouvelle, « la plus étonnante, la plus surprenante, la plus merveilleuse, etc. »

La permission demandée au roi ne fut accordée que dix ans plus tard, et n'aboutit d'ailleurs qu'à une union malheureuse, bien que chèrement payée.

Ce ne fut qu'en 1659 que Condé, ayant obtenu grâce, put mettre à nouveau son épée au service de la France. Sa sœur, la belle duchesse, était entrée depuis longtemps dans la vie privée, où elle s'était appliquée à la culture des lettres, prenant part aux discussions littéraires, alors si à la mode.

Elle s'était retirée d'abord à Montreuil, puis alla à Moulins, auprès de sa tante, l'illustre veuve du duc de Montmorency, alors supérieure d'un monastère de visitandines. Là devait s'accomplir enfin la conversion de la grande mondaine.

« Un jour, raconte elle-même Mme de Longueville, il se tira, au milieu d'une lecture de piété, comme un rideau de devant les yeux de mon esprit : tous les charmes de la vérité rassemblés sous un seul objet se présentèrent devant moi ; la foi, qui avait demeuré comme morte et ensevelie sous mes passions, se renouvela ; je me trouvai comme une personne qui, après un long sommeil où elle a songé qu'elle était grande, heureuse, honorée et estimée du monde, se réveille tout d'un coup et se trouve chargée de chaînes, percée de plaies, abattue de langueurs et renfermée dans une prison obscure. »

Toutefois, au retour du prince de Condé, la paix étant scellée, la duchesse, comme tous les autres rebelles, fut reçue à la cour avec son mari, et un accueil empressé et bienveillant ratifiait la réconciliation définitive des frondeurs.

« La piété de Mme de Longueville était alors, dit un témoin de l'époque, subordonnée aux vicissitudes d'une existence très agitée : sa dévotion se ranimait chaque fois qu'elle éprouvait une peine, un désillusionnement ou quelque défaillance de courage. »

Aussi sa volonté déclarée de s'abstenir désormais de toute intrigue politique rencontrait-elle des incrédules. Lors du traité des Pyrénées, négocié par Mazarin et le ministre espagnol don Louis de Haro, qui demandait l'amnistie de Condé et son rétablissement « dans tous les droits de sa naissance », le cardinal répondit qu'il mettait encore Mme de Longueville « au nombre des trois femmes qui seraient capables de gouverner ou de bouleverser trois grands royaumes ».

Mais, à la mort de son mari, Anne de Bourbon profita de son nouvel état d'indépendance pour se livrer à toute sa ferveur religieuse et s'occuper de son salut éternel.

La rude et longue pénitence qu'elle s'imposa, et que Mme de Motteville a qualifié de *très auguste,* lui rendit un peu de l'importance à laquelle elle voulait renoncer par humilité. Des dissidences religieuses au sujet des jansénistes de Port-Royal, et dans lesquelles elle prit sous sa protection le parti persécuté, firent donner à la duchesse le titre de « Mère de l'Église ».

« Elle concourut, dit Oscar Havard, autant qu'aucun prélat à la paix de l'Église. Ces négociations entrecroisées, si souvent renouées et non moins souvent interrompues, recommençaient pour elle l'histoire de la Fronde, et lui en rendaient les émotions. La paix conclue, Mme de Longueville fit bâtir à Port-Royal-des-Champs un corps de logis ou petit hôtel, qui communiquait par une galerie avec une tribune de l'église.

« A partir de 1672, elle se partagea entre ce séjour et celui des carmélites du faubourg Saint-Jacques, où elle s'était déjà ménagé un logement. De cruelles épreuves achevèrent de pousser la princesse vers ces deux asiles, où elle allait être si ardente à se consumer; d'abord, la perte de sa belle-sœur, la princesse de Conti; l'imbécillité et la mauvaise conduite de son fils aîné le comte de Dunois; surtout la mort de son fils chéri, le comte de Saint-Paul: tout cela la détacha de plus en plus du monde. »

Les austérités de la repentante étaient des plus sévères: elle couchait à plate-terre, et, quoique délicate, se tenait toujours debout.

Mme de Longueville ne se borna pas à ces démonstrations d'une piété intime; elle voulait réparer autant que possible les maux qu'elle avait occasionnés. « Elle se fit instruire de l'état où se trouvaient les provinces que les troupes avaient ravagées pendant les guerres entreprises, s'il faut ainsi dire, par ses ordres, et, pour réparer ces dévastations, elle y envoya faire des restitutions immenses. Anne de Bourbon ne négligea pas non plus les pauvres qu'elle avait tous les jours sous les yeux; en une seule année, elle délivra des prisons neuf cents misérables, et, dans les derniers temps de sa vie, plus de quatre mille personnes subsistaient de ses aumônes. »

Tant de vertus et de ferveur dans l'expiation ont fait dire à Sainte-Beuve :

« La vraie couronne de Mme de Longueville, celle qu'il faut d'autant plus révérer en elle qu'elle ne l'apercevait pas, qu'elle la couvrait comme de ses deux mains, qu'elle l'abaissait et la cachait contre le parvis, c'est la couronne d'humilité. »

Sa plus grande gloire, en effet, est cette gloire chrétienne qui marqua la fin de sa vie.

Dans l'énumération des renommées féminines de la Fronde, il nous faut citer, au moins pour mémoire, *Anne de Vaux*, lieutenant de mousquetaires, dont on put toujours admirer le grand courage, en la voyant sans cesse soutenir Condé contre Turenne. Si c'est la plus obscure des frondeuses, elle n'en fut peut-être pas la moins méritante.

Bataille des Dunes. (D'après Larivière.)

Une autre héroïne peut aussi être rattachée à cette époque de combats : c'est *Geneviève Brémoy*, que l'on a surnommée le *chevalier Balthazar*, à cause de sa grande témérité.

Geneviève ne prit point part aux guerres civiles de la Fronde, mais à celles plus glorieuses de sa patrie contre l'étranger.

L'Espagne, qui avait refusé de signer les traités de Westphalie mettant fin à la guerre de Trente ans, avait profité de la Fronde pour reprendre l'offensive et nous enlever en Flandre Ypres, Graveline et Dunkerque, sans préjudice de Casal en Italie.

C'est alors que Turenne s'avança en Flandre, et que Mazarin, par d'habiles négociations, fit fermer la route d'Anvers, aux secours venus d'Espagne, par six mille Anglais qui rejoignirent l'armée française.

Dans cette armée était Geneviève Brémoy comme colonel de dragons. Elle se distingua pendant toute la durée de la guerre, laquelle se prolongea pendant dix ans, à partir de 1648.

Elle fut terminée par la défaite de don Juan d'Autriche, à la *bataille des Dunes,* qui nous rendait Dunkerque, et par la *ligue du Rhin* entre la France et plusieurs princes allemands, qui s'engagèrent à fermer désormais tout passage aux troupes espagnoles.

XXVI

PHILIS DE LA TOUR DU PIN

Mme Deshoulières, le charmant poète du XVIIe siècle, que l'on a surnommée la « dixième muse », fut un jour mandée au château de La Charce, près Nyons, en Dauphiné.

La marquise de La Charce l'invitait avec tant d'insistance, que, malgré les difficultés d'un voyage à cette époque, elle consentit à traverser une partie de la France en un mauvais coche, pour se rendre auprès de son amie.

La voyageuse trouva la châtelaine dauphinoise entourée de ses dix enfants, dont six filles.

La seconde, nommée Philis, venait de sortir du couvent de Montfleury, près Grenoble, où elle avait été élevée, et c'est elle qui causait à sa mère le plus de souci.

Grisée par les récits des hauts faits de ses ancêtres, la jeune enthousiaste ne rêvait que batailles.

Son père, Pierre de La Tour du Pin Gouvernet, marquis de La Charce, ancien chef protestant au commencement du règne de Louis XIV, après s'être illustré dans vingt combats, avait été fait *mestre de camp* par le duc de Rohan.

Plus tard, il s'était converti, soumis au roi, et en avait reçu un régiment en récompense.

Philis passait sa vie à des jeux de garçon. Elle faisait des armes, montait à cheval ou chassait, parcourant les environs à l'aventure.

Tous les paysans la connaissaient : ils l'adoraient pour sa bonté et admiraient sa haute taille, son port de reine et son attitude décidée.

Mais cette existence fantasque n'était pas du goût de la marquise de La Charce, qui désirait donner un autre aliment à l'activité de sa fille.

Mme Deshoulières eut vite fait de s'attirer l'affection de « ce cavalier ». Son influence se manifesta bientôt, et la jeune exubérante prit goût aux choses de l'esprit.

Avec sa chère directrice, Philis étudia Corneille, Racine, Molière, complétant son éducation et prenant des manières plus féminines.

Cette douce intimité dura trois années, pendant lesquelles ces deux natures si différentes surent se comprendre et s'apprécier.

Le moment de la séparation fut pénible. On chercha à en atténuer l'effet par une correspondance suivie. Mme Deshoulières dédia même à son élève chérie plusieurs pièces de vers.

Cependant l'ardeur guerrière de Mlle de La Tour du Pin n'était qu'endormie : elle tressaillit d'aise à l'annonce des victoires qui illustraient le règne du Roi-Soleil. Mais elle frémit en apprenant la ligue formée à Augsbourg par les souverains d'Europe contre la dangereuse puissance de la France.

Souvent Philis s'entretenait de ses craintes avec sa sœur cadette, Mlle d'Aleyrac.

Ce fut bien autre chose, lorsqu'on apprit que Victor-Amédée II, duc de Savoie, profitant de ces troubles, venait de s'allier aux Impériaux et aux protestants du Dauphiné pour envahir cette belle province.

Les soldats du duc ne tardèrent pas à se répandre dans le pays.

A cette nouvelle, les habitants de La Charce s'émeuvent. Pourtant la bravoure est de tradition dans cette famille; mais la marquise est veuve et sans défense.

D'abord, elle et sa fille aînée, Mlle d'Urtis, se reposent entièrement sur la valeur de Catinat, envoyé par le roi de France pour repousser l'invasion.

Mais le brave général ignore trop le pays. Surpris dans les gorges et les détours des Alpes, il recule, recule toujours.

« Ah! mes enfants, gémit la châtelaine, pourquoi faut-il que votre père ne soit plus de ce monde? Qui nous sauvera maintenant?

— Moi! » s'écria tout à coup Philis transfigurée.

. . . .

Mlle de La Tour du Pin est si persuasive qu'elle communique sa confiance à tous. Elle, pour qui la contrée n'a point de secret, se propose comme guide.

Elle parcourt le pays à cheval, va, vient, « parle, presse, promet, enrôle. »

A son appel, les paysans se sont levés en masse. On les équipe comme on peut. Les seigneurs tiennent à honneur de suivre la nouvelle amazone: ils arment leurs vassaux.

Ce ne sont point des troupes régulières; elles manquent d'entraînement, mais elles ont la foi.

Partout retentit le cri de guerre de Philis :

« A moi, Dauphinois! »

Et les rangs grossissent, les volontaires accourent.

Mlle de La Tour du Pin établit son quartier général à Nyons et se met à la tête du mouvement.

Elle est suivie de sa sœur d'Aleyrac.

Tous obéissent à la voix qui se fait puissante pour la circonstance.

Comme un homme de guerre consommé, Philis commence par faire couper les ponts, garder les passages, et dirige sa troupe vers le défilé de Cabre, véritable porte de la région.

L'ennemi se sentait sûr de vaincre ; n'était-il pas dix contre un?

La rencontre eut lieu à Beaume-des-Arnauds, en août 1692. Une lutte acharnée se prolongea pendant plusieurs jours.

L'intrépide fille paya de sa personne avec une énergie sans mesure. Toujours au premier rang, général et soldat, elle apparut aux yeux de tous comme l'image vivante de la patrie.

Les troupes du duc de Savoie furent refoulées jusqu'à Saint-Pierre-d'Argenson.

L'effet de ce succès fut immense : chaque pierre, chaque buisson se leva pour ainsi dire contre les bandes de Savoie.

Il fallait les chasser complètement.

Toujours avec sa jeune sœur d'Aleyrac, Mlle de La Tour du Pin continua à guerroyer dans les défilés des montagnes : ce fut une suite de surprises et d'escarmouches.

Pendant ce temps, la mère des héroïnes et leur sœur aînée, Mlle d'Urtis, tenaient en éveil les gens de la plaine.

Grâce à ce concours de tous les dévouements et de tous les efforts, le but de Philis fut atteint, c'est-à-dire les envahisseurs expulsés jusqu'au dernier, et le Dauphiné sauvé.

Tant d'héroïsme guerrier ne pouvait demeurer caché, et

l'intendant de la province était trop fier de sa glorieuse compatriote pour ne point relater ses hauts faits dans son rapport au roi. Louis le Grand voulut voir cette vaillante et la fit mander à la cour par une lettre spéciale.

Elle y vint, en compagnie de sa mère et de sa cadette, qui, selon le dire de Philis, méritait autant qu'elle d'être présentée au roi.

Celui-ci les reçut avec de grands honneurs, les félicita lui-même de leur courage et ordonna qu'il fût fait à Philis une pension d'officier.

Il voulut de plus que les armes de la jeune guerrière, épée, pistolets, lui ayant servi dans le combat, fussent placés à Saint-Denis à côté des armes de Jeanne d'Arc, dont elle s'était montrée la digne émule.

Enfin il commanda que son portrait figurât aussi parmi les souvenirs précieux de cette ville mémorable. Sur ce portrait, gravé et publié dès 1693, l'héroïne est représentée à cheval et ressortant sur un fond de bataille.

A leur apparition à la cour, les demoiselles de La Charce furent accueillies et entourées par les personnes les plus en renom. La duchesse de Nemours avait même conçu pour les courageuses filles un si sympathique enthousiasme, qu'elle voulait les retenir auprès d'elle.

Mlle d'Aleyrac, qui aimait les arts et les milieux où ils sont le plus susceptibles de se développer, accepta de demeurer auprès de la duchesse, et tint son rang à la cour.

Mais Philis, à l'existence mondaine de Versailles, aux hommages, aux adulations, préférait la vie simple de Nyons auprès de sa mère, qu'elle chérissait à l'égal de son pays.

La « nouvelle Pallas », comme l'appelait Mme de Sévigné, revint donc dans son château patrimonial.

En passant à Lyon, elle fut accueillie par des fêtes magnifiques. La reconnaissance publique s'y manifesta par des chants, des arcs de triomphe et les plus grandes marques de respect et d'admiration.

Mlle de La Tour du Pin emporta ce doux souvenir dans sa retraite, où elle ne songea plus qu'à s'adonner aux vertus modestes de la famille et de la charité.

Jamais elle ne consentit à se marier pour ne pas quitter son *home* chéri.

C'est là qu'elle termina ses jours au mois de juin 1703.

La mort de l'héroïne fut comme un deuil public. Pourtant, hélas! tandis que l'histoire, ingrate et capricieuse, se plaisait à populariser les noms de Jeanne Hachette, de Margot Delaye et de Jeanne Maillotte, qui n'avaient défendu qu'une ville, elle laissait tomber dans l'oubli ce patriotique sauveur de toute une province.

Pour réagir contre cette injustice, un comité dauphinois dota enfin, récemment, l'une des rues de Grenoble du nom de Philis, et s'occupa de faire immortaliser par le bronze cette gracieuse figure, qui doit prendre un si bon rang au chapitre des vaillantes gloires féminines.

XXVII

JACQUELINE ROBINS

Le 16 juin 1884, la ville de Saint-Omer s'honorait en érigeant une statue à l'une de ses glorieuses filles : Jacqueline-Isabelle Robins, femme du peuple, veuve de Guillaume-François Boyaval, à laquelle les Audomarois durent leur salut en 1710.

On ne peut rappeler sans frémir cette époque néfaste de la fin du règne de Louis XIV, où la France, mise à bout par l'affreuse guerre dite de la *Succession d'Espagne,* semblait sur le point de succomber de honte et de misère, quand elle fut relevée par la *défaite* de Malplaquet.

C'était François de Savoie, plus connu sous le nom de prince Eugène, le duc John Churchill, comte de Marlborough, et le grand pensionnaire Hensius de Hollande qui formaient la coalition à laquelle Louis XIV ne pouvait plus opposer bientôt que le sage Boufflers et le vaillant Villars.

L'armée ennemie était forte de cent vingt mille hommes de troupes bien aguerries, tandis que celle des Français se composait d'une foule de paysans ou de pauvres gentilshommes que la famine avait chassés de leurs foyers.

« L'hiver avait été terrible, dit un écrivain de ce temps. La gelée dura près de deux mois avec la même force, toutes les rivières furent prises jusqu'à leur embouchure ; les bords de la mer portaient des charrettes. Un faux dégel fondit les neiges et fut suivi d'une gelée aussi forte que la précédente. Les élixirs les plus forts, les liqueurs les plus spiritueuses cassèrent leurs bouteilles dans les armoires des chambres à feu et environnées de tuyaux de cheminée. Les arbres fruitiers périrent, il ne resta plus ni oliviers, ni pommiers, ni vignes ; les jardins périrent et tous les grains dans la terre. Chacun resserra son vieux grain. Le pain enchérit à proportion du désespoir de la récolte. »

Les mouvements de l'armée française se trouvaient toujours gênés par le manque de vivres, et Villars écrivait :

« Pour donner du pain aux brigades que je fais marcher, je fais jeûner celles qui restent. »

Le roi et le duc d'Orléans envoyèrent leur vaisselle d'or à la monnaie, et les courtisans, ayant offert de suivre cet exemple, furent pris au mot. Le roi mangea dans de l'argent et les princes et princesses du sang dans de la faïence.

Quoi qu'il en soit, quand Villars, voyant les alliés s'avancer vers Mons, avait résolu de livrer la bataille de Malplaquet, son armée manquait de pain depuis deux jours. On procédait à une petite distribution de vivres quand le canon ennemi résonna. Aussitôt ces braves milices, tirées la veille de la charrue, jetèrent leur pain avec des cris de joie et coururent au combat.

La bataille de Malplaquet, si vivement disputée, eût été pour nous une victoire sans une grave blessure qui jeta Villars par terre ; mais elle fut si glorieusement perdue, et l'ennemi avait acheté par des pertes si énormes l'honneur de rester maître du champ de bataille, que le commandant en chef pouvait de son lit de douleur écrire au roi :

« Si Dieu nous fait la grâce de perdre encore une pareille bataille, Votre Majesté peut compter que ses ennemis seront détruits. »

Malgré tout, la détresse était à son comble.

« On avait, dit un historien, mangé dix ans à l'avance le revenu des villes; les hôpitaux manquaient de pain; les officiers eux-mêmes mouraient de misère; on voyait jusqu'aux valets du roi mendier dans les rues de Versailles; puis faire ouvertement la contrebande et la guerre au fisc.

« — On ne peut plus faire le service, écrivait Fénelon, qu'en escroquant de tous côtés; c'est une vie de bohémiens et non de gens qui gouvernent. »

« Le grand prélat avait été la providence de l'armée après la défaite de Malplaquet; son palais devint un hôpital; ses richesses furent prodiguées aux soldats et aux officiers; lui-même pansa les blessés de ses mains; enfin, ses biens ayant été respectés par les généraux ennemis, pleins de vénération pour sa personne, il ouvrit d'immenses magasins pour les besoins de l'armée, et l'on vit les soldats de Marlborough escorter les blés qui devaient nourrir les soldats de Villars. »

Quand les coalisés eurent réparé leurs pertes de Malplaquet, ils possédaient encore une armée double de celle que commandait Villars. Ils reprirent l'offensive et se dirigèrent vers le nord pour attaquer la seconde ligne des places fortifiées par Vauban.

Douai, attaquée la première, se rendit après cinquante-quatre jours de tranchée ouverte. Béthune succomba ensuite, puis Aire et Saint-Venant, et ces sièges coûtèrent à l'ennemi plus de trente mille hommes.

Saint-Omer, assiégée à son tour, se trouvait presque dépourvue de vivres et d'approvisionnements, et se sentait hors d'état d'opposer une résistance sérieuse.

Jacqueline Robins se présente alors devant les magistrats de la commune, et leur dit dans son langage un peu brusque :

« Ne songez-vous point à défendre notre ville?

— Tant que nous aurons une cartouche pour nos armes et du pain pour nos troupes, répondit le chef de la municipalité.

— On peut en avoir longtemps, dans ce cas, riposta la veuve Boyaval, car moi je m'offre à vous en fournir.

— Vous, pauvre femme, et par quel moyen?

— En allant en chercher.

— Et comment, puisqu'on ne peut sortir de la ville?

— J'en sortirai, si vous voulez seulement me donner une bonne arme et de l'argent pour les achats.

— Expliquez-vous.

— C'est simple : j'ai un bateau avec lequel je puis descendre le canal jusqu'à Dunkerque ; là, je remplis ma barque de vivres et de munitions, que je dissimule sous des choux et des carottes, et je rentre à Saint-Omer la nuit, comme une marchande des quatre saisons qui vient vendre ses légumes au marché.

— C'est admirablement conçu, » répliqua le magistrat.

Intéressé par l'air de profonde honnêteté de Jacqueline, il l'avait écoutée jusqu'au bout. Il ajouta :

« Mais, hélas! c'est impraticable.

— Impraticable? répéta la veuve, et pourquoi, je vous prie?

— Parce que vous seriez tuée vingt fois avant d'arriver au

but, et que je ne puis être complice de cette folie, que je juge aussi grandiose qu'inutile.

— Eh! riposta Jacqueline avec véhémence, qu'importe la vie d'une femme? Peut-elle être comparée à l'existence et à l'honneur de toute une ville? S'il me plaît à moi de la risquer, ma vie, pour sauver celle de mes compatriotes, ne suis-je pas libre, et arrêterez-vous mes efforts pour un peu de ce misérable argent dont je vous rendrai, croyez-le, un compte exact?

— Cette femme est sublime d'élan et de conviction, fit remarquer l'un des membres présents à cette scène. Je suis d'avis qu'il ne faut pas rejeter un si patriotique dévouement; c'est peut-être un secours qui nous est envoyé du Ciel. Il ne serait pas le premier en France. »

Avis pris dans l'assemblée municipale, on convint qu'on donnerait à la marinière ce qu'elle demandait, attendu qu'on pouvait toujours essayer.

Ce fut le salut; mais au prix de combien de peine, d'énergie, de courage, de bravoure et de sang-froid de la part de l'héroïne!

Elles furent nombreuses, les expéditions entreprises par Jacqueline; c'était comme une sorte d'oiseau de nuit qui toujours profite de l'obscurité pour regagner ses pénates. Elle arrivait, à la faveur des ténèbres, sur la partie du canal qui baigne la ville, laissant glisser doucement son esquif, sans troubler la tranquillité de l'onde, alors plus calme à coup sûr que son cœur.

A chaque retour, la vaillante femme se contentait de dire: « Ouf! en voilà encore une! »

Et elle ne prenait de repos qu'apres avoir déchargé et mis en lieu sûr son précieux butin.

Deux fois elle fut surprise et arrêtée par des Autrichiens, et ne dut la vie qu'à sa présence d'esprit.

« Eh! la mère, lui cria certain soir une sentinelle ennemie, qu'est-ce que tu transportes là en catimini?

— Vous le voyez, dit Jacqueline, c'est une provision de légumes dont je veux régaler mes enfants; car les pauvrets n'en mangent pas tous les jours par ces temps de disette. Et c'est pitié quand il faut que des innocents pâtissent pour toutes ces guerres auxquelles nous n'entendons rien, nous autres gens du peuple.

— Tu en as beaucoup d'enfants? demanda le soldat, qui sans doute était lui-même père de famille, à en juger par son accent de pitié subite.

— Oui, hélas! soupira la marinière, j'en ai un peu plus que de doigts à mes mains.

— C'est déjà quelque chose, répondit l'homme; mais est-ce bien sûr que tu me dis la vérité?

— Par la Vierge Marie et tous les saints du paradis, s'écria Jacqueline avec feu, j'ai plus de bouches à nourrir que je n'ai de ressources à fournir, et je veux que le Ciel m'écrase si c'est là un mensonge. »

En elle-même, la vaillante femme se disait :

N'est-ce pas pour tous mes compatriotes que je travaille? Je peux bien les nommer mes enfants.

Le gardien reprit :

« Et tu ne caches rien de suspect sous tes gros choux?

— Ah! je vous laisse bien libre d'y regarder, » s'écria Jacqueline, revêtant d'une sorte de bonhomie sa sainte et suprême audace.

La sentinelle en fut dupe. Trouvant inutile de descendre dans la barque, il la laissa passer.

Jacqueline alors remercia avec ferveur non seulement Dieu, mais tous les êtres sacrés qu'elle avait pris à témoin de sa pieuse supercherie, et se sentit prête à recommencer le lendemain à courir les mêmes périls. N'avait-elle point fait en esprit à son pays le complet sacrifice de sa personne?

Tant et si bien en dura l'effet, que le ravitaillement de Saint-Omer fut assuré, et que la coalition dut en lever le siège.

XXVIII

LES RÉVOLUTIONNAIRES

Puisque nous avons pris à tâche de parler de toutes celles qui tinrent les armes en France pour la bonne ou la mauvaise cause, nous ne pouvons passer sous silence cette époque terrible qui fit couler tant de sang et où, remarque Michelet, « tous étaient acteurs : hommes, femmes, vieillards, enfants; tous, depuis le centenaire jusqu'au nouveau-né. »

Certes, on ne peut dire que ce fut un beau rôle que celui des femmes qui s'intitulèrent elles-mêmes les *tricoteuses* et les *lécheuses de guillotine,* tout en arborant le drapeau de la Révolution; mais on n'en doit pas moins reconnaître leur énergie jusque dans le crime, et peut-être faut-il aussi, à l'exemple du grand historien ci-dessus, accorder quelque indulgence à ces femmes du peuple victimes de la disette et exaspérées par des bruits de guerre et de misère plus grande encore, que les chefs de parti ne manquaient pas de faire entrevoir pour l'avenir.

« Il y avait, au 5 octobre, dit-il, une foule de malheureuses créatures qui n'avaient pas mangé depuis trente heures. Ce spectacle douloureux brisait les cœurs, et personne n'y faisait rien, chacun se renfermait en déplorant la dureté des temps.

« Le dimanche 4, au soir, une femme courageuse, qui ne pouvait voir cela plus longtemps, court du quartier Saint-Denis au Palais-Royal et se fait jour dans la foule bruyante qui pérorait; elle se fait écouter : c'était une femme de trente-six ans, bien mise, honnête, mais forte et hardie. Elle veut qu'on aille à Versailles, elle marchera à la tête. On plaisante, elle applique un soufflet à l'un des plaisants. Le lendemain, elle partit des premières, le sabre à la main, prit un canon à la ville, se mit à cheval dessus et le mena à Versailles, la mèche allumée. »

Ce chef en jupon, ou mieux en robe d'amazone, avec chapeau à grande plume noire, était *Théroigne de Méricourt.*

Sa petite taille, ses traits mesquins et son teint roussâtre ne semblaient lui donner rien de ce qu'il faut pour commander aux foules ni pour représenter surtout les colères du peuple.

« Elle parlait à voix basse, disent des mémoires du temps, et allait, s'insinuant à l'oreille de chacun, paraissant confier à tous un grand secret. »

Disons tout de suite que cette sorte de timidité première ne tarda pas à tomber, et que cette Liégeoise mena à Paris une vie de dissipation et d'exaltation qui la poussa à pérorer dans les clubs et à user de son influence sur la classe ouvrière pour la faire se porter aux plus cruels excès. Elle devait d'ailleurs mourir folle à la Salpêtrière.

Quoi qu'il en soit, sept ou huit mille femmes s'étaient rassemblées autour d'elle le matin du 5 octobre 1789. Elles avaient, pour s'armer, emporté de l'hôtel de ville des fusils, des sabres, des piques, en un mot, tout ce qu'elles avaient pu rencontrer.

Une jeune fille de 17 ans, *Madeleine Chabry*, dite *Louison*,

Théroigne de Méricourt conduisant le peuple de Paris à Versailles.

sculpteur sur bois, fut choisie par ce troupeau déchaîné pour servir d'orateur; car le but était d'aller à Versailles trouver le roi et la reine, ou, selon leur dire, le *boulanger*, la *boulangère* et le *petit mitron*, pour leur demander du pain.

A cette bande hétéroclite s'ajoutaient des blanchisseuses, des mendiantes, des déguenillées et sans souliers et des poissardes racolées depuis plusieurs jours à prix d'argent.

« Tel est le premier noyau, et il va grossissant ; car, de force ou de gré, la troupe s'incorpore les femmes qu'elle rencontre : portières, couturières, femmes de ménage, et même des bourgeoises, chez lesquelles on monte, avec menace de leur couper les cheveux si elles ne suivent pas.

« Joignez à cela des gens sans aveu, des rôdeurs de rue, des bandits, des voleurs, toute cette lie qui s'est entassée à Paris et qui surnage à chaque secousse : il y en a déjà à la première heure derrière la troupe des femmes à l'hôtel de ville ; d'autres partiront après elle le soir et dans la nuit. D'autres attendent à Versailles. A Paris et à Versailles beaucoup sont soudoyés : tel, en sale veste blanchâtre, fait sauter des pièces d'or et d'argent dans sa main.

« Voilà la fange qui, en arrière, en avant, roule avec le fleuve populaire ; quoi qu'on fasse pour la refouler, elle s'étale et laissera sa tache à tous les degrés du débordement[1]. »

A la ville, quatre ou cinq cents femmes avaient forcé la garde, qui s'était contentée de leur présenter la baïonnette, sans vouloir tirer sur elles. Ces créatures sans vergogne chargèrent la cavalerie et l'infanterie, qui se trouvaient dans le fond de la place, à coups de pierres, et entrèrent dans les bureaux pour piller et brûler les écritures, les *paperasses,* disant que tous les hommes de l'hôtel de ville étaient bons

[1] Taine, *Origine de la France contemporaine.*

à pendre et qu'elles allaient le faire, et brûler aussi le bâtiment.

Pendant ce temps, sur la place de Grève, la foule des femmes s'était accrue encore de nouvelles affamées et sauvages, qui criaient :

« Du pain! et à Versailles! »

L'un des vainqueurs de la Bastille, l'huissier Maillard, se propose pour chef de cette cohue : on l'accepte; il bat du tambour et la fait sortir de Paris.

Dans le long trajet de la capitale à Versailles, sous la pluie et dans la boue, l'irritation n'avait fait qu'augmenter; elle était à son comble quand on arriva aux portes de l'Assemblée.

Une vingtaine de femmes seulement y entrèrent; les autres pénètrent en foule dans les galeries, armées de bâtons, de hallebardes et de piques. Une poissarde commande, et les autres crient ou se taisent à son appel.

« Qui est-ce qui parle là-bas, s'écrie-t-elle en désignant un député. Faites taire ce bavard. Il ne s'agit pas de longs discours, il nous faut du pain. Qu'on fasse parler notre *petite mère Mirabeau,* nous voulons l'entendre. »

Quant à celles qui étaient entrées dans la salle d'audience, elles restèrent interdites. La vue de Louis XVI surtout leur causa une émotion extraordinaire, et la célèbre Louison Chabry, qui si bien devait prendre la parole, put à peine articuler : « Du pain! » et tomba évanouie.

Le roi, attendri, la fit secourir, et, lorsque revenue à elle son premier mouvement fut de baiser la main du monarque, il l'embrassa comme un père; et elle se mit à crier : « Vive le roi! »

« Toutes sortirent enthousiasmées; les cœurs n'étaient point endurcis. Ils allaient et revenaient, en un moment, de la haine à l'amour; mais la moindre circonstance pouvait faire prévaloir la haine [1]. »

Hélas! ces occasions ne manquèrent pas.

Pourtant, le lendemain, on avait donné satisfaction au peuple par des distributions de pain et des décrets permettant l'entrée des grains; et une partie des femmes, avec Maillard et Louison Chabry, étaient rentrées à Paris; mais le reste voulait y ramener le roi.

Louis XVI dut céder : il quitte Versailles entouré de cent députés, « toute une armée, tout un peuple. »

Cette foule s'ébranle devant et derrière le roi : hommes, femmes vont à pied, à cheval, en charrette, en fiacre ou sur des affûts de canon. Les femmes portent à leurs piques de grosses miches de pain ou des feuilles de peuplier déjà jaunies par octobre. Elles sont heureuses de leur victoire, qui devait faire dire :

« Si les hommes ont pris la Bastille royale au 14 juillet, les femmes ont pris la royauté elle-même le 6 octobre. »

Mais quelle victoire que celle-là ! et de combien de cruautés et de crimes ne fut-elle pas suivie?

« Les femmes, écrit M. Havard, entraînèrent les hommes, précipitèrent les émeutes, firent marcher les milices nationales, se mirent entre les troupes royales et les hordes patriotiques, lancèrent l'attaque, paralysèrent la défense. Les hommes tuaient, elles massacrèrent.

« Le lendemain d'octobre, les furies des Halles, les « reines de Hongrie », les Audu, les Agnès Lefèvre, les Petit, les M.-L. Bouju, les Olympe de Gouges, les Théroigne de Méri-

[1] Ed. Quinet.

court couraient les rues de Paris avec un tambour de la garde soldée ; elles faisaient halte à chaque carrefour ; le tambour battait l'appel, et l'une de ces citoyennes annonçait au public, à très haute voix, qu' « elles venaient d'apporter à Paris les têtes de deux gardes du corps, et qu'on pouvait aller les voir au Palais-Royal ».

« La Révolution, dit-il encore, honorait les poissardes comme ses amazones ; elle leur donnait la médaille patriotique, elle les faisait placer à sa droite dans toutes les fêtes. Les poissardes devenaient un ordre révolutionnaire : la Halle primait le Tiers. Aux prestations du serment civique, elles occupaient les premières loges des théâtres. Entre les deux pièces, elles descendaient sur la scène danser la carmagnole, dans le tumulte et le brouhaha des applaudissements. Bientôt il ne suffit plus aux femmes d'être flagelleuses ; elles s'adjugent aussi un rôle les jours où les piques se reposent ; et, comme Théroigne de Méricourt, elles veulent conseiller l'État, gourmander les ralentissements du cynisme, pousser à coups de motions le char de la Révolution. Elles emplissent les rues, elles inondent le jardin des Tuileries ; et, sur la terrasse des Feuillants, le café Hottot devient un repaire de sanglantes ménades expectorant de cyniques quolibets. Une matrone de Paris, la femme *Lallemant*, préside à ce troupeau hurlant et jette aux députés modérés les plus grossières et les plus odieuses injures.

« Villette avait demandé, en 1790, que toute fille ou toute femme majeure fût admise aux assemblées primaires. Les femmes révolutionnaires ne tardent pas à former des clubs : la *Société des femmes républicaines et révolutionnaires*, la *Société des amis de la Constitution*. Elles veulent dépasser les hommes en ardeur civique ; et, « considérant qu'ils sont lâches pour n'avoir point fait sanctionner le décret sur la constitution civile du clergé, » elles décrètent solennellement que, si la loi n'est pas sanctionnée sous huit jours, « quatre légions de femmes de cœur se mettront en marche pour différentes expéditions. » Elles ajoutent que, « si un seul des mouchards-sabreurs et coupe-jarrets du général ose montrer son nez, on lui coupera le sifflet à coups de coutelas, et leur héros sera lanterné à côté de son cuistre municipal. »

« L'apôtre des exécutions populaires, Marat, prend sous sa protection le club féminin. Huit mille femmes devaient s'enrôler chevalières du poignard; mais en s'exerçant elles se blessèrent. Marat tombe lui-même sous le poignard d'une femme (Charlotte Corday), et le projet en resta là. »

Plus tard, il fallut que la Convention nationale rendît un décret pour défendre aux femmes d'assister à aucune assemblée politique. Chaumette renvoya brusquement celles qui se présentaient à la Commune coiffées d'un bonnet rouge, en leur disant : « On n'a besoin de Jeanne d'Arc que sous Charles VII. »

Ajoutons que c'est pitié, quand on voit la femme sortir à ce point du rôle de douceur et de sainte modération dont elle doit se parer dans la double attribution d'épouse et de mère, et profaner par de tels excès la bonté naturelle de son cœur.

Cette dernière se faisait jour encore quelquefois par intermittence. Pour s'en convaincre, il faut rappeler l'anecdote citée par Mme Campan, célèbre institutrice de l'époque :

« L'une des plus furieuses jacobines qui défilaient avec la horde révolutionnaire, dit-elle, s'arrêta pour vomir mille imprécations contre la reine. Marie-Antoinette lui demanda si elle l'avait jamais vue auparavant, elle répondit que non ;

si elle lui avait fait quelque mal personnel, sa réponse fut de même ; mais elle ajouta :

« — C'est vous qui faites le malheur de la nation.

« — On vous l'a dit, reprit la reine, on vous a trompée. Épouse d'un roi de France, mère du Dauphin, je suis Française. Jamais je ne reverrai mon pays ; je ne puis être heureuse ou malheureuse qu'en France ; j'étais heureuse quand vous m'aimiez. »

« Cette poissarde se mit à pleurer, à lui demander pardon et lui dire :

« — C'est que je ne vous connaissais pas ; je vois que vous êtes bien bonne. »

On peut, d'après cela, juger du facile entraînement que pouvaient subir ces masses féminines ignorantes et aimantes, et combien on en devait obtenir en flattant leurs passions mêmes.

XXIX

THÉOPHILE ET FÉLICITÉ DE FERNIG

C'était au mois d'octobre 1792. La république venait d'être proclamée, et toutes les nations de l'Europe coalisées contre elle ne cherchaient qu'à envahir le territoire français. C'est alors qu'eurent lieu des levées en masse : l'Assemblée législative avait déclaré *la patrie en danger*, et une foule de jeunes gens s'engageaient pour la défendre, sous les ordres de Kellermann et de Dumouriez.

Les départements qui se trouvaient près des frontières avaient compris les premiers qu'il était de leur devoir d'arrêter l'étranger au passage, et ils s'étaient levés d'eux-mêmes pour garantir le sol national.

« La France, dit M. de Lamartine, n'était qu'un camp dont ils se considéraient comme les avant-postes. Indépendamment des bataillons qu'ils envoyaient à Dumouriez, des compagnies de volontaires formées d'hommes mariés, de vieillards et d'adolescents, sans autre loi que le salut public, sans autre organisation que le patriotisme, sans autres chefs que les plus braves, sortaient des petites villes, des villages, des fermes, surprenaient les détachements ennemis, repoussaient l'invasion des avant-gardes et combattaient contre les hulans légers de Clairfayt. Des femmes mêmes accompagnaient leurs maris dans ces expéditions rapides, des filles leur père : tous les âges et tous les sexes voulaient payer leur tribut d'enthousiasme et de sang à la patrie. »

Dans le petit village de Mortagne, situé sur l'extrême limite de la France touchant à la Belgique, habitait alors un ancien officier en retraite, M. de Fernig, qui était père d'une nombreuse famille.

Il était veuf. Deux de ses fils servaient, l'un à l'armée du Rhin, l'autre à celle des Pyrénées, et, de ses quatre filles vivant avec lui, deux étaient encore enfants, tandis que les aînées touchaient à peine à l'adolescence.

L'une, qui s'appelait Théophile, avait seize ans; l'autre, Félicité, en comptait dix-sept. Toutes deux étaient pieuses, bonnes et dévouées à leur famille.

M. de Fernig n'avait pu demeurer indifférent à ce qui se passait autour de lui : son sang de vieux soldat s'était réveillé au contraire; il commandait la garde nationale de Mortagne, et enflammait de son ardeur les paysans qu'il menait au combat. Il les aguerrissait par des escarmouches continuelles contre les pillards et les incendiaires qui désolaient ces parages; et il ne se passait guère de nuit où il n'eût à diriger lui-même quelqu'une de ces expéditions répressives.

Pendant ce temps, ses deux filles Félicité et Théophile tremblaient pour les jours de leur père. Serrées l'une contre l'autre dans la salle basse de leur demeure, on aurait pu les voir pâlir et tressaillir à chaque coup de fusil qu'on entendait dans le lointain.

Un soir, Théophile dit à sa sœur :

« La vie que nous menons est intolérable, et si je m'écoutais...

— Que ferais-tu? demanda Félicité avec feu.

— J'irais prendre ma part des dangers que court notre père, au lieu de le laisser exposé ainsi seul, sans appui, sans secours, aux coups de ces terribles hussards autrichiens ou de ces maraudeurs sans asile, plus redoutables encore.

— J'avais la même pensée, déclara Félicité; nous menons ici une vie inutile et malheureuse, et, si tu n'étais ma cadette, il y a longtemps que je t'aurais demandé de partir.

— Comment nous y prendre? questionna à son tour Théophile, anxieuse.

— Nous habiller en homme et suivre notre père.

— Il nous reconnaîtra, nous renverra!

— Oh! que non! La nuit, et avec les allures des fils de son fermier, comment veux-tu qu'il aille supposer que ce sont ses filles? Non, non, crois-moi, nous pouvons tromper sa vigilance sur ce point, et ce ne sera pas mal faire puisque c'est pour lui et pour la patrie... »

« Elles couvèrent, dit l'auteur cité plus haut, leur résolution dans leur âme et ne la révélèrent qu'à quelques habitants du village dont la complicité leur était nécessaire pour les dérober aux regards de leur père. Elles revêtirent des habits d'homme, que leurs frères avaient laissés à la maison en partant pour l'armée; elles s'armèrent de leurs fusils de chasse, et, durant plusieurs nuits, avec la petite colonne guidée par M. de Fernig, elles firent le coup de feu contre les maraudeurs autrichiens, s'aguerrirent à la marche, au combat, à la mort, et électrisèrent par leur exemple les braves paysans du hameau.

« Le secret fut longtemps et fidèlement gardé. M. de Fernig, en rentrant le matin dans sa demeure, et en racontant à table les aventures, les périls et les exploits de la nuit à ses enfants, ne soupçonnait pas que ses propres filles avaient combattu au premier rang de ses tirailleurs et quelquefois préservé sa propre vie. »

Un soir, Théophile et Félicité étaient parties furtivement comme de coutume, allant, aussitôt le départ de leur père, endosser leurs vêtements masculins pour prendre la suite du fermier François, qui avait grade de sergent, et qui protégeait leur pieuse fraude.

On était arrivé à la lisière du bois que tous les braves Ardennais connaissaient et dont ils avaient, en maintes circonstances, utilisé les fossés ou les buissons au profit de leur cause.

Cette fois, l'ennemi semblait au delà.

« Sergent François, dit tout à coup M. de Fernig, prends avec toi une poignée d'hommes les plus déterminés et les plus sûrs, et vous viendrez avec moi, de l'autre côté de la forêt, voir où se tient le gibier de maraude, afin de le saisir au passage.

— Nous en sommes, » dirent tout bas deux voix faibles mais fermes.

François sentit qu'il ne pouvait pas résister à tant de décision, dont il n'avait pas manqué, dans l'ombre, de reconnaître la source.

La petite troupe, composée d'une quinzaine de personnes, suivit le commandant. Parvenue au sommet d'une éminence, on la divisa pour lui faire prendre faction derrière quelques arbres.

Théophile et sa sœur étaient là, le cœur battant, le fusil

prêt à partir, l'œil au guet perçant les ténèbres pour chercher à distinguer l'ennemi.

Soudain un bruit de branches froissées se fit entendre, et un groupe de maraudeurs parut, marchant à pas furtifs. Point de doute, ils se dirigeaient du côté du gros de l'armée, c'est-à-dire vers la ferme.

Le commandant les laissa passer, puis aussitôt cria :

« Feu !... »

Quinze coups partirent à la fois.

A ce bruit, tous les Français sortirent du bois, et en un instant les pillards autrichiens se trouvèrent cernés de toutes parts.

« Rendez-vous! commanda M. de Fernig, vous aurez la vie sauve! »

Mais ces gens, un moment découragés, s'étaient bientôt aperçus qu'ils étaient supérieurs en nombre à la troupe ardennaise.

Leur chef à son tour cria :

« En masse! et sus aux Français! »

On semblait si bien s'être habitué à l'obscurité, qu'on voyait presque clair dans la nuit. Alors ce fut un combat à outrance, une fusillade nourrie et meurtrière, où les deux soldats féminins prenaient leur part, sans jamais perdre de vue celui qui, l'épée à la main, ne cessait de commander :

« En avant! en avant! »

Tout à coup, comme il s'élançait dans la mêlée, elles l'entourèrent aussi, l'épée haute, entraînant le reste de la troupe par leur valeureux exemple et leur téméraire ardeur; mais un hussard autrichien, qui s'était glissé dans l'ombre, était parvenu jusqu'au chef.

Soudain il brandit son sabre et va l'atteindre par derrière.... Un coup de feu retentit en même temps qu'un formidable juron de détresse : le hussard tombait, renversé à la fois par la détente du pistolet de Théophile et par le coup d'épée de Félicité. L'une avait atteint la tête, l'autre le cœur; ensemble elles avaient sauvé leur père.

M. de Fernig, en se retournant, constata à la fois le danger qu'il avait couru et la manière dont il y échappait; mais il n'eut pas le temps de remercier ses deux sauveurs. Il n'avait même pas pu distinguer leur visage au milieu des ténèbres, et la frêle silhouette de ces deux soldats ne rappelait aucun nom à sa mémoire de combattant.

Et puis la lutte continuait, elle appelait le chef à de plus hautes responsabilités qu'à ses obligations personnelles. Il fallait vaincre. D'ailleurs, on en prenait le chemin : les Autrichiens, abattus par la mort du hussard qui les enflammait, se défendaient plus mollement. A une seconde injonction de M. de Fernig, ils rendirent les armes.

Quand la petite troupe rentra à Mortagne, elle était harassée, mais heureuse de son triomphe; le tambour ne battait plus que sur une caisse déchirée par les balles; mais des chants joyeux accompagnaient ses roulements, car on avait pu relever tous les blessés, et on ramenait des prisonniers en nombre.

En approchant du village, la tête de file s'arrêta brusquement, les chants cessèrent, et le tambour suspendit ses *ra-fla :* un son de clairon et d'allègres sonneries venaient de frapper les oreilles de chacun, et c'est la stupéfaction qui avait pour un instant cloué au sol la vaillante colonne. Un détachement militaire était donc de ce côté.

M. de Fernig savait que le général Beurnonville commandait le camp de Saint-Amand, à peu de distance de l'extrême frontière ; mais il ne supposait pas que ce puissant chef, ayant eu connaissance des déprédations occasionnées par les bandes de Clairfayt, avait résolu d'y mettre un terme en venant balayer, avec sa cavalerie, tous ces fourrageurs ennemis.

Le jour commençait à poindre quand la colonne du vaillant noble rencontra, sur la place de Mortagne, le régiment à cheval. Le général la fit arrêter au passage, et, mettant lui-même pied à terre, il s'avança vers M. de Fernig en disant :

« Laissez-moi, commandant, donner l'accolade fraternelle au héros qui a su si bien mériter de la patrie. Je suis chargé par le gouvernement de la France de vous remercier, vous et vos hommes, de ce que vous avez fait pour le pays, et de vous offrir en son nom cette épée d'honneur.

— Ah! général, répondit M. de Fernig, rempli d'une intraduisible émotion, jamais je n'oublierai l'insigne faveur dont je vous suis redevable. Vos paroles me vont au cœur; mais je les trouve trop flatteuses, car je n'ai fait que remplir mon devoir de bon citoyen; l'armée et la France avaient eu mon premier amour, pourquoi n'auraient-elles point le dernier?

— Cette France serait invincible, commandant, si elle n'avait que des défenseurs comme vous! Je sais que cette nuit encore vous vous êtes signalé d'une façon toute spéciale, et qui faillit vous coûter la vie.

— Oh! cette nuit, repartit l'ex-officier, ce n'est point à moi que doit revenir la palme, car je m'étais laissé surprendre, et, sans le dévouement de deux de mes soldats, dont je ne sais même pas le nom, c'en était fini de celui à qui vous accordez en ce moment une si haute récompense. En bonne conscience, ils la mériteraient plus que moi, car ils se sont battus comme des diables, et leur élan semblait irrésistible pour le reste de la troupe.

— Vous me les présenterez, dit Beurnonvillle. Au surplus, je veux passer en revue tous ces braves; puisqu'ils ont fait œuvre de soldats, leur courage les rend dignes d'être traités en hommes de guerre. »

Alors, d'une voix unanime, ces paysans, qu'animait un si pur patriotisme, s'écrièrent du fond du cœur :

« Vive le général! Vive notre commandant! »

Et, fièrement, ils formèrent deux lignes sous les yeux du chef empanaché, qui leur apparaissait alors comme la personnification de la France.

En passant devant le front de cette troupe bizarre et bariolée, Beurnonville s'aperçut que deux des plus jeunes volontaires semblaient chercher à se dissimuler derrière leurs compagnons pour se dérober à ses regards. Il en fit la remarque à M. de Fernig en disant :

« Vous avez là deux modestes recrues dont la timidité ne s'explique guère chez des gens habitués à manier le fusil. Au surplus, ils ont l'air d'adolescents; faites-les donc avancer.

— Eh! mais, riposta le gentilhomme, c'est assez l'aspect de mes jeunes sauveurs. »

Il leur donna l'ordre de s'approcher.

Les rangs s'ouvrirent et laissèrent à découvert deux paysans au visage tellement bruni par la fumée du combat, que l'on n'y distinguait plus aucun trait : les yeux s'étaient cerclés de rouge aux émanations cuisantes de la poudre, et les lèvres restaient noires des cartouches déchirées avec les dents.

« Votre nom? » demanda M. de Fernig, de plus en plus

surpris de ne pas connaître tous les combattants de sa petite armée.

D'un même mouvement, les jeunes volontaires avaient

Bataille de Valmy. — En avant! Vive la Nation!

posé leur fusil, et, se précipitant à genoux aux pieds du commandant dont elles enlaçaient les jambes de leurs tendres bras, elles s'écriaient, tremblant comme des coupables :

« Pardon, père! pardon!...

— Félicité!... Théophile!... mes filles!... suffoqua M. de Fernig au comble de l'abasourdissement.

— Pardon! répétèrent les pieuses héroïnes.

— Et de quoi donc? » demanda l'heureux père en relevant et en étreignant ses deux enfants.

En cette minute de suprême effusion, le gentilhomme avait tout oublié, la fatigue, les combats, le général, l'épée d'honneur, la France peut-être. Tout en pleurant d'émotion, il répétait avec amour :

« Ce sont mes filles qui m'ont sauvé la vie! »

Enfin, reprenant son sang-froid, il les présenta à Beurnonville, qui, dit-on, mordait sa moustache pour cacher une larme d'attendrissement.

Sous l'empire de cette impression sympathique, le digne général félicita chaleureusement le « soldat Félicité » et le « soldat Théophile » de leur belle conduite, leur en promettant une juste récompense.

Beurnonville tint en effet à décrire lui-même cette scène touchante dans son rapport. Le gouvernement s'empressa à son tour de faire connaître l'héroïsme de ces gracieuses conquérantes à la France entière, et il leur envoya des chevaux et des armes d'honneur au nom de la patrie.

Là ne devait pas se borner le rôle glorieux des demoiselles Fernig : on allait les retrouver à Valmy, à Jemmapes avec Dumouriez, combattant, triomphant, sauvant les blessés ennemis après les avoir vaincus, et donnant ainsi par une religieuse charité le double exemple des vertus civiques et des vertus chrétiennes.

Les exploits de ces étonnantes filles ont été remarquablement racontés par l'illustre auteur des *Girondins*.

« Dumouriez, dit-il, à l'époque de son premier commandement en Flandre, les signala à l'admiration de ses soldats du camp de Maulde. A nos premiers revers, leur maison, désignée à la vengeance des Autrichiens, fut incendiée. M. de Fernig n'avait plus d'autre patrie que l'armée. Dumouriez emmena le père, le fils et les deux filles avec lui dans la campagne de l'Argonne.

« Il donna au père et au fils des grades dans l'état-major. Les jeunes filles, toujours entre leur père et leur frère, portaient l'habit, les armes, et faisaient les fonctions d'officiers d'ordonnance. Elles avaient combattu à Valmy, elles brûlaient de combattre à Jemmapes.

« L'aînée, Félicité de Fernig, suivait à cheval le duc de Chartres, qu'elle ne voulait pas quitter pendant la bataille.

« La seconde, Théophile, se préparait à porter au vieux général Ferrand les ordres du général en chef, et à marcher avec lui à l'assaut des redoutes de l'aile gauche.

« Dumouriez montrait ces deux charmantes héroïnes à ses soldats comme un modèle de patriotisme et comme un augure de la victoire. Leur beauté et leur jeunesse rappelaient ces apparitions merveilleuses des génies protecteurs des peuples à la tête des armées le jour des batailles.

. . . .

« Thouvenot, pour répondre à la pensée de son général et de son ami, Ferrand, pour racheter son hésitation du matin et pour rattacher la victoire à ses cheveux blancs, firent mille fois le sacrifice de leur vie en entraînant les grenadiers, l'infanterie de ligne et les volontaires décimés, de gradin en gradin, sur les plateaux étagés de Jemmapes.

« Écrasé par une grêle de boulets et d'obus qui labouraient les pentes sous ses pieds, renversé de son cheval tué sous lui, Ferrand, relevé par Thouvenot, se place à pied, son chapeau à la main, à la tête des grenadiers, saisit un fusil et charge à la baïonnette dans les rues du village, sous la mitraille des Autrichiens. Son sang coule, il ne le sent pas.

« Rozières, avec ses quatre bataillons, menace de tourner Jemmapes par la gauche. Les huit escadrons qu'il a placés en observation s'élancent et gravissent au galop la rampe du village. Les redoutes étouffées se taisent. Un détachement de chasseurs à cheval se précipite sur un des derniers bataillons de grenadiers hongrois qui luttent encore avec la colonne du centre. La jeune Théophile de Fernig, chargeant avec ses chasseurs, renverse de deux coups de pistolet deux grenadiers, et fait de sa main prisonnier le chef de bataillon, qu'elle conduit désarmé à Ferrand.

. . . .

« C'en était fait du centre, entraîné bientôt tout entier de proche en proche dans un courant de terreur et de confusion, quand le duc de Chartres, qui combattait en avant, se retourne et voit à sa gauche la déroute de ses bataillons. A l'instant, tournant la tête de son cheval déjà blessé à la croupe d'un éclat d'obus, il s'élance le sabre à la main, suivi de son frère le duc de Montpensier, de la plus jeune des sœurs Fernig et d'un groupe de ses aides de camp, à travers les hussards ennemis. Il traverse la plaine en se faisant jour à coups de pistolet; il arrive au plus épais de la mêlée, au milieu des lambeaux de brigades en retraite.

« La voix du jeune général, l'élan de la victoire qui respire sur les physionomies du petit groupe qui l'accompagne, la honte qu'éprouvent les soldats intimidés en voyant une jeune fille de seize ans leur reprocher de fuir devant les dangers qu'elle brave, la poudre et le sang qui sillonnent le visage du duc de Montpensier, les supplications des officiers qui se jettent l'épée à la main sur le derrière de leurs compagnies, défiant leurs soldats de leur passer sur le corps, suspendent la déroute et fixent autour de l'état-major du jeune prince un noyau de volontaires de tous les bataillons. Il les rallie à la hâte, il les encourage et les entraîne.

« — Vous vous appellerez, leur crie-t-il, le bataillon de Jemmapes, et demain le bataillon de la victoire, car c'est vous qui la tenez dans vos rangs. »

La prédiction s'accomplit : la France inscrivit sur les tablettes d'or de ses succès la victoire de Jemmapes, à côté de celle de Valmy ; et les demoiselles de Fernig purent en prendre leur part de gloire.

Tous ces faits parlent d'eux-mêmes ; ils montrent plus éloquemment que tous les discours comment le patriotisme joint à l'amour filial sut, chez des femmes qui n'étaient encore que des enfants, porter l'héroïsme jusqu'aux limites du merveilleux.

XXX

BRAVE L'ANGEVIN

A Mme de La Rochejaquelein, dont nous parlerons bientôt, on doit l'histoire vécue de la Vendée et des causes qui amenèrent son soulèvement.

« Pendant que le nord de la France tombait entre les mains de l'ennemi, dit-elle, l'ouest se révoltait. La Vendée organisait décidément la guerre civile.

« Ce pays n'avait pu ni comprendre ni accepter la Révolution. Le régime féodal y avait toujours été très doux. Dans la Vendée, les châteaux étaient bâtis et meublés sans magnificence ; on ne voyait en général ni grands parcs ni beaux jardins. Les gentilshommes y vivaient sans faste et avec une simplicité extrême. Les rapports mutuels des seigneurs et de leurs paysans ne ressemblaient pas non plus à ce qu'on voyait en général dans le reste de la France ; il régnait entre eux une sorte d'union peut-être inconnue ailleurs. Les propriétaires y affermaient peu leurs terres ; ils partageaient les productions avec le métayer qui les cultivait. Le seigneur traitait paternellement les paysans, les visitait dans leurs métairies, causait avec eux de leur position, du soin de leur bétail, prenait part à des accidents et à des malheurs qui lui portaient aussi préjudice. Il allait aux noces de leurs enfants et buvait avec leurs convives.

« Les dimanches on dansait dans la cour du château, et les dames se mettaient de la partie. Quand on chassait le sanglier, le loup, le curé avertissait les paysans au prône ; chacun prenait son fusil et se rendait avec joie au lieu assigné ; les chasseurs postaient les tireurs, qui se conformaient strictement à tout ce qu'on leur ordonnait. Dans la suite, on les mena au combat de la même manière et avec la même docilité.

« En 1789, les habitants du Bocage[1] avaient vu déjà avec crainte et chagrin tous ces changements qui ne pouvaient que troubler leur bonheur, loin d'y ajouter. Lorsqu'on forma des gardes nationales, le seigneur fut prié dans chaque paroisse de la commander. Quand il fallut nommer des maires, ce fut encore le seigneur qui fut choisi. On ordonna d'enlever des églises les bancs seigneuriaux ; l'ordre ne fut point exécuté. Le serment des prêtres vint encore accroître le mécontentement. Quand les gens du Bocage virent qu'on leur ôtait des curés auxquels ils étaient accoutumés, qui connaissaient leurs mœurs et leur patois, qui presque tous étaient tirés du pays même, qui s'étaient fait vénérer par leur charité, et qu'on les remplaçait par des étrangers, ils ne voulurent plus aller à la messe de la paroisse. Les prêtres assermentés furent insultés ou abandonnés. Le nouveau curé des Échaubroignes fut obligé de s'en retourner sans avoir pu obtenir même du feu pour allumer les cierges...

« Après le 10 août, les mesures devinrent plus sévères ; on

[1] Partie de la Vendée.

poursuivit, on persécuta avec plus d'acharnement les prêtres insermentés; on ferma quelques chapelles. Plusieurs des nouveaux administrateurs se montrèrent de plus en plus durs et insolents avec un peuple habitué à la douceur et à la justice. Les paysans se rassemblèrent, armés de fusils, de faux, de fourches, pour entendre la messe dans la campagne et défendre leur curé si on voulait le leur enlever. »

La mort du roi porta l'irritation à son comble; et la petite ville de Saint-Florent, sur les bords de la Loire au-dessous d'Angers, donna le signal de la révolte, le 10 mars 1793.

Les jeunes gens de ce canton, appelés pour satisfaire à une levée de trois cent mille hommes qui venait d'être décrétée, ne se rendirent à cet appel que pour aller piller l'hôtel de ville. Ils rentraient alors tranquillement chez eux, lorsque Cathelineau fit changer leurs dispositions.

« Jacques Cathelineau, du village de Pin-en-Mauges, voiturier, colporteur de laines, père de cinq enfants en bas âge, était un des hommes les plus respectés de tous les paysans du canton. Il était à pétrir le pain de son ménage, lorsqu'il entendit raconter ce qui venait de se passer : aussitôt il prit la résolution de se mettre à la tête de ses compatriotes, et de ne pas les laisser en proie à toutes les rigueurs qui menaçaient le pays. Sa femme le supplia de ne point songer à ce projet; il n'écouta rien. Essuyant ses bras, il remit un habit, alla sur-le-champ rassembler les habitants, et leur parla avec force du châtiment que tout le pays allait subir si l'on ne se déterminait pas à se révolter ouvertement. Cathelineau était fort aimé de tout le monde. C'était un homme sage et pieux. Le courage et la chaleur qu'il mit dans ses exhortations entraînèrent les jeunes gens. Aussitôt, une vingtaine s'arment et promettent de marcher avec lui; ils partent sur-le-champ.

« Le nombre s'accroît ; ils arrivent au village de la Poitevinière. Cathelineau fait sonner le tocsin, rassemble les habitants, leur répète ce qu'il a persuadé à leurs voisins ; bientôt sa troupe est de plus de cent hommes. Alors il se détermine à aller attaquer un poste républicain de quatre-vingts hommes qui était placé à Jallais avec une pièce de canon. On marche en se recrutant sans cesse sur la route. Le poste est enlevé. On y fait des prisonniers, on s'empare de la pièce, que les paysans surnomment le *Missionnaire;* on prend aussi des armes et des chevaux.

« Encouragé par ce premier succès, Cathelineau entreprend le jour même d'attaquer Chemillé, où se trouvaient deux cents républicains et trois pièces de canon. Les révoltés étaient déjà plus de quatre cents ; ils essuient une première décharge, fondent sur leurs ennemis et remportent un avantage prompt et complet. »

Tel est le début de cette guerre, dont les héros furent, avec Cathelineau et Stofflet, les gentilshommes Lescure, Bonchamps, d'Elbée, Charette et La Rochejaquelein, qui ne dédaignèrent pas de s'associer aux deux chefs populaires pour créer une véritable armée.

Nous verrons le sort de plusieurs d'entre eux. Cathelineau mourut des suites d'une blessure reçue à Nantes, et Charette devait être plus tard fusillé dans cette même ville.

Nous ne pouvons raconter en détail cette guerre mêlée de tant de succès et de revers. A la mort de Cathelineau les Vendéens restaient maîtres de leur pays, dont ils avaient chassé les républicains ou *bleus;* et ils visaient surtout, auprès d'Angers, à s'emparer de Santerre, le bourreau de Louis XVI, qu'ils voulaient enchaîner dans une cage de fer.

Ils avaient failli réussir.

Le 14 août de cette même année, Marceau, malgré son courage, s'était laissé battre à Chantonnay, lorsqu'arriva Kléber avec une armée. Les forces républicaines se partagèrent en quatre corps qui partirent le jour même pour Saumur, Nantes, les Sables-d'Olonne et Niort, afin de séparer les Vendéens de la mer, où une flotte anglaise venait les secourir.

La division de ces troupes empêcha d'abord l'unité de direction, et des contre-ordres donnés imprudemment, en suspendant la marche de trois divisions, laissèrent la quatrième exposée seule aux coups de l'ennemi pendant quelque temps.

A la tête de deux mille Mayençais, Kléber se voit attaqué par vingt mille Vendéens, soit dix contre un ; il plie sous la supériorité du nombre et force lui est de reculer. C'est alors que, pour arrêter les révoltés au passage d'un pont, il y plaça un officier et quelques soldats en leur disant :

« Mes amis, vous vous ferez tuer ici. »

La consigne fut exécutée bravement.

Mais, le même jour, on apprenait que la colonne d'Angers s'était fait battre aux Ponts-de-Cé, et que l'héroïne de la victoire était une femme, qui avait fait, à elle seule, vingt et un prisonniers.

Cette femme, ou plutôt cette jeune fille, se nommait Renée Bardereau.

Elle était née à Soulaine près d'Angers, en 1770, d'une famille de villageois dont les mœurs pures et simples ne concevaient rien au delà de son seigneur et de son curé, qu'on traduisait par : « Dieu et la patrie. »

Renée montrait dès son jeune âge une piété exemplaire, et l'ardeur de ses sentiments la prédisposait à cette sainte exaltation qui devait faire à la Vendée une si belle page dans l'histoire, empreinte d'un dévouement et d'un caractère si extraordinaires.

La jeune paysanne souffrait des excès et des vengeances dont sa chère province d'Anjou était le théâtre. Tout à coup elle apprend que son père et quarante et un des membres de sa famille ont péri de mort violente ; elle s'écrie :

« Ces républicains sont d'abominables gens, j'irai moi-même pour les combattre et venger mes parents partout où j'en trouverai l'occasion ! »

Elle se fit soldat. S'habillant en homme, elle s'enrôla dans l'armée vendéenne et y déploya un sang-froid et une énergie toute virile.

On la voyait surtout aux avant-postes, où elle combattait le pistolet au poing contre la cavalerie ennemie, et son ardeur était si téméraire qu'on l'avait bien vite surnommée : « Brave l'Angevin. »

Un jour Renée fut blessée dans un engagement, et transportée sans conaissance à l'hôpital. Dans les soins qu'on lui donna, son sexe fut découvert. Quand on lui en fit l'observation, elle répondit avec feu :

« Qu'importe que je sois femme, si l'on ne s'en aperçoit point à ma vaillance! Le mot bravoure est féminin, cherche-t-on moins pour cela à le mettre en pratique? »

Et Renée continua son rôle, sans faiblesse.

Elle-même raconta de quel esprit elle était animée ; et elle cite, dans des *Mémoires* qu'elle rédigea plus tard, un fait qui peint bien la virilité de son caractère.

Un de ses oncles combattait dans l'armée républicaine, il était devenu son ennemi. De plus, c'est à ses dénonciations qu'elle attribuait le massacre de sa famille.

« Je l'avais renié pour un des miens, dit-elle, et quand je le vis, à la tête d'un détachement ennemi, s'avancer vers moi, je lui tranchai la tête d'un coup de sabre, sans lui laisser le temps de souffler. »

L'exploit de Renée Bardereau aux Ponts-de-Cé est demeuré célèbre.

L'héroïne ne s'en tint pas là. Suivant l'armée dans son expédition d'outre-Loire, elle reçut plusieurs blessures dans différents engagements; mais rien n'arrêtait son valeureux courage.

Rien, pas même la défaite; car l'armée vendéenne, après avoir gagné deux grandes batailles près de Dol, allait éprouver les déroutes d'Angers et du Mans, qui lui portèrent un coup fatal.

Renée avait pris sa part de ces luttes; et, loin de déposer alors les armes, elle fut une des premières à se distinguer dans la guerre de tirailleurs, organisée à la suite des désastres par cette Vendée qui voulait se défendre jusqu'à la mort.

Après que le général Hoche eut enfin pacifié la vaillante contrée, Renée Bardereau se retira dans ses foyers; mais on ne sut pas l'y laisser tranquille, la si militante Vendéenne fut bientôt arrêtée et faite prisonnière. Elle y demeura pendant toute la durée de l'Empire.

Au retour des Bourbons, en 1814, l'héroïne angevine fut rendue à la liberté, et M. de La Rochejaquelein l'ayant fait connaître au roi Louis XVIII, celui-ci la combla d'hommages et d'honneurs.

En reconnaissance, le Brave l'Angevin dédia au célèbre héros vendéen les *Mémoires* avec lesquels elle avait occupé les longues heures de sa réclusion.

Elle mourut en 1824, après s'être encore battue en 1815.

XXXI

MADAME DE LA ROCHEJAQUELEIN ET LES VENDÉENNES

« Au milieu des scènes hideuses qui signalent la Révolution, dit un auteur moderne, dans ce cataclysme où s'opère, au prix de tant de douleurs et de crimes, la transformation de la société française, il se produit de sublimes exemples de dévouement, d'indomptable foi, d'oubli des injures, de patriotisme, et les femmes ne sont point les dernières à se souvenir de leur origine chrétienne. »

Alors, après nous avoir cité la duchesse de Noailles, qui périt si saintement sur l'échafaud, et ses cinq filles, dont l'une devait être Mme de La Fayette, la femme du héros qui combattit en Amérique pour la liberté des colonies, Mme de La Fayette, qui voulut sans faiblesse partager elle-même toutes les chances de cette hasardeuse entreprise, on arrive à la plus célèbre de ces admirables figures, à Mme de La Rochejaquelein.

Elle portait les prénoms de Marie-Louise-Victoire, était la fille unique du marquis de Donnissan et la filleule de Madame Victoire, tante de Louis XVI. Cela seul n'eût-il point sufti à expliquer l'affection dévouée qu'elle et tous les siens conservaient à la famille royale?

A l'âge de dix-sept ans, Mlle de Donnissan avait épousé son cousin germain, M. de Lescure, et quand le soulèvement du Bocage éclata elle habitait avec lui le château de Clisson, près de Bressuire.

« Ces gens combattent pour nous autant que pour eux, dit-elle à son mari; ils n'ont de ressource que dans leur courage, nous devons le seconder et nous mettre à leur tête. »

M. de Lescure, gagné par cette verve persuasive, se décida à prendre part aux tristes événements et alla rejoindre l'armée vendéenne avec Henri de La Rochejaquelein, dont on ne saurait trop répéter les paroles mémorables :

« Mes amis, si j'avance, suivez-moi; si je recule, tuez-moi; si je meurs, vengez-moi. »

« M. de Lescure, dit un biographe, tint sa femme éloignée des troupes pendant la première partie de la guerre. Tant qu'il y eut en Vendée un lieu sûr et à l'abri des excursions des Bleus, les chefs y envoyèrent les femmes et les enfants. Ce fut seulement pendant la période des revers que l'armée fut suivie par un cortège de femmes, d'enfants, de blessés et de vieillards.

« L'entrée de l'armée catholique à Saumur fit sortir pour la première fois Mme de Lescure de sa retraite. M. de Lescure avait été blessé au Pont-Fouchard. La jeune femme, alors à Pommeraye-sur-Sèvre, était en train de dîner, quand un exprès lui apporte une lettre de son mari. A la lecture de ce billet, Mme de Lescure s'élance hors de la maison, et, trouvant un petit cheval dans la cour, elle saute sur la selle, et, sans donner le temps d'appareiller les étriers inégaux, elle part au galop et franchit en trois quarts d'heure une distance

Henri de La Rochejacquelein. — « Si j'avance, suivez-moi; si je recule, tuez-moi; si je meurs, vengez-moi. » (Tableau de J. Le Blant.)

de trois grandes lieues par les plus affreux chemins. « Depuis, « raconte-t-elle, je n'ai eu aucune frayeur de monter à « cheval. »

« Mme de Lescure trouve son mari debout, mais en proie à une fièvre ardente. Le héros vendéen ne profite pas moins de ce repos forcé pour chercher à nouer des rapports avec Charette, qu'il félicite de la prise de Machecoul.

« Charette complimente à son tour la grande armée du dernier succès qu'elle vient d'obtenir à Saumur. A partir de ce moment, Charette devient l'ami du saint du Poitou, et Mme de Lescure associe son sort à celui de son mari.

« Avant de gagner Cholet, M. de Lescure avait envoyé dire à sa femme de quitter Beaupréau et de se rendre à Vezins. Mme de Lescure touchait à l'époque la plus malheureuse de sa vie. Sa mère venait d'avoir la fièvre maligne, elle était à peine convalescente ; il avait fallu sevrer sa petite fille à neuf mois, l'inquiétude avait fait tarir le lait de la nourrice. Avec sa mère malade, sa tante, l'abbesse, fort avancée en âge, son enfant souffrant, voilà donc Mme de Lescure condamnée à errer de bourg en bourg, de château en château, avertie souvent au milieu de la nuit, par le bruit du canon, qu'il est temps de fuir et que les républicains approchent.

« Mais la pire de ces inquiétudes est celle que lui inspire le sort de son mari. Cette anxieuse témérité qui anime le saint du Poitou, et qui lui fait toujours chercher le poste le plus périlleux, cause à sa jeune femme des transes mortelles. Elle a peur de ce courage qui fait son orgueil. Elle sait qu'une fois le combat commencé, Lescure n'est plus ni époux ni père, mais soldat.

« Elle a raison de trembler. M. de Lescure a été grièvement blessé à Cholet, et cette blessure a même occasionné la perte de la bataille. Au fort du combat, le héros vendéen avait aperçu à vingt pas de lui un détachement de républicains, et s'était aussitôt écrié :

« — En avant, mes amis! »

« En cet instant même, une balle le frappant au sourcil gauche était sortie derrière l'oreille. Mme de Lescure trouve son mari dans un état affreux, la tête fracassée et entourée d'un bandeau tout taché de sang. A ses souffrances physiques vient s'ajouter une violente torture morale. Lescure est presque aussi inquiet du sort de sa femme que celle-ci du sort de son mari; des trois courriers qu'il a détachés à sa rencontre, aucun ne l'a rejointe. La malheureuse femme ne serait-elle pas tombée entre les mains des Bleus, qui n'épargnent pas plus les femmes que les hommes?

« Malgré ses souffrances, M. de Lescure se montre très sensible au bonheur de revoir sa femme. Cependant leur réunion a lieu sous de bien tristes auspices, au milieu d'une retraite qui ressemble à une déroute, dans un village encombré de fuyards et de blessés, à la veille d'un nouveau combat.

« Hélas! la grande guerre était terminée, et la vie allait bientôt finir pour Lescure.

« Après la terrible et infructueuse bataille que les Vendéens, au nombre de quarante mille, livrèrent sur la lande de Cholet aux républicains, qui leur étaient supérieurs en nombre, le passage de la Loire fut résolu : ce fut la Bérésina de la Vendée. Quatre-vingt mille personnes, soldats, blessés, femmes, vieillards, enfants, se pressaient sur le bord du fleuve; il semblait que le salut fût de l'autre côté. Ce qu'il y avait sur l'autre rive, c'était l'inconnu, que l'on supposait préférable aux souffrances actuelles. Il était impossible de retenir les paysans. Ils n'espéraient plus que dans le soulèvement de la Bretagne. »

Ce fut près de Fougères que la belle âme de M. de Lescure s'apprêta à quitter la terre, et rien n'est plus touchant que le récit des derniers épanchements de ce ménage d'élite, racontés par Mme de Lescure dans ses *Mémoires* :

« J'ai toujours servi Dieu avec piété, dit le saint homme à ce moment suprême ; j'ai combattu et je meurs pour lui, j'espère en sa miséricorde. J'ai souvent vu la mort de près et je ne la crains pas. Je vais au ciel avec confiance. Je ne regrette que toi, j'espérais faire ton bonheur. Si je t'ai jamais donné quelque sujet de plainte, pardonne-moi. »

« Son visage était serein, ajoute la noble femme ; il semblait qu'il fût déjà dans le ciel. Seulement, quand il me répétait : « Je ne regrette que toi, » ses yeux se remplissaient de larmes. Il me disait encore :

« Console-toi en songeant que je serai au ciel ; Dieu m'inspire cette confiance. C'est sur toi que je pleure. »

Pourtant, au milieu de cette agonie, on doit partir : les Bleus étaient aux portes de Fougères, il fallait fuir. Quel voyage ! On mit le pauvre homme expirant dans une voiture, sur un matelas ; sa femme est à ses pieds, entendant tous les gémissements que lui arrachent ses atroces souffrances, rendues plus vives par le mouvement du véhicule.

Il expira dans la nuit. Et c'est avec une peine excessive que la pauvre affligée put faire pénétrer le cadavre de son cher époux dans la ville de Fougères, afin de le mettre sous la protection de l'armée, qui devait le conduire en secret à Avranches, pour y être enterré, en échappant aux profanations des Bleus.

Dans cette ville de Fougères, dont les Vendéens gardaient

les portes, la triste veuve retrouva des amis de Lescure, entre autres Henri de La Rochejaquelein. Aucun ne trouve une parole de consolation à lui dire, tous pleurent avec elle le héros qui avait su se rendre cher et respectable à toute l'armée.

« Vous avez perdu votre meilleur ami, » dit-elle à Henri.

Il répondit avec un accent inoubliable :

« Ma vie peut-elle vous le rendre? Prenez-la. »

La mort de M. de Lescure laissait sa triste veuve dans le désespoir. Toutefois il ne devait pas suffire pour lui faire abandonner la noble tâche qu'elle avait entreprise avec lui. Elle ne pouvait oublier qu'elle avait été la première à distribuer aux Vendéens les cocardes blanches qui les distinguaient de leurs ennemis, et que par conséquent elle se devait à cette armée des Blancs.

Elle va avec elle d'Avranches à Granville, puis à Dol, où l'on remporte deux victoires, les dernières, hélas!

Dans cette ville, elle a le bonheur de sauver la vie à un pauvre égaré, qui avait volé une pièce d'étoffe et qu'on allait fusiller pour ce fait. Puis elle se trouve elle-même entraînée au milieu de trois à quatre cents cavaliers qui poussaient comme cri de ralliement :

« Allons, les braves, à la mort! »

L'un d'eux, ayant levé son sabre sur cette inconnue qui se trouve parmi eux, s'écrie :

« Ah! poltronne de femme, tu ne passeras pas.

— Par pitié, laissez-moi, dit-elle, je vais être mère et suis presque mourante.

— Passez, alors, répond le cavalier, vous êtes assez à plaindre. »

Un peu plus loin, elle rencontre un jeune aide de camp

de seize ans qui ralliait les fuyards et qui, ne reconnaissant pas la veuve de son général, s'écrie :

« Que toutes les femmes s'arrêtent et qu'elles empêchent les hommes de fuir ! »

Sans faire la moindre observation, Mme de Lescure se place aux côtés de l'adolescent et y reste immobile pendant trois quarts d'heure. Puis elle rencontre le soldat qu'elle avait sauvé et l'exhorte à aller se battre, pour se réhabiliter. Le malheureux obéit, ramasse un fusil, court au feu et se conduit en brave.

Les Vendéennes furent particulièrement admirables pendant ce combat, comme elles l'avaient été durant la plus grande partie de la guerre. Que de fois les républicains trouvèrent des femmes parmi les morts restés sur le champ de bataille ! Les vaillantes royalistes ne se contentaient pas d'exciter leurs maris ou leurs frères, le plus souvent elles prenaient les armes.

« J'ai vu, dit notre héroïne, une petite fille de treize ans qui était tambour dans l'armée de d'Elbée et passait pour fort brave; une de ses parentes était avec elle au combat de Luçon, où elles furent tuées toutes deux à l'armée de M. de Bonchamp. »

C'est alors qu'elle cite Renée Bardereau, se faisant cavalier pour venger la mort de son père, et parle des prodiges de valeur qu'elle accomplit sous le nom de l'Angevin, pendant toutes les guerres de la Vendée.

Quant à Mme Bonchamp, on la vit rallier les gens de l'armée de son mari, qui s'enfuyaient.

Mme de Donnissan rappelle à son devoir Stofflet, qui, un instant emporté par la déroute, vole aussitôt à l'avant-garde, accomplissant des actes d'une héroïque valeur.

Mme de Lescure cite encore la femme de chambre de Mme de La Chevalerie, qui, prise d'un élan superbe, saisit un fusil, lance son cheval au galop, en criant :

« Au feu les Poitevines ! »

En racontant ce fait, l'auteur ajoute avec une admirable simplicité :

« Malgré mon peu de bravoure, j'eus bien le désir de m'opposer à la déroute ; mais j'étais si faible, si malade, que je ne pouvais me soutenir. Je voyais de loin quelques personnes de connaissance, je n'osais pas me remuer pour aller les rejoindre, dans la crainte de paraître fuir et d'ajouter ainsi au désordre. »

Après Dol, l'armée vendéenne s'était dirigée sur la Flèche, puis contre Angers, sans pouvoir arriver à franchir les murailles de cette ville, non plus que les remparts du Mans.

« Quand les Vendéens échouèrent devant Angers, dit le biographe à qui nous avons emprunté les premières pages, Mme de Lescure, qui sentait se glisser dans son cœur la contagion du désespoir commun, éprouva le vague désir d'aller aussi au feu et de risquer sa vie. Après avoir dormi sur la paille au bruit du canon, elle monte à cheval, et, voyant que les Vendéens reculent sur toute la ligne, elle s'engage fort avant sur le champ de bataille. Effrayé, son père dépêche vers la vaillante femme un cavalier qui prend le cheval par la bride et le ramène en arrière. Mme de Lescure perdit sa tante dans cette retraite d'Angers et faillit perdre sa petite fille, qu'elle menait avec elle depuis le passage de la Loire. Mais la pauvre enfant était si malade, qu'il était impossible de l'emporter. Mme de Lescure confia l'enfant à d'honnêtes paysans des environs d'Ancenis.

Ce qui restait de l'armée vendéenne marchait un peu au

hasard. Enfermés à l'ouest et au sud-ouest par la Loire et par l'Océan, au nord-ouest par la Vilaine, les derniers Vendéens trouvent les issues fermées par les baïonnettes des Bleus. Cette armée agonisante présente alors le plus étrange aspect. C'est à peine si les survivants de tant de combats se reconnaissent, sous les misérables haillons qui ont remplacé les anciens vêtements. »

Mme de Lescure a décrit elle-même son propre costume.

« Elle avait sur la tête un capuchon de laine violet; elle était enveloppée d'une vieille couverture et d'un grand morceau de drap fixé à son cou avec des ficelles. Elle portait trois paires de bas en laine jaune et des pantoufles retenues à ses pieds par de petites cordes; son cheval avait une selle à la houzarde, avec une chabraque de peau de mouton. Ce n'était point encore le plus étrange de ces costumes. Le chevalier de Beauvolliers combattait enveloppé d'une robe de procureur et coiffé d'un chapeau de femme par-dessus un bonnet de laine. Un des meilleurs officiers de l'armée de M. de Royrand, M. de Verteuil, s'était fait tuer, quelques jours auparavant, vêtu de deux cotillons de femme, l'un attaché autour de son cou, l'autre noué autour de sa ceinture. »

La journée du 23 décembre 1793, à Savenay, fut la dernière de la Vendée. Et c'est seulement alors que Mme de Lescure consent à quitter l'armée vendéenne, qui, d'ailleurs, n'existait plus. A force de courage et de sang-froid, elle parvient à échapper aux soldats républicains chargés de son arrestation. Elle passe la Loire, se réfugie chez de braves paysans, qui la cachent pendant plusieurs mois, puis s'expatrie.

L'amnistie de 1794 lui permet de rentrer en France. Elle

se retire dans son château de Citran, près de Bordeaux, où elle vécut dans la retraite, pleurant à la fois son mari et sa fille, qu'elle avait eu aussi la douleur de perdre.

La révolution du 18 fructidor (4 septembre 1797), opérée par le Directoire, la força de nouveau à s'expatrier.

Elle reparut en France à l'époque du Consulat, et fut alors recherchée en mariage par le marquis Louis de La Rochejaquelein, frère d'Henri.

Jusque-là, elle n'avait pas voulu entendre parler de se remarier, malgré les instances de sa mère, qui la trouvait trop jeune pour perpétuer son veuvage; mais le souvenir et le beau nom de Lescure lui tenaient trop au cœur. Quand elle rencontra un La Rochejaquelein, ce fut comme « deux illustres débris de la Vendée qui se tendaient la main au milieu des ruines pour s'entr'aider à les réparer[1] ».

« Il me sembla, dit-elle, que l'épouser c'était m'attacher encore plus à la Vendée, unir deux noms qui ne devaient point se séparer. »

Ce mariage eut lieu le 1er mars 1802.

Maréchal de camp et commandant de la compagnie des grenadiers à cheval de la maison du roi Louis XVIII, Louis de La Rochejaquelein s'était attiré l'estime et la considération générales.

Mais en 1815, au moment des Cent-Jours, le héros vendéen reparaît et veut prouver qu'on sait encore, en son pays, mourir pour la monarchie. Il envoie sa femme et sa jeune famille en Espagne, et, avec le secours de l'Angleterre, prépare dans l'ouest une prise d'armes générale.

De loin, Mme de La Rochejaquelein assiste aux succès de

[1] Oscar Havard, *Les Femmes illustres.*

son mari. Elle le voit ramenant Louis XVIII à Paris, et lui en rouvrant les portes.

Mais, hélas! il y a souvent loin du rêve à la réalité. Débarqué en Vendée le 16 mai, Louis de La Rochejaquelein, après avoir déployé une valeur digne de son aîné, était tombé sous les balles des impériaux en allant reconnaître une position ennemie.

Marie-Louise-Victoire ne revint de son troisième exil que pour apprendre que son second époux était mort comme le premier, en héros.

« Peu de jours après celui où Mme de La Rochejaquelein reçut la nouvelle de cet immense malheur, reprend l'auteur des *Femmes illustres*, la Restauration s'accomplit. Il n'y avait plus, pour cette noble veuve, de joie sur la terre; mais elle avait encore des devoirs à remplir. Elle s'établit à Orléans, au milieu des siens, et devint la mère de la Vendée. Sa bourse, son temps et son crédit furent mis au service de toutes les familles vendéennes nécessiteuses. Elle éclaira la reconnaissance royale et suppléa quelquefois à de tristes oublis. Elle appelait l'aîné des Cathelineau son fils aîné, et elle le traitait comme une tendre mère. »

Alors aussi elle consacra ses loisirs à la publication des *Mémoires* dans lesquels elle retrace les titres glorieux des deux héros qui lui avaient été si chers.

Elle mourut en 1857, dans sa quatre-vingt-cinquième année.

« Si Marie-Louise-Victoire de Donnissan, remarque encore la même personne, était née un siècle plus tôt, elle n'eût été qu'une grande dame; sa vie se fût écoulée dans les pompes de la cour et eût offert cette heureuse monotonie qui laisse peu de choses à dire au biographe et à l'historien. Dieu ne voulut pas qu'il en fût ainsi. Il fit naître Mme de La Rochejaquelein avec une génération qui devait assister à toutes les vicissitudes humaines. L'immuable fixité de sa conduite toujours droite, toujours semblable à elle-même, au milieu de la mobilité perpétuelle des événements, donne la valeur d'une leçon et l'autorité d'un exemple à la vie de celle qui eut l'insigne honneur de porter dignement deux des plus grands noms de l'histoire contemporaine.

« Son existence apporte un utile enseignement à tous les chrétiens et à toutes les chrétiennes. Tour à tour au faîte des des prospérités et en butte aux épreuves les plus cruelles, on apprend d'elle à user de la fortune et à supporter le malheur. »

XXXII

LES DÉCORÉES DE L'EMPIRE

Dans l'armée de volontaires qui partait pour défendre la patrie contre l'ennemi coalisé, il n'y eut pas que les deux valeureuses filles de M. de Fernig. A ce sujet on lit dans un auteur spécial de la Révolution :

« Le Dauphiné, la sérieuse, la vaillante province qui ouvrit la Révolution, fit des fédérations nombreuses et de la province entière, et de villes et de villages. Les communes rurales de la frontière, sous le vent de la Savoie, à deux pas des émigrés, labourant près de leurs fusils, n'en firent que de plus belles. Bataillons d'enfants armés, bataillons de femmes armées. A Maubec, elles défilaient en bon ordre, le drapeau en tête, tenant, maniant l'épée nue, avec cette vivacité gracieuse qui n'est qu'aux femmes de France. »

A Angers, elles voulaient aussi partir, suivre la jeune armée d'Anjou et de Bretagne qui se dirigeait sur Rennes.

Elles voulaient prendre leur part des dangers de leurs époux et de leurs frères, soigner les blessés, nourrir les combattants et, à l'occasion, leur prêter aide et secours.

Plusieurs jeunes filles avaient juré qu'elles n'épouseraient jamais que les cœurs vaillants qui s'étaient dévoués pour la patrie.

Le vent de sacrifice autant que de gloire qui poussait alors aux enrôlements y entraînait un grand nombre de femmes.

Parmi celles-ci se trouva Marie Schellinck, jeune Belge qui, engagée dans l'armée française, s'y distingua tout particulièrement en 1792.

Amenée par la suite des circonstances à faire partie des troupes de Bonaparte, elle le suivit dans plusieurs combats glorieux et y conquit son galon d'adjudant, devenant ainsi un soldat de carrière.

Avec le grand conquérant devenu empereur, Marie Schellinck vit, le 2 décembre 1805, se lever le « soleil d'Austerlitz », ce soleil qui devait éclairer la plus brillante victoire de Napoléon et des armées françaises.

La bataille était livrée contre les armées russe et autrichienne réunies; et, avant de la livrer, il avait été acclamé par les démonstrations enthousiastes de quatre-vingt mille hommes, dont les uns voulaient « fêter l'anniversaire de son couronnement » et les autres lui promettaient un bouquet pour le lendemain.

Un des vieux grenadiers, s'approchant de l'empereur, lui avait dit :

« Sire, tu n'auras pas besoin de t'exposer. Je te promets au nom des grenadiers de l'armée que tu n'auras à combattre que des yeux et que nous t'amènerons demain les drapeaux de l'artillerie russe pour célébrer l'anniversaire de ton couronnement. »

Lui-même sentait la victoire, car il avait dit à l'aide de camp de Masséna qu'on lui avait dépêché pour une mission :

« Demeurez près de moi: tels et tels mouvements vont

avoir lieu; à telle heure j'attaquerai l'ennemi sur tels points;

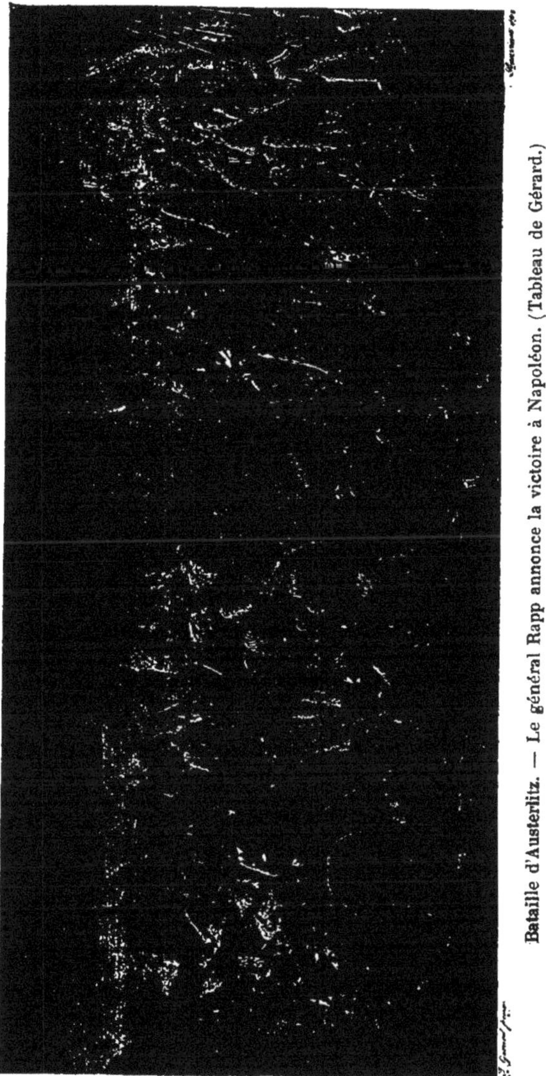

Bataille d'Austerlitz. — Le général Rapp annonce la victoire à Napoléon. (Tableau de Gérard.)

mes manœuvres auront tels résultats, et vers telle heure vous irez annoncer à Masséna la victoire. »

Tout se passa comme le fameux stratégiste l'avait décrit, et dès le lendemain il pouvait dire à ses troupes assemblées :

« Soldats, je suis content de vous. Vous avez décoré vos aigles d'une gloire immortelle. Une armée de cent mille hommes, commandée par les empereurs de Russie et d'Autriche, a été en moins de quatre heures ou coupée ou dispersée. Rentrés dans vos foyers, il vous suffira de dire : « J'étais à Austerlitz, » pour qu'on vous réponde : « Voilà « un brave ! »

L'ennemi comptait dans ses pertes quinze mille morts, dix mille prisonniers, deux généraux blessés, une douzaine de tués, plusieurs aides de camp et un grand nombre d'officiers de distinction.

« Le soir de la journée, dit un rapporteur, et pendant plusieurs heures de la nuit, l'empereur Napoléon parcourut le champ de bataille et fit enlever les blessés. Il passait avec la rapidité de l'éclair, et rien n'était plus touchant que de voir ces braves gens le reconnaître. Les uns oubliaient leurs souffrances et disaient :

« — Au moins la victoire est-elle bien assurée ? »

« Les autres :

« — Je souffre depuis huit heures, et depuis le commencement de la bataille je suis abandonné ; mais j'ai bien fait mon devoir. »

« A chaque soldat blessé, l'empereur laissait une garde qui le transportait dans les ambulances. »

Au milieu de ces victimes de la gloire se trouvait l'adjudant Marie Schellinck. Elle aussi avait largement fait son devoir, et avec tant de noblesse et de courageuse témérité, que l'empereur ne la fit relever du sein de ce carnage que pour placer sur sa blessure, comme le baume le plus salutaire, la belle croix de la Légion d'honneur.

C'était la seconde femme qui, depuis le commencement de l'empire, avait mérité cette haute distinction.

La première était une cantinière, *Virginie Ghesquière,* que l'empereur, qui se « connaissait en bravoure », avait également nommée chevalière en 1803.

Une autre devait recevoir plus tard la même distinction, en récompense de hauts faits accomplis, en grande partie, sous les ordres du célèbre conquérant. J'ai nommé *Angélique Duchemin,* veuve Brulon.

Cette brave, fille, sœur et femme de soldats, appelée à devenir soldat elle-même, était née à Dinan en 1772.

Après avoir vu mourir au champ d'honneur son père Duchemin, Brulon son mari, et aussi ses frères, Angélique s'était trouvée comme attirée, fascinée par le danger, et elle s'engagea au 42e d'infanterie.

Sa belle conduite la fit bientôt parvenir au grade de caporal-fourrier.

C'est en cette qualité qu'elle prit part au siège de Calvi, en mai 1794.

Alors le grand Carnot, qui mérita le glorieux titre d'*organisateur de la victoire,* s'était fait l'instigateur d'une admirable résistance de notre patrie contre les forces coalisées de toute l'Europe.

Dans une succession de victoires et de revers, les Anglais nous avaient pris les Antilles, Pondichéry, et convoitaient la Corse.

Paoli, le célèbre législateur de ce pays par lui enlevé aux Génois et cédé à la France, avait eu des difficultés avec la Convention, qui gouvernait alors notre contrée. Pour se venger, l'illustre Corse était entré en correspondance avec l'amiral anglais Nelson, qui, le 2 février de cette même année 1794, lui envoyait un secours de deux mille hommes.

Avec cette flotte, Paoli s'était emparé de Bastia et de la petite ville de Saint-Florent, dans le golfe du même nom.

Le jeune Bonaparte faisait partie de ceux qui se battaient contre ce vieil ami de sa famille.

La ville de Calvi, construite sur une montagne, presque entièrement entourée d'eau, est le point le plus fortifié de la Corse, autant par la nature que par la muraille qui l'environne. Déjà citée au temps des Romains par sa position militaire hors ligne, elle avait au moyen âge résisté au célèbre Barberousse. Paoli vint y mettre le siège.

Calvi voulut prouver aux Anglais que ses défenseurs n'étaient pas dégénérés, et le 42ᵉ de ligne, qui faisait partie de ces derniers, montra un courage remarquable. Le caporal Angélique s'y distingua tout particulièrement pendant les longs jours où l'on tint tête à l'ennemi, sans aucune défaillance.

Postée à la défense d'un point stratégique important, l'héroïne fut blessée en remplissant son devoir avec une téméraire ardeur.

On l'enleva du champ de bataille.

Peu après, hélas ! elle avait la douleur d'apprendre que tant d'efforts et de vaillance étaient demeurés infructueux : Calvi avait dû se rendre, affamée par l'ennemi, et l'île de Corse, d'où l'on expulsait les Français, se donnait au roi d'Angleterre, à qui Paoli offrait la souveraineté de son petit royaume.

L'audacieux chef devait le regretter amèrement : les Anglais le trompèrent. Pour être sûr qu'il ne reviendrait pas à son ancienne affection envers la France, ils l'amenèrent vivre à Londres, terre d'exil.

On dit qu'il avait prédit au futur empereur ses hautes destinées et lui avait dit :

« Vous serez un homme de Plutarque. »

L'héroïne de Calvi devait voir de près ces succès du jeune officier corse, car elle ne cessa de suivre les armées impériales, et toujours elle arrivait à conquérir de nouveaux grades avec de nouvelles blessures.

Ce qu'Angélique Duchemin aimait avant tout, c'était la France, c'était la patrie qu'elle servait sous tous les régimes en s'attirant, sans réserve, la même estime et la même admiration. Aussi voyait-elle, en 1822, la Restauration lui décerner l'épaulette, et en 1851 Louis-Napoléon la décorer de la Légion d'honneur.

Il y avait alors une trentaine d'années que la veuve Brulon était aux Invalides.

Sur le registre matricule de cet établissement, où tant de valeureux soldats sont venus achever tranquillement leur existence, en se rappelant leurs vieilles gloires, on pourrait lire encore :

« Angélique-Marie-Joseph Duchemin, veuve Brulon, sous-lieutenant d'infanterie, sept campagnes, trois blessures. »

N'est-ce pas là une enviable carrière?

La digne femme la vit se terminer à l'âge de quatre-vingt-huit ans, au milieu du respect universel et de l'hommage de tous les vrais Français, en particulier des Bretons ses compatriotes.

XXXIII

LA DUCHESSE DE BERRY

Le 13 février 1820, il y avait représentation à l'Opéra, situé alors rue Richelieu, sur le terrain de la place Louvois.

Ce soir-là, l'assistance était nombreuse et brillante. La présence de *Monsieur,* duc de Berry, neveu du roi Louis XVIII, et de *Madame* en rehaussait l'éclat.

Cette princesse, née Caroline-Ferdinande-Louise de Bourbon, fille du roi de Sicile Ferdinand Ier, était, par son mariage avec le second fils de Charles X, devenue un des ornements de la cour de France. Madame était gaie, vive, spirituelle, aimait les arts, les modes nouvelles, les bals, les plaisirs, et mettait à tout ce qu'elle entreprenait l'élan d'une nature méridionale secondée par l'inexpérience d'une jeunesse de dix-huit ans.

C'était certes un contraste bien frappant avec sa belle-sœur, la duchesse d'Angoulême, dont l'austère nature restait empreinte des tristesses de son enfance : elle n'avait pu, même sur les degrés du trône futur, où sa nouvelle destinée semblait l'appeler, oublier ni la prison du Temple, ni la fin tragique de tous les siens au milieu des horreurs de la Révolution.

Mais Monsieur trouvait à son gré l'exubérance de sa femme, et il la rassurait quand les conseils sévères de la vertueuse fille de Marie-Antoinette donnaient des craintes pour l'interruption de ses plaisirs.

Ceux-ci, d'ailleurs, ravissaient la cour, plus facilement entraînée vers la gaieté de Caroline que vers les austérités du vieux roi Louis XVIII et de ses successeurs désignés.

La jeune étourdie, toute aux joies présentes, ne se doutait pas alors que, du bonheur qu'on peut trouver sur la terre, celui des princes est souvent le plus facile à anéantir.

Elle allait en faire la triste expérience.

Se trouvant fatiguée, au milieu du spectacle, Madame désira se retirer. Son mari, toujours empressé, voulut l'accompagner jusqu'à sa voiture. Il devait revenir ensuite assister à la fin de la pièce.

Après avoir salué sa femme, le duc se retourne. Au même instant, un homme s'élance, surgissant on ne sait d'où, et le frappe en plein cœur.

Le malheureux s'affaisse en s'écriant :

« Je suis blessé ! »

A ce moment, le carrosse de Madame s'ébranlait. Elle a entendu ce cri déchirant. Sans prendre le temps de faire abaisser le marchepied, elle saute de la voiture au risque de se briser sur le sol.

Elle n'y songe même pas. Avec sa fougue naturelle, Madame se précipite sur le corps de son mari, l'enlace de ses bras, cherchant à le retenir à la vie, pendant qu'un flot de sang inonde sa toilette de fête.

Pendant ce temps, on entoure l'assassin, on l'arrête, on

La victime est transportée dans le cabinet du directeur.

lui ôte son arme, une alêne de cordonnier. C'est un garçon sellier nommé Louvel, qui a voulu, dit-il, « exterminer le dernier descendant d'une race ennemie. »

La victime est transportée dans le cabinet du directeur, pendant que le spectacle se poursuit. On ignore dans la salle ce qui vient de se passer.

Les plus célèbres praticiens sont appelés au chevet du blessé. Tout fut vain, et, le lendemain 14 février, le duc de Berry s'éteignait dans d'épouvantables souffrances, supportées avec une vaillance qui eût suffi à elle seule à racheter les torts d'une plus longue existence.

La douleur de Madame éclata alors avec violence : on ne put la calmer qu'en lui faisant comprendre qu'elle devait être mère dans quelques mois, et que la famille royale comptait sur elle pour offrir un héritier direct au trône de France, attendu que le duc d'Angoulême n'avait pas d'enfants.

Le 29 septembre de la même année, Caroline de Bourbon donna en effet naissance à un fils que l'on appela « l'enfant du miracle », et qui reçut le nom d'Henri, duc de Bordeaux, comte de Chambord, plus souvent désigné sous le nom d'Henri V, bien qu'il n'ait jamais régné. Il avait été, dit-on, baptisé comme le roi de Rome, avec de l'eau apportée du Jourdain.

En 1824, Charles X succédait à son frère; mais une nouvelle révolution, en juillet 1830, fit éclater la guerre civile. Elle dura trois jours, coûta la vie à un grand nombre de citoyens, et ne se termina que par l'abdication du roi et celle du Dauphin Louis-Antoine, duc d'Angoulême, en faveur du fils du duc de Berry.

Charles X laissait la tutelle de cet enfant à Louis-Philippe d'Orléans, qu'il nommait lieutenant général du royaume.

L'arrangement n'était pas dans les idées de la duchesse. Femme de courage et d'énergie, elle eût voulu résister aux insurgés et combattre leurs résolutions en se présentant au milieu d'eux avec son fils.

Charles X l'en empêcha : l'ex-roi pensait vivre tranquillement à Rambouillet sous le règne de son petit-fils.

C'était compter sans l'ambition de Louis-Philippe.

Préférant le titre de souverain à celui de régent, le lieutenant général, soutenu par un certain nombre de députés, mit en émoi la population parisienne, afin d'envoyer en exil le vieux roi et toute sa famille, pour s'intituler lui-même « roi des Français ».

Les proscrits s'embarquèrent tous à Cherbourg pour l'Écosse, sans que Charles X ait voulu même essayer de se défendre.

La mère du jeune prince ainsi détrôné ne suivit son beau-père qu'à contre-cœur, se promettant bien de revenir en France.

Certaine nuit d'avril 1832, un vaisseau, *le Carlo-Alberto,* abordait à Marseille ; une femme en descendit furtivement, accompagnée de quatre hommes. Les regards étonnés que la petite troupe promenait autour d'elle semblaient marquer l'attente de quelque chose ou de quelqu'un qui n'apparaissait pas.

Cette voyageuse n'était autre que la duchesse de Berry, escortée de MM. de Bourmont, de Kergolay, de Mesnard et de Brissac. Elle venait, en qualité de régente d'Henri V, tenter un mouvement en sa faveur.

Madame croyait voir accourir les Provençaux à son débarquement, mais un malentendu les avait empêchés d'arriver à temps, et le projet échoua.

Vivement un nouveau plan est fait :

N'écoutant que son courage, la duchesse n'hésite pas à traverser la France, dont elle était bannie.

Elle endosse le costume d'un jeune paysan, prend le nom de Petit-Pierre, et, sans souci des lois qui l'ont proscrite, elle se rend en Vendée.

Dans cette province, aussi bien qu'en Bretagne, l'exilée trouve des amis et prépare, pour son fils, un soulèvement armé.

Malheureusement pour elle, il y eut des tergiversations. Une attaque décidée fut remise à quelques jours, le contre-ordre n'arriva point partout à la fois; et, le 28 mai, il y eut un combat héroïque mais inutile à La Charlière.

Un jour, un soldat qui s'était introduit dans une cave pour se rafraîchir mit la main sur une bouteille : elle était vide. Vide?... de liquide, c'est vrai, mais elle contenait un papier mille fois plus précieux : tout le plan de la conspiration.

Ce hasard funeste perdit la duchesse de Berry. L'homme porta sa trouvaille à un général de Louis-Philippe, et Madame fut bientôt obligée de fuir.

Petit-Pierre traversa les Landes, pris en croupe par un ami également déguisé.

Un jour, sur la route qui conduit à Nantes, s'avançaient deux paysannes vêtues d'habits communs, chaussées de bas de laine et de gros souliers ferrés. Elles marchaient avec difficulté, la fatigue semblait les accabler, et l'on eût dit qu'elles ne parviendraient jamais au but de leur voyage.

D'où venaient-elles? De bien loin sans doute, à en juger par leurs traits tirés et leur air abattu.

Elles ne se parlaient qu'à voix basse.

Enfin l'une d'elles poussa un soupir de soulagement en apercevant la ville. Puis, jetant instinctivement un coup d'œil circulaire, elle se hâta de dissimuler ses mains sous son tablier.

Sa compagne l'imita.

Malgré leur extrême lassitude, les rustiques voyageuses firent quelques détours avant d'arriver au lieu qu'elles voulaient atteindre. Puis, doucement, elles sonnèrent à la porte d'une maison.

« Que désirez-vous, braves femmes? demanda un serviteur.

— Mlles de Guigny.

— C'est bien ici, mais...

— Je veux les voir, » fait l'une des paysannes avec autorité.

A ce moment, Mlles de Guigny elles-mêmes apparaissaient.

« Quoi!... c'est vous, Madame, dans cet état!... Comment Votre Altesse a-t-elle pu?...

— Chut! fit la soi-disant villageoise, cachez-nous. Mlle de Kersabiec et moi nous avons dû fuir seules, nous venons implorer asile.

— Madame, dirent avec élan les nobles filles, cette demeure est vôtre, vous êtes ici en sûreté. »

La duchesse profita de cette hospitalité pendant cinq mois. De là elle dirigea par des dépêches secrètes les opérations par lesquelles les derniers défenseurs livraient les vaillants combats du Chêne, de La Pénissière et de Riaillé.

MM. de Guibourg et de Mesnard, ses aides de camp, étaient venus la retrouver à Nantes. Leur retraite était si complète et le mystère si bien gardé, que jamais, sans une trahison, on n'eût pu la découvrir.

Le pape Grégoire XVI avait donné comme secrétaire à la duchesse un israélite converti, du nom de Deutz. Ce traître vendit à M. Thiers le secret de la proscrite; seulement il ignorait que dans cette demeure était une cachette étroite et basse, pratiquée derrière la plaque d'une cheminée, et qui, pendant la Révolution, avait servi à abriter des prêtres poursuivis.

Au moment où l'envoyé du gouvernement arrivait pour se saisir de la duchesse, on la faisait entrer dans la cachette avec Mlle de Kersabiec, sa demoiselle d'honneur, et MM. de Mesnard et Guibourg.

La police sonda la maison et ne trouva rien; mais deux gendarmes furent laissés dans chaque chambre.

Les malheureux prisonniers étaient là depuis seize heures, privés d'air, de mouvement et de nourriture, lorsque, pour comble d'infortune, l'un des gendarmes qui occupaient la chambre du refuge eut l'idée de faire du feu.

Une chaleur insupportable se dégagea bientôt dans l'étroite retraite, et les pauvres reclus allaient tour à tour respirer l'air à la fente du toit. Soudain, la plaque qui a rougi vient de mettre le feu à la robe de la duchesse et de lui brûler la main. Un instant encore, et tous vont périr ainsi rôtis et asphyxiés. M. de Guibourg n'hésite plus : il frappe violemment à la cloison. Les gendarmes viennent ouvrir et voient avec stupéfaction leur proie s'offrir à eux dans le plus lamentable état.

Madame fut conduite par la Loire et l'Océan jusqu'à la ville de Blaye et enfermée dans le château fort de Pâté, sous la surveillance de Bugeaud.

La duchesse de Berry montra autant le mépris de sa captivité qu'elle avait montré celui de la mort pendant son expédition; et cette vaillance honore un caractère que l'on avait pu croire frivole.

Quelques mois après, elle écrivait de sa prison au *Moniteur officiel* une lettre dans laquelle elle disait que les circonstances graves dans lesquelles elle se trouvait l'obligeaient à déclarer qu'elle avait contracté secrètement un second mariage avec un prince napolitain, Lucchesi-Palli, et qu'elle devait bientôt être mère.

On la mit aussitôt en liberté : ce mariage était la ruine de sa cause, puisque par ce fait elle ne pouvait plus être régente.

Elle alla rejoindre son nouvel époux en Sicile après une traversée de vingt-quatre jours, et à partir de ce moment la courageuse mère du duc de Chambord vécut dans la retraite, entourée de sa famille et de ses amis.

XXXIV

LES CANTINIÈRES DE 1870

Un esprit patriotique a fait attacher à l'armée ces femmes qui doivent en temps de guerre accompagner les soldats dans les campements, les retranchements et jusque sur les champs de bataille pour leur porter les premiers secours et les soins les plus pressants. Nos cantinières ont toujours dignement rempli leur mission et l'ont, en maintes circonstances, rehaussée par une valeur au-dessus de leur sexe.

Que de fois on les a vues, sur le champ d'honneur, ramasser l'arme tombée de la main du frère ou de l'époux, pour venger une mort glorieuse, ou bien affronter la mitraille pour secourir de malheureux blessés, qu'elles réconfortaient en leur parlant de la France, ou à qui elles fermaient les yeux au nom de cette patrie bénie !

En 1793, les vivandières marchèrent avec les volontaires de nos armées pour repousser l'invasion.

A la retraite de Moscou, une vivandière sauva la vie au général des Essarts, et bien d'autres se signalaient pendant cette désastreuse campagne.

Au moment de la conquête de l'Algérie, une intrépide Bretonne, *Mme Perrot,* surnommée *la première cantinière d'Afrique,* prenait part aux plus dangereuses opérations de guerre, faisant toutes les campagnes, et se signalant par tant de valeur, qu'elle recevait sur le champ de bataille la croix de la Légion d'honneur.

Combien encore on en pourrait citer, en Égypte, en Italie, en Espagne! Plus tard, en Crimée, au Mexique et toujours, la cantinière tint son rang glorieux, et les annales militaires sont pleines des récits de cette bravoure devenue légendaire.

Un historien, qui a tracé jadis un portrait saisissant de la cantinière, lui a consacré une page admirable dans l'histoire de nos guerres.

« Elle a accompagné, dit-il, nos armées modernes sur tous les champs de bataille, depuis Jemmapes jusqu'aux Pyramides, depuis les rampes glacées du Splugen jusqu'aux plaines fécondes et riantes de l'Italie et de l'Espagne ; depuis Madrid jusqu'à Moscou ; depuis Constantine jusqu'à Zaatcha.

« Tour à tour vivandière, chirurgien, sœur de charité, soldat au besoin, mais toujours femme, mère, compagne du soldat, elle a vu les côtés à la fois terribles et poétiques de la vie des camps ; elle a assisté à de sublimes horreurs, elle a parcouru Eylau, Friedland et Essling, au milieu des monceaux de cadavres, à travers les cris de douleur des blessés et des mourants. Elle est entrée avec la tête de colonne de nos armées victorieuses à Rome, à Naples, à Berlin, à Varsovie.

« Victoires et revers, succès et défaites, plaisirs et misères, elle a tout bravé, tout partagé avec nos soldats. »

Alors aussi elle partageait leur uniforme ; sa tenue variait avec celle de chaque régiment, à qui ces étoffes multicolores devaient rappeler, d'une manière plus sensible, le respect dû à cette sœur d'armes faisant partie inhérente de leur institution même.

Mais, bah! ainsi que l'a dit un sage, au moment des nouveaux règlements, « ce qu'ils ne pourront supprimer comme un simple costume, c'est l'héroïsme et l'abnégation de ces braves femmes dont le cœur continuera à battre sous le corsage noir comme il faisait sous la tunique brodée. »

Madame Jarrethout n'est-elle pas un exemple de cette garantie que l'habit n'a au fond aucune influence sur les sentiments de haute valeur professés par celles qui font pour ainsi dire métier d'être braves et patriotes ?

Petite-fille d'un savant breton, le professeur Le Saëc, *Marie-Julienne Biohain,* née à Ploërmel et plus connue sous le nom de *Mme Jarrethout* ou mieux de la *Mère des volontaires,* avait été élevée par son père dans des idées patriotiques. Lui-même était chevalier de la Légion d'honneur, et cette étoile des braves causait à Marie-Julienne une grande admiration.

Elle épousa d'abord en premières noces un sous-officier du nom de Pélicot, et ne devint que plus tard Mme Jarrethout.

Quand éclata la funeste guerre franco-allemande, la petite-fille de Le Saëc voyant se former le corps des francs-tireurs de l'école Turgot, désigné depuis par le titre de Châteaudun, à cause de leur admirable conduite pendant le siège de cette ville, voulut s'y engager comme cantinière.

L'héroïque femme savait à quoi elle s'exposait par cet engagement; c'était, aussi bien que « ses chers enfants », la fusillade ou la pendaison si elle se laissait faire prisonnière. Que lui importait sa vie dans la pensée d'être utile à la patrie et à ses jeunes et vaillants défenseurs ?

Elle faillit la perdre en maintes circonstances. D'abord à Ablis, où cent vingt francs-tireurs firent prisonniers deux escadrons ennemis. Combien on pouvait craindre les représailles!

La courageuse Bretonne se trouvait partout au premier rang, et faisait des prodiges d'abnégation et de dévouement, ne reculant devant aucun sacrifice.

A Châteaudun, sa vaillance devint de l'héroïsme. Elle allait de l'avant, sans souci de la mitraille, pour procurer des munitions aux troupes qui luttaient sous le feu de l'ennemi ; puis, passant de ce rôle de combattante à celui d'ambulancière et de sœur de charité, dont elle avait pris le costume, la « Mère des volontaires » secourait les blessés, transportait les morts, ayant pour ainsi dire le cœur partagé entre la patriotique vengeance et l'humaine bienfaisance.

Mme Jarrethout assista de la même manière à la défense du Mans, au combat d'Alençon, et finit par être faite prisonnière à Saint-Paravy. Là, à force de ruse et d'énergie, elle parvint à obtenir, sous le nom de « sœur Thérèse », le seul laisser-passer que consentît à délivrer le général ennemi.

De retour dans les rangs, Marie-Julienne sauva la vie à MM. Maillet, commandant des mobiles, et Marsoulan, conseiller municipal.

En récompense de hauts faits dont la liste serait trop longue, le gouvernement décerna à Mme Jarrethout la décoration de la Légion d'honneur, le 12 juillet 1880.

Quelle joie pour la vaillante héroïne de voir sa poitrine ornée de cet insigne, dont la vue sur l'habit paternel avait tant fait battre son petit cœur d'enfant! La gloire sans doute la rendait indulgente, car la pauvre femme, qui avait alors dépassé la soixantaine, était loin de se trouver à l'abri du besoin. Elle supportait sa position précaire sans se plaindre, vaillante encore au sein de l'adversité.

A côté de Marie-Julienne Jarrethout, nous voulons placer

une autre femme de cœur, dont les cheveux ont blanchi au service de la France et de ses défenseurs. C'est *Mme Bonnemaire,* qu'une grande partie des Parisiens de la génération actuelle a connue et rencontrée sous les arcades de la rue de Rivoli.

La pauvre vieille, dont une médaille militaire attestait les services, vendait des fleurs de ces mains qui jadis n'eussent point refusé le coup de feu à l'ennemi.

Brave entre toutes, la « mère Bonnemaire », comme chacun l'appelait, avait gagné sa récompense sur les champs de bataille : on l'avait vue au feu pendant les campagnes de Crimée, d'Italie et de 1870.

En cette année surtout, la brave cantinière prouva que son intelligence était à la hauteur de ses vertus civiques.

Investie de l'absolue confiance des chefs, Mme Bonnemaire avait accepté la dangereuse mission de traverser les avant-postes prussiens pour transmettre une dépêche importante. Arrivée à la portée de l'ennemi, une peur la prend, non pas pour elle, la brave femme, elle n'y songe même pas ; mais si elle allait être prise et fouillée ! Rien de moins inévitable, en effet. Que fait-elle dans cette alternative ?

Elle apprend la dépêche par cœur, l'avale, et traverse bravement la ligne des ennemis, bien sûr qu'alors ils ne lui arracheront pas son secret.

En conscience, une femme capable d'une pareille action n'aurait-elle pas mérité de finir ses jours d'une façon moins précaire ? Et les nombreux passants qui prenaient plaisir à lui causer, à lui faire raconter ses campagnes n'eussent-ils pas fait une œuvre patriotique en lui obtenant une situation plus digne du pays et des distinctions dont elle avait si vaillamment acquis le droit de se parer ?

Auprès de ces deux énergiques figures, mettons en parallèle la doyenne des cantinières en activité, *Mme Vialar*, qu'un officier général a qualifiée du titre de *première cantinière de France*.

Actuellement encore, au 131e de ligne, Mme Vialar peut présenter des états de services aussi brillants qu'exceptionnels.

Ses premiers datent de la campagne de Crimée, où s'illustra le 32e dont elle faisait alors partie, et son dévouement pendant cette guerre ne connut point de bornes.

Il n'eut d'égal que son héroïsme en 1870, au moment de la défense de Paris. Rien n'arrêtait ses élans guerriers ni sa téméraire bravoure.

Sa conduite aux combats de Hay, de Villejuif et des Hautes-Bruyères fut si remarquable qu'on ne put en perdre le souvenir. Aussi, plusieurs années après ces événements, une pétition fut-elle faite au gouvernement par tous les officiers et soldats, pour qu'il en consacrât la mémoire, en donnant à la brave cantinière la médaille militaire qu'elle avait admirablement conquise.

Le 13 juillet 1886, cette faveur était accordée, et lorsque le lendemain, à la revue de Longchamps, Mme Vialar parut à son rang, la poitrine ornée de son nouvel insigne, c'est par des hourras frénétiques et les acclamations les plus chaleureuses qu'elle fut saluée de toute une foule.

N'est-ce pas plaisir et justice de voir accueillir avec ce respectueux enthousiasme ceux qui ont risqué leur sang pour une noble cause ?

Mme Vialar recevait ces hommages avec une simplicité émue et semblait dire, par son attitude, qu'elle était prête à exposer encore sa vie pour la patrie et pour le régiment auquel elle a donné son cœur.

XXXV

LE LIEUTENANT TONY

Une des figures à la fois les plus originales, les plus sympathiques et les plus patriotiques qui soient sorties de la terre d'Alsace, est celle de Mlle Antoinette Lix.

Née à Colmar en 1839, Antoinette n'avait que quatre ans lorsqu'elle perdit sa mère. Son père, un ancien officier, l'éleva en garçon et, jusqu'à l'âge de huit ans, lui en fit porter le costume. Toute jeune elle montait à cheval, et à douze ans faisait de l'escrime comme un maître d'armes.

Cela ne l'empêchait pas de s'appliquer aux travaux de l'intelligence; car, à dix-sept ans, pourvue du brevet de capacité et douée d'une instruction solide, qui comportait la connaissance des langues allemande et anglaise, qu'elle écrivait presque aussi bien que le français, Antoinette acceptait de faire, en Pologne, l'éducation d'une enfant de grande famille.

Elle remplissait ce rôle depuis six ans lorsque éclata l'insurrection de 1863. Pour la vingtième fois peut-être, la nation polonaise se soulevait et recommençait une lutte sans espoir.

L'âme ardente de l'institutrice s'émut de cet héroïsme intarissable et rêva d'en prendre sa part. Une occasion s'en présenta bientôt.

Un général, ami des châtelains, allait être surpris par les Russes avec tout son détachement. Il était perdu si on ne parvenait pas à l'avertir.

J'essaierai de le sauver! se dit Mlle Lix.

Elle s'habille en homme, monte à cheval, et part au galop pour aller prévenir le vaillant chef polonais. Hélas! elle n'arrive que pour le voir tomber dans la mêlée...

Alors, avec une bravoure digne de celui qui vient de succomber, Antoinette rallie les soldats qui se débandent, ranime leur courage, se met à leur tête et gagne la bataille.

Après ce brillant fait d'armes, quand on lui demande son nom, elle répond :

« Tony Lix. »

Aussitôt, d'enthousiasme, on lui offre le grade de lieutenant; elle l'accepte et continue la campagne sous le titre de *lieutenant Tony,* que les soldats connaissaient seul.

Un jour, elle crut que son généreux subterfuge allait être découvert : elle était tombée sur le champ de bataille, frappée d'un coup de lance à la poitrine ; mais Dieu voulut qu'une religieuse la recueillît et lui donnât des soins.

Grâce à ce dévouement, Mlle Lix put sauvegarder son incognito aux yeux de ses compagnons d'armes et conserver tout son prestige.

En 1866, Antoinette revint en France, après avoir suivi à Dresde les cours de la faculté de médecine. Une épidémie de choléra sévissait alors dans le nord, qu'elle habitait, et la charité devint chez Antoinette aussi ardente que l'avait été la bravoure. Elle mit le même zèle, la même abnégation à soigner les cholériques qu'elle en avait déployé pour défendre les Polonais.

Allant de l'un à l'autre, la pieuse fille séjourna au chevet des malades indigents tant que dura le fléau.

On l'avait nommée receveuse des postes dans le pays vosgien de Larmarche : elle y fonda un ouvroir pour les pauvres.

Survient la guerre de 1870. Antoinette verra-t-elle de sang-froid sa patrie envahie, sa terre natale menacée? Oh! que non! Vite elle reprend ses habits d'homme et s'engage dans la compagnie des francs-tireurs des Vosges.

Au combat de Bourgonce, Tony se bat comme un lion, et elle est une seconde fois, par acclamation, nommée *lieutenant.*

Un témoin oculaire rapporte de cette héroïne un fait vraiment digne des temps antiques :

Un jour, les mobiles qu'elle commandait étaient affaissés, découragés et sur le point de lâcher pied, quand le lieutenant Tony s'écria :

Allons, messieurs, debout, c'est la tête haute que les Français doivent saluer les balles prussiennes.

Électrisés par ces paroles, les hommes se relèvent et recommencent à combattre avec courage.

. . . .

Quand la bataille était finie, la femme reprenait le dessus sur le lieutenant; on ne trouvait plus alors que la chrétienne charitable pansant les blessés tombés autour d'elle, et donnant l'exemple du plus complet dévouement : « la Jeanne d'Arc se faisait sœur de charité. »

A la signature de la paix, Antoinette Lix revint modestement s'asseoir à son bureau de poste, pour reprendre sa besogne journalière. Elle eut encore l'occasion de sauver un jour d'une mort certaine un pauvre facteur rural qu'elle trouva enseveli sous les neiges. Dieu sait qu'elle ne la manqua point!

Lorsque vint l'heure de la retraite, que firent particulièrement sentir des douleurs rhumatismales, conséquence de la fatale guerre, Antoinette Lix se retira au couvent des Dames de Sion, à Paris, employant ses loisirs à des travaux littéraires et en consacrant les bénéfices à des œuvres de bienfaisance.

Cela fit dire à un homme de bien[1] :

« Ne pouvant plus combattre pour son pays avec son épée, Mlle Lix le défend avec sa plume et veut populariser ses gloires. La noble fille de notre belle Alsace perdue est pleine d'espoir en l'avenir, et peut dire comme le poète polonais :

« — Dors, mon Alsace bien-aimée, dors dans ce qu'ils nomment ta tombe ; je sais bien, moi, que c'est ton berceau! »

On peut donc garder l'espoir que Colmar et l'Alsace inscriront un jour, dans leur livre d'or, le nom glorieux d'Antoinette Lix. En attendant, les dames alsaciennes lui ont offert une splendide épée d'honneur; et, en 1885, la Société nationale d'encouragement au bien décernait une couronne civique « au vaillant, charitable et patriote lieutenant *Tony Lix* ».

L'année précédente elle avait récompensé un de ses ouvrages dont le titre parle de lui-même : *Tout pour la Patrie!*

[1] Honoré Arnoul.

XXXVI

JEANNE BERNIER

Parmi les nombreux exemples d'héroïsme donnés par les femmes de France au moment de ce qu'on a appelé « l'année terrible », un nom fut particulièrement frappant. C'est celui de la vaillante Champenoise Jeanne Bernier.

Jeanne était une modeste fermière qui habitait un petit coin retiré de la Champagne avec son mari, son fils, son frère et son vieux père. Tous vivaient du travail de la terre, exploitant en commun un bien qui leur procurait une existence sûre et tranquille, avec des mœurs patriarcales.

Soudain, au milieu des horreurs de la guerre, tout le pays est envahi par les Prussiens; et, dans une escarmouche, le frère de Jeanne a été tué en défendant vaillamment le sol natal.

Alors les trois hommes se lèvent comme un seul, en jurant de le venger ou de périr.

« Vous aussi, père? demanda simplement Jeanne, en voyant l'attitude du vieillard.

— Le bras qui sait encore conduire la charrue, répondit celui-ci, sera bien assez fort pour porter un fusil, et faire voir à cette race maudite des ennemis que tant qu'un Français vit, il a du cœur.

— Joignons-nous aux francs-tireurs, proposa Bernier, ce sont eux qui font la plus hardie besogne.

— Et courent le plus de dangers! riposta la fermière. Vous le savez, continua-t-elle, je ne veux pas vous retenir. J'approuve votre conduite, bien qu'elle me déchire l'âme, car la mère patrie doit passer avant tout; mais sachez bien une chose, c'est que je ne vivrai pas seule ici, et que si vous vous faites tuer, je ne serai pas longtemps à aller vous rejoindre. »

Jeanne avait dit ces paroles avec une telle fermeté, qu'il n'y avait rien à répliquer.

« Adieu, femme! dit Bernier, je sais que tu es une vaillante, tu veilleras à la maison.

— Adieu, fille! murmura le vieillard, sois forte comme toujours!

— Adieu, mère! ou plutôt au revoir, dit le fils, car nous reviendrons, j'espère, puisque nous emportons ta bénédiction. »

On sentait qu'en embrassant ce dernier, Jeanne, qui s'était contenue jusque-là, éprouvait une émotion poignante, qui lui étreignait la gorge.

Elle voulait parler, mais ne pouvait rien articuler. Enfin elle se reprit pour dire :

« Au revoir, enfant, prends ton père pour modèle, et à la grâce de Dieu! Je le prierai pour vous. »

Ils partirent; mais, hélas! aucun ne devait revenir. Tous trois trouvèrent la mort des braves!...

Quand cette nouvelle fut annoncée à Jeanne Bernier, elle demeura impassible, son œil eut un éclair, mais pas une larme ne le mouilla.

Bien vite elle revêtit des habits de son frère, prit son fusil et quitta la ferme, seule et sans guide.

Où allait-elle? Tout droit, au hasard des sentiers et des bois, car elle ne craignit pas de s'avancer dans les taillis

Dans une escarmouche le frère de Jeanne a été tué.

peuplés d'Allemands, de s'aventurer la nuit où elle croyait pouvoir en rencontrer.

Pendant cinq jours, elle erra ainsi par voies et par chemins, ne reculant ni devant la fatigue, ni devant le manque de nourriture, ni devant la privation de sommeil. Rien ne l'arrêtait, en un mot. On aurait dit qu'elle se trouvait en dehors de toutes les exigences de la vie, poussée, soutenue et nourrie pour ainsi dire par une pensée patriotique et vengeresse.

Jeanne marchait toujours, cherchant les éclaireurs, les uhlans, les sentinelles écartées, pour les ajuster d'une main sûre.

« Œil pour œil, dent pour dent! répétait-elle; ils m'en ont tué quatre, j'en veux abattre autant avant de mourir. »

Et chaque fois qu'elle avait fait une victime, elle s'empressait de décompter en disant :

« Il n'en faut plus que deux, il n'en faut plus qu'un! »

A la fin, elle s'écria en visant le quatrième :

« C'est le dernier! »

Il tomba comme les trois autres.

« J'ai payé ma dette à la patrie, dit alors la vaillante fermière, ma tâche est remplie; il ne me reste plus qu'à vendre ma vie pour aller retrouver mes chers martyrs au sein de la miséricorde divine. »

Dans cette pensée, et après avoir offert à Dieu l'action qu'elle méditait, l'intrépide femme s'avança fièrement devant un détachement ennemi que commandait un général. Elle le vit chevauchant à la tête de ses troupes, et, sans la moindre hésitation, tira dessus.

Jeanne Bernier n'eut même pas le temps de voir si elle avait visé juste, car elle tombait à son tour, renversée par une balle en plein cœur : les fusils de vingt Prussiens s'étaient braqués sur elle!...

Au milieu de ses désastres et de ses malheurs, la France pouvait s'honorer en comptant une héroïne de plus.

XXXVII

LES FEMMES DE CHATEAUDUN

La journée du 18 octobre 1870, qui devait être si funeste à la malheureuse ville de Châteaudun, a conquis le droit d'être comptée parmi les dates glorieuses de notre histoire.

Châteaudun se compose d'une ville haute et d'une ville basse, et les Allemands avaient tout de suite compris qu'ils devaient se borner à attaquer la première, sans engager leurs colonnes dans la vallée.

Bientôt dix à douze mille hommes en ligne se mirent à couronner les hauteurs de la vieille cité, qui ne comptait comme défenseurs que douze cents francs-tireurs, gardes nationaux et bourgeois volontaires.

L'assaut fut donné à toutes les issues à la fois, les Prussiens étant persuadés qu'ils n'allaient faire qu'une bouchée des assiégés, qu'on savait dépourvus de troupes régulières. Mais le courage de ceux-ci décuplait leur nombre; rapidement les francs-tireurs avaient élevé des barricades avec l'aide de la population, qui, du même coup, se mit aussi à les défendre. Plusieurs femmes étaient parmi celle-ci, non pas des moins remarquables par leur courage. Dans cette mémorable défense, toute une liste de noms dévoués, ayant exposé leur vie de diverses manières, pourraient se grouper autour de celui de la brave Mme Jarrethout.

Nous y verrions figurer, en première ligne, *Laurentine Proust,* jeune fille de dix-sept ans, qui, poussée par un élan de pur patriotisme, prit une arme pour courir au rempart, et s'y distingua par un véritable héroïsme.

Toutefois, les troupes ennemies durent voir bientôt que leur terrible besogne ne serait pas aussi facile qu'ils l'avaient supposée d'abord.

Quand leurs colonnes approchaient de la barricade, elles étaient si largement décimées que, plus de dix fois, elles durent rétrograder.

La configuration du terrain ne permettait pas l'usage direct de leur artillerie contre les ouvrages, d'ailleurs savamment préparés, des francs-tireurs, en grande partie parisiens.

Ils durent, pour les attaquer à coups d'obus, démasquer leurs pièces. Mal leur en prit, car en moins d'une minute il n'y avait plus un servant sur ses pieds et les pièces restèrent abandonnées devant les barricades.

Les Allemands comptèrent du reste en cette journée près de cinq cents morts et deux mille blessés, alors que parmi les glorieux défenseurs il n'y eut pas vingt morts et quatre-vingts blessés.

Toutefois, vers le soir, les assiégeants, s'étant massés pour un suprême effort, firent replier les défenseurs vers la place.

Là, vers neuf heures, la journée glorieuse fut couronnée par un retour offensif à la lueur des incendies, et par une charge à la baïonnette qui refoula les Allemands tout le long de la rue de Chartres.

Après quoi, les défenseurs de Châteaudun se replièrent et

échappèrent aux envahisseurs par les parties de la ville basse qui étaient ouvertes et libres.

Furieux alors de ne trouver ni un prisonnier à faire ni un franc-tireur à fusiller, humiliés d'avoir été tenus en échec tout un jour par un ennemi qui se battait un contre dix, les officiers allemands ordonnèrent l'*incendie méthodique*. Une maison sur deux fut badigeonnée de pétrole et on y mit le feu. Le dépit et la honte inspirèrent à ces gens, qui n'avaient du soldat que l'uniforme, une vengeance odieuse, où des femmes, des enfants, des paralytiques et de paisibles bourgeois durent payer pour les héroïques, mais insaisissables défenseurs de la ville.

On les vit jeter dans les flammes des soldats blessés et amputés, allumer la paille du lit d'un vieillard paralytique qu'ils regardèrent se tordre dans d'horribles convulsions.

Le capitaine Michau, soldat du premier empire, à la vue de telles horreurs, dit à ces forcenés :

« Nous aurions rougi, nous, de faire une pareille guerre ! »

Ils l'étendent mort d'un coup de revolver et jettent son corps dans le feu en criant :

« Qu'il se carbonise, le grognard ! »

Ce cruel exemple avait été donné en haut lieu, car cette même nuit, après leur repas, le général Wittich et le duc de Saxe-Meiningen qui avaient dirigé l'assaut, voulant reconnaître d'une manière digne d'eux l'hospitalité offerte par une hôtelière de Châteaudun (peu patriote celle-là), prirent les candélabres, les approchèrent des rideaux pour mettre le feu à la salle du festin, en s'écriant à l'instar du barbare Néron :

« Que c'est beau une ville qui brûle ! »

On multiplierait à l'infini les exemples de cruauté accomplis dans la vaillante cité dunoise ; mais de tels récits soulèvent la conscience et font honte à l'humanité civilisée. Nous préférons porter notre esprit sur l'intrépidité sublime d'*Armanda Polouet* et de sa tante, à qui leur admirable conduite a valu jusqu'aux félicitations d'un chef ennemi.

Dès le début des hostilités, Mlle Polouet organisa, avec cette dévouée parente, un service de secours aux blessés militaires.

Pendant le bombardement, on les vit partout encourager les défenseurs, exciter les faibles, rallier les timides, et, au mépris de tous les périls, recueillir et panser les blessés, avec un sang-froid et une abnégation au-dessus de tout éloge.

L'incendie de l'héroïque cité n'arrêta pas ces braves cœurs. Elles allaient de tous côtés relever les mourants, ranimer les asphyxiés, qu'ils fussent Français, francs-tireurs ou Allemands.

Bon nombre de ces derniers même leur durent la vie ; tout être souffrant devenait leur frère.

La charité de Mlle Armanda était à la fois si ardente et si forte, qu'elle parvenait à éveiller jusqu'à la pitié des plus impitoyables.

Un jour, un brave habitant de la ville, M. Hette, va être puni de mort par les vainqueurs. Déjà les Prussiens l'ont fait mettre à genoux, quand apparaît Mlle Polouet.

Elle accourt, se jette devant les ennemis et leur arrache l'infortuné prisonnier.

Une autre fois, quatre habitants de Mondoubleau, siège d'une des ambulances de la bienfaisante Armanda, ont été capturés. Ils sont désignés par les hommes de guerre pour être fusillés.

Mlle Polouet n'hésite pas : elle écrit à l'empereur d'Allemagne et, au nom de tous les Prussiens qu'elle a sauvés, demande la grâce des condamnés. Elle l'obtient.

Tant que dura l'année terrible, Mlle Polouet ne cessa de se multiplier ainsi pour le service de sa chère patrie. Une fois la paix signée, la courageuse fille rentra dans la vie privée, où elle ne s'appliquait qu'à la pratique du bien.

Au moment de la dernière guerre de Chine, un besoin de se dévouer encore, malgré ses soixante ans passés, lui fit solliciter son embarquement sur un navire-hôpital en partance. On n'osa point l'y admettre.

Peu après, c'est-à-dire en octobre 1901, dans ce mois anniversaire de la belle défense de Châteaudun, on voyait s'éteindre l'héroïne dont le cœur chaleureux avait battu pour son pays d'un si puissant amour.

Elle avait eu au moins la patriotique satisfaction de constater que sa ville natale, grandie en proportion de ses épreuves, reprenait plus que jamais la devise adoptée après l'incendie de 1725 : *Extincta revivisco*[1].

On sait que la France, incapable de récompenser en détail les héros et les héroïnes de ce siège fameux, résolut de les comprendre tous dans une distinction générale, en donnant la croix de la Légion d'honneur à la cité elle-même.

Châteaudun est une des premières de nos villes qui aient été décorées.

Un grand patriote, M. Stéphen Liégeard, aujourd'hui président de la Société nationale d'encouragement au bien, a consacré à la valeur de Châteaudun un chant admirable.

Quelques strophes de cette poésie vibrante nous semblent

[1] « Je renais de ma cendre ».

la plus belle couronne à apporter au glorieux courage de nos guerrières.

Après avoir déploré les cuisants souvenirs de l'année néfaste, le poète inspiré s'écrie avec véhémence :

Donc, à ton tour, tu vas, noble cité dunoise,
Courber ton mâle orgueil et payer le tribut;
Qu'en l'honneur d'Attila ton rocher se pavoise!
La faiblesse est ta force, accepte le salut.
Où sont tes murs, tes preux? N'es-tu pas ville ouverte,
Qu'il faille te raidir devant ces loups hurlants,
Pour laisser les lambeaux de ta ceinture verte
A la lance de quatre uhlans?

Non, non; debout l'autel, quand s'écroule le temple!
Il ne faut qu'une étoile au pilote alarmé.
Plus humble est l'héroïne et plus grand est l'exemple;
Toute arme sera bonne à son bras désarmé.
Elle n'a ni soldats, ni canons, ni murailles...
Eh bien! que pour rempart ses fils donnent leurs cœurs,
Et qu'à défaut d'obus, du fond de ses entrailles,
Jaillisse un cri : « Sus aux vainqueurs! »

« Courage! » a dit l'épouse. « A l'œuvre! » a dit la mère.
Portons l'âme, en ce jour, plus haut que le danger;
Ne gardons pour fanal, dans la tourmente amère,
Que l'amour du pays, l'horreur de l'étranger!
Ils veulent des captifs?... Courons forger leurs chaînes!
Jamais au bon combat n'ont failli les moyens :
La rue a des pavés, la forêt a des chênes,
Et la cité « des citoyens ».

Plus un mot!... On s'embrasse, on vole aux barricades.
Les troncs d'arbres, les chars, les fascines, les pieux
Sous un gazon trompeur cachent les embuscades.
L'enfant pour l'âpre chasse aiguise ses épieux,
Le vieux fusil rouillé va réveiller sa foudre,
Le sabre d'Iéna s'apprête à rajeunir;
On sent passer dans l'air comme une odeur de poudre...
Allons, le fauve peut venir.

Le voici!... Vers la plaine il descend, monstre sombre,
De sa narine en feu jetant partout l'effroi;
Son droit est dans ses crocs, sa valeur dans le nombre.
« Les Prussiens! » a crié le veilleur du beffroi.
« En voici cent, puis mille, et mille sur leurs pas,
Mille encore, et toujours... » Guetteur, laisse tes chiffres :
Le Franc frappe et ne compte pas.

Frappez donc, francs-tireurs, frappez, bourgeois superbes,
Qu'un souffle de vaillance a changés en héros!
Vos bras à leur effort ne semblaient que brins d'herbes,
Et ces bras font sortir les lames des fourreaux...
Allez, et taillez-vous une large épopée,
Vous qui, vous grandissant jusqu'à cette hauteur,
Avez, dans son tombeau, su réveiller l'épée
De Dunois le Libérateur!

. . . .

Ici sur le talus, debout dans la tempête
Qui fouette au loin le sol, — tel un simoun de feu, —
Le père et les deux fils à l'ouragan font tête.
L'un tombe... pauvre enfant! La vie était l'enjeu...
Puis l'obus siffle, crève, et c'est le tour du père;
Mais le blessé, qui veut que le mort soit vengé,
Tend au frère un fusil : « Honte à qui désespère,
Dit-il; prends vite, il est chargé! »

Près d'eux quelques vaillants à la vareuse noire,
Fronts las de s'abriter, cœurs altérés d'assaut,
Ne la voyant venir vont chercher la victoire;
Hors de la barricade ils bondissent, d'un saut,
Se lancent l'épée haute, à travers la mitraille,
S'acharnent sur le bronze, en sabrant les servants,
Et prouvent au Germain, par un mot qui le raille,
Que les Gaulois sont bien vivants.

C'est qu'ils ont juré tous de mourir ou de vaincre,
Les martyrs combattant qu'enferme la cité,
Et nul d'un serment faux ne pourra les convaincre :
Le granit croulera, non leur virilité!

Car la sève est montée à la tige flétrie,
Car l'audace a germé sous les roseaux tremblants,
Car voici le vieillard donnant à la patrie
Sa couronne de cheveux blancs.

Et vous aussi, ce jour vous révèle sublimes,
O femmes! Vous savez que Dieu, dans ses desseins,
Livre au couteau sacré les plus pures victimes,
Et pour le grand rachat vous découvrez vos seins,
Et l'ardent sacrifice allume en vous la flamme,
Comme si, du bûcher se dressant à demi,
La vierge d'Orléans vous envoyait son âme
Pour épouvanter l'ennemi!

La voyez-vous luttant, la pâle jeune fille?
Laurentine est son nom..., le burin l'écrira!
Contre un mousquet pesant elle échangea l'aiguille;
Plus tard, si le ciel veut, sa main la reprendra...
Mais, guerrière à cette heure, et calme sous la foudre,
Elle offre, de la mort bravant l'âpre courroux,
Une eau fraîche aux blessés, aux lutteurs de la poudre,
Un éternel exemple à tous.

Les voyez-vous passer, ces anges de la terre
Que nul être souffrant n'appelle en vain : « Ma sœur? »
Celui qui leur fia son divin ministère
A pétri leur pitié d'ineffable douceur;
Un rayon de leurs yeux apaise bien des fièvres,
Et quand la douleur jette au chrétien ses défis,
Leur main vient arrêter la plainte au bord des lèvres,
Sous le baiser du crucifix.

Combien, dans la mêlée, ont échappé par elles!
Que de corps palpitants rachetés du trépas!
Leur charité céleste, étendant ses deux ailes,
Semblait dire : « Ils sont miens... Vous n'y toucherez pas! »
Même un reître, un de ceux qu'avec terreur on nomme,
S'écria, les trouvant toujours au plus épais :
« Ah! vous êtes vraiment les dignes sœurs de l'homme,
Ne craignez rien, allez en paix [1]! »

. . . .

[1] Exclamation authentique d'un général allemand à Mlle Polouet et à sa tante.

C'en est fait !... Châteaudun expiera son courage,
Sur le tronçon du glaive un dernier défenseur
S'affaisse... Ainsi le chêne est rompu par l'orage,
Et sous l'ongle du fauve a râlé le chasseur.
Hurrah ! la terre eut soif, et sa lèvre est rougie...
Qu'au soudard, à son tour, le hanap soit servi !
La fête lui plaît mieux, quand d'une nuit d'orgie
Un jour de bataille est suivi.

. . . .

Ils l'ont prise entre eux tous, dans l'ombre, non vivante,
Sur un monceau des leurs immolés par sa main;
Sereine elle sourit à la blême épouvante,
Et, n'ayant que son corps, en barra le chemin.
Son sang comme un stigmate à leur laurier s'imprime;
L'histoire un jour dira si, soldats ou bourreaux,
Ils se devaient ou non de châtier un crime
Que pardonnent les vrais héros.

Ce crime fut d'aimer l'honneur avant la vie,
Et de vouloir un nom plus pur que le cristal.
Elle en meurt, mais debout; mais ce nouveau Pavie
Lui fait de son rocher un vaste piédestal.
Nul siècle désormais ne l'en verra descendre;
Car, de la vieille France ayant bien mérité,
Elle garde en blason l'oiseau qui, de sa cendre,
Renaît à l'immortalité.

Le souvenir de cet épisode est demeuré si vivant au cœur de la patriotique cité, qu'elle n'a jamais manqué d'en célébrer chaque année la mémoire solennelle.

FIN

TABLE

30802. — Tours, impr. Mame.

www.ingramcontent.com/pod-product-compliance
Ingram Content Group UK Ltd.
Pitfield, Milton Keynes, MK11 3LW, UK
UKHW022006170726
13837UKWH00001B/9